爱 德 传 一 基 金
Amity Chuanyi Philanthropy Culture Fund

朱传一

THE COLLECTED
WORKS OF **文集**

ZHU CHUANYI

爱德基金会传一慈善文化基金　编

社会科学文献出版社
SSAP
SOCIAL SCIENCES ACADEMIC PRESS (CHINA)

成长篇

上图／青年朱传一

下图／中年朱传一

老年朱传一

朱传一与中国代表团代表赴美学习考察

1998 年春节期间，美国宾夕法尼亚大学社工学院的 Richard Estes 教授安排了为期一个月的美国社会发展培训班，邀请了包括朱传一在内的中国代表团赴美学习考察。（左一为甘东宇，左二为朱传一；右一为徐永光，右三为谢玲丽）

上图／ 朱传一与外国学者讨论

下图／ 朱传一与外国学者合影

上图／朱传榘、朱传一兄弟与中国公益界人士合影

2004 年 11 月，朱传一的兄长朱传榘回国，到中国国际民间组织合作促进会与国内公益界人士进行交流，主题为："看不见的手"第三部门公民社会的作用。（前排左起依次为丘仲辉、商玉生、朱传榘、朱传一、徐永光；后排左一为庄爱玲、左二为赵大兴、右二为杨团）

下图／朱传一（右）与商玉生（左）

上图／朱传一访美期间生活照（1）

下图／朱传一访美期间生活照（2）

上图／ 朱传一访美期间与夫人
李鸣善合影

下图／ 朱传一和外孙女一起读
绘本

上图／朱传一陪外孙女玩耍

下图／朱传一与夫人李鸣善及
外孙女们

目　录

参与筹建美国所

开拓社会保障体系

探索老龄化社会对策

推动社区发展实验

探路现代慈善本土化

书　信

附　件

编者的话

有的人死了，

他还活着。

2015 年 3 月 9 日，朱传一先生与世长辞，至今已是四年。但是，他的音容笑貌依然鲜活地留在许多人记忆里，他的思想精神依然被许多人视为珍宝。

中国社会科学院社会学研究所研究员、社会政策研究中心顾问杨团曾说："他的思想和行动，影响了中国公益界整整三代人。在中国社会保障界和中国慈善公益界，他将被我们永远铭记。"

爱德基金会传一慈善文化基金（简称，爱德传一基金）以朱传一先生的名字命名，初衷即是纪念和传承。它由陈越光、顾晓今、黄浩明、吕朝、丘仲辉、商玉生、徐永光、杨团等八位公益人共同倡议，爱德基金会、恩派公益基金会、南都公益基金会、华民慈善基金会、深圳壹基金公益基金会、无锡灵山慈善基金会、吴作人国际美术基金会、中国扶贫基金会、中国妇女发展基金会、中华少年儿童慈善救助基金会等十家基金会于 2017 年 8 月联合创立。

中国民间公益自 1978 年复兴以来已经走过 40 年历程。2016 年《慈善法》的出台的确树立了中国公益慈善史上的一座新的里程碑，但是中国公益慈善在文化传承、共识凝聚、理性行动等方面仍有很长的路要走，这从近年来公信力负面事件的愈加频繁出现便可窥见一二。这些对于中国公益慈善

下一个 40 年的发展都是必须重视和回应的议题。

爱德传一基金的使命是"共建慈善文化平台，共享慈善文化价值"，希望通过这个平台传承、建设和推广中华慈善公益文化与精神，引领慈善公益事业发展，促进社会创新，推动社会建设。编辑出版《朱传一文集》是爱德传一基金第一个阶段的一项基础性工作，旨在把朱先生彰显的中国知识分子的担当精神和公益理想发扬光大、传承开去。

《朱传一文集》收录的文稿和书信都来自朱传一先生的亲笔或口述。先生在 80 岁高龄的时候，就曾对自己当时存留下来的 230 多份文章、讲稿、资料、信件等按照年份进行初步整理，还曾在 2007 年写过一篇题为《从考察美国社会到进行"本土化"实验》的未完文章。在这篇文章中，先生总结自己的工作大体涉及五个方面，分别是：开拓社会保障体系、探索人口老龄化对策、推动社区发展实验、促进慈善与公益事业和支持非政府/非营利组织的兴起。想来先生是曾想在生前自行对这些资料进行系统的归纳和整理的，无奈只能留憾遗而去。

通过一本文集来体现先生的历史价值、彰显先生的思想精神，不是一件容易的事情。经过再三考虑，《朱传一文集》主要按照三个标准进行遴选：（1）涵盖先生生前致力于的主要领域；（2）反映重大历史，能够呈现中国改革开放进程中的重要侧面；（3）提出重大问题，能够引导人们反思并探讨与该问题相关的历史与现况。

最后确定收进《朱传一文集》的文章、书信共 52 篇，其中 51 篇是朱传一先生撰写或编译的文章和亲笔书信，1 篇是与所选先生文章直接关联的文章；51 篇先生撰写或编译的文章和亲笔书信大部分选自先生留存下来的资料，一小部分书信来自先生书信收件人的分享。这 52 篇文章的分类，书信由于是特殊的一种，故而单独汇集在一个部分中，并且在每一封书信的题目下标注了主题，以便读者了解；文章部分则基本上沿用了先生生前对自己工作的划分，所不同的是：（1）新添了"参与筹建美国所"一个部分，以介绍先生在中国社会科学院美国研究所期间的主要贡献；（2）把"促进慈善与公益事业"和"支持非政府/非营利组织的兴起"两个部分，合为"探路现代慈善本土化"。

在《从考察美国社会到进行"本土化"实验》这篇未完文章中，朱传一先生曾表达，希望对留存下来的资料的最终整理能"取得思想认识上有所提高"。这本《朱传一文集》很难说能够达到先生生前的期许，只衷心希望它能够起到一点引子的作用，使更多人了解朱传一先生，了解爱德传一基金，如能启发一二读者加入中国社会创变和慈善公益精神传承、发扬的行列中来，那便是意外收获了。

最后，本文集基本上是按照时间顺序编辑的。为了保持朱传一先生资料的原始面貌和历史感，编者在字句校对外并未对文集材料进行增删改，故而，文集中有些内容的表述带有明显的时代特色，有些内容的表达带有即席畅谈的口语特点，有些内容有时会因场合的不同、角度的不同而有所重复，有些用字也与今日不同。对于这些，望读者理解。

是为说明。

爱德基金会传一慈善文化基金

纪念我的老师和领路人——朱传一先生

杨　团*

朱传一先生离开我们已经快四年了。至今每每念及他，最后见他的那一幕就在眼前浮现。

那是 2015 年春节的前一天，大年二十九的下午。从永光处得知他病重，就赶去医院看他。记得此前有大半年没见到先生了。看上去他消瘦了很多，但精神不错，见到我很兴奋。我那时刚从湖北农村回来不久，一路劳顿加急火攻心致使出现从未有过的失声，只能以笔代口和他交谈。一个多小时探视时间里，90 岁高龄的朱先生几乎一直在讲话，尽管说话语速很慢，但声音弱而有力。那一天，他讲了很多对当下慈善发展和对一些人、事的看法，也回顾了他自己的历史。他的头脑还是那样清晰，认识还是那样明澈，尤其回顾历史的那部分十分珍贵，可惜录音效果太差，没法整理了。

这一次见面后我时时惦记，原打算春节后我能发声了再去继续那十分珍贵的谈话，却在 3 月 9 日，当我还在上海出差的早上，被（丘）仲辉一个电话告知先生逝世的噩耗。我当时的悲痛不足以言表，我还有很多很多话想对他说，还有很多很多问题想请教他，却再没有机会了！

2015 年 3 月 13 日，一个春寒料峭的早晨，公益界的同仁，（徐）永光、（何）道峰、（丘）仲辉、（顾）晓今、（卢）德之、（王）行最等几十号人

---

* 杨团，中国社会科学院社会学研究所研究员，社会政策研究中心顾问。

齐集在北京北郊一间简陋的告别室向他道别。追思仪式上，我哽咽地讲出了我的心里话：

"子规夜半犹啼血，不信东风唤不回。"

"传一先生晚年把全部精力和时间都献给了中国慈善公益事业。他的思想和行动，影响了中国公益界整整三代人。在中国社会保障界和中国慈善公益界，他将被我们永远铭记。"

认识朱先生，我应该算作两次。

1988年到1989年上半年，我在国家经济体制改革委员会分配体制司。那时，我们司的一个重要任务是研究世界社会保障制度，进而对中国计划体制下的国家保障制度提出改革方案并且组织试点。而朱先生在20世纪80年代初就从国外访学中认识到，借鉴国际通行做法构建中国未来的社会保障制度对中国改革经济和社会发展有着重大裨益。提出这个观点，在当时是要有勇气的。1985年，时任中国社科院美国所研究员的朱先生已经60岁了，他的观点被整理成中国社科院要报呈时任中央领导。1988年，我在国家经济体制改革委员会分配体制司看到了当时的国家领导人对这份报告的批示，对先生肃然起敬。接着，我找来当时许多介绍、诠释世界社会保障的文献书籍，其中大量是他领衔或执笔的，此后我就在各类会议上认识了先生。

不过，真正认识先生是1989年末到1990年初那个冬天。有一次先生邀我到他家去。进了家门我才知道，他要郑重地和我单独谈话。这一次不是谈社会保障，而是谈我。他了解我的身世和当时遭遇的困难，以长辈的身份，更是以一个老党员、老干部的身份，对我这个涉世不深、头脑简单的年轻党员推心置腹，让我懂得改革并不比他们那一代经历过的革命更容易，相反甚至可能更难，道路更曲折。他说，既然你抱定了为人民利益奋斗终生的愿望，就不能怕挫折，不能怕受委屈、冤枉。他说，他理解我和相信我。这让我激动得几乎落泪。自那以后，我有了一个忘年交，如同我的父辈、老师和领路人，给我排忧解难，让我敞开心扉。

记得1994年，我在中国人口福利基金会做秘书长时遇到自己难以排解的委屈，先生约我到中山公园走一走，鼓励我心胸要开朗，要向前看、向远

看。那是在秋天，我们踏着脚下窸窣作响的黄叶，商讨今后的工作去向。先生向我提出："为了更好发挥你的长处，何不调动一下工作呢？"他还告诉我，中华慈善总会刚刚被批准成立，急需工作人员和操盘手，我已经积累了慈善机构的工作经验，可以考虑到这个新单位去工作。在得到我肯定的答复后，他就向时任中华慈善总会会长崔乃夫老部长推荐了我，这才有了我在中华慈善总会 5 年的工作经历。这五年，先生一直担任中华慈善总会研究与交流委员会的主席，与我这个常务副秘书长经常见面、讨论工作，还一起出差考察各地的慈善事业。和他在一起工作，我总是被他身上洋溢的蓬勃活力所感染。他就像一架永动机，不知疲倦地转动，让我经常忘记了他已经是 70 多岁的老人了。

1999 年，我离开中华慈善总会，进了中国社科院，从此开启了我最忙的 10 年职业生涯。我同时兼顾社会政策研究和慈善公益事业、老年社会保障与长期照护的实践调研，还经常下农村做农民组织试点。而先生那时已经 80 多岁了，出差和外出开会少多了，大部分时间以看资料和找人谈话的方式了解慈善事业进展。我忙得顾不上去看朱先生，加上那时还没有普遍使用手机，先生就经常往家里打电话找我，而我几乎永远不在家，常由爱人代接。结果我爱人成了他的电话好友，每每转述他的话，都是"你要注意健康，放慢步子，不要当拼命三娘"。

先生照旧关心我的工作，只是从面谈改为写信。当他发现了慈善的好文章，就剪下来复印并附上他的意见寄来。记得他的见解里充满着对社会问题的敏感性和如何做慈善的创见。"要借鉴美国经验，建立中国慈善的拥护群"以夯实慈善的社会基础就是其中的一件。而他对欧美慈善的深刻理解、忧国忧民的情怀和坎坷经历总是让他的意见散发着常人难以企及的良知和睿智。后来我得知，他经常把剪报和意见复印多份，分别寄给各位公益小友。自打先生参与中华慈善总会工作起，就从社会保障研究者转型成了慈善公益的志愿者。这个转型似乎更加符合他的性格，帮到的人越多，他越快乐。先生心里永远有一把火，而让它燃烧的引子，就是公益和公益人。

先生的晚年，就是在与各类慈善组织尤其草根组织、各种年龄的公益人尤其青年公益人的亲密交流中度过的。

在先生生命的最后几年，我发觉他除了一如既往地关心、支持公益人之外，开始有系统地回顾历史。他将自己写的和看过的重要资料都按照年份——整理好，放在一个大纸箱里，还指给我看。这导致在他身后，我们建立爱德传一基金时，资料整理工作方便了很多。

大约在先生逝世的一年前，一次他约我到家里长谈，从头讲述他的历史，尤其 1949 年以后在党内思想和路线斗争史中他所遭受的磨难。我不由得记起 20 多年前的那个冬天，他邀我的那场郑重谈话，才更加理解了他的用意。先生爱惜我，也寄厚望于我，愿我坚韧，愿我沉着，愿我绵长，而不要做易折、易污的峣峣者和佼佼者。

在回顾历史后，先生开始严格地评价自己。他说，自己这一生，很多时间被耽误了，尤其在最有活力的中青年时代没能做出什么，改革开放后，快 60 岁了才有了能给国家做点事的机会。他说，人的生命很长，但是真正能够有所贡献的往往只有一两点，对中国社会保障制度提出建议是他一生做的最有意义的事。听着他温和而语重心长的话语，我就在想，这个睿智的老人是在向我做最后的人生交代吗？

是先生，在我面临人生困境时指点迷津；是先生，春风化雨般地为中国几代公益人的精神成长不懈努力。在突然得知先生逝世的那一刻，这一切都蓦然涌上心头……

痛定思痛之后，我理解了先生终其一生所留下的，正是一个中国普通知识分子身上的人文精神：立足现实，心忧天下，关注人性，爱惜青年，困顿时不颓唐，得意时不恣意；温和、坚韧，始终以道德关怀和社会良知为重，而这，就是先生传承给我们的公民精神即公益精神。

云山苍苍，江水泱泱，先生之风，山高水长。

承继先生之风，是我们和我们的下一代、下下一代中国公益人的共同心愿。

2017 年，十家中国基金会共同发起"爱德传一基金"，矢志将先生彰显的中国知识分子的人文精神也即公益精神代代传承。

高山景行朱夫子　公益路上一明灯

徐永光[*]

在这个世界上，朱传一先生是我景仰的人，他德行高尚，有夫子之范，是我亦师亦友忘年交，公益路上一明灯。对景仰者，是应该顶礼膜拜的，在此，给朱先生行迟到的膜拜之礼了。这个礼，是带着个人感恩之情的，也可以代表那些受朱先生思想和精神影响而得益的朋友；还有无数不认识他的人们——许多人并不了解，朱先生是如何以一名中国知识分子的道义担当，以个人的不懈努力，推动中国民间公益的发展进程、改变中国社会福利事业的。也感谢杨团女士，感谢丘仲辉先生和爱德基金会，感谢所有为《朱传一文集》编撰付出热情和劳动的朋友们。朱先生的思想，属于转型期中国的一笔重要精神财富，属于改革开放 40 年伟大进程中值得记录的一段历史。记录这段历史，对于中国社会建设和社会发展具有特殊的意义。在此，也向各位作揖了。

如果把 20 世纪八九十年代投身中国公益事业的这群人算作中国公益第一代的话，我们都是在 90 年代初认识朱先生的，那时候他已经到了退休年龄。朱先生长期在中国社科院美国所工作，他研究美国，还在美国社区公益组织当义工，通晓美国 NGO 和社会福利事业，他恨不得把他所了解和理解的美国都告诉我们。当时圈子小，一次聚会一二十个人就是全行业了，听朱

* 徐永光，南都公益基金会理事长。

先生讲故事是一件快事。后来，我们还有幸认识了朱先生的哥哥、美籍华人科学家朱传榘先生。他是世界上第一台电子计算机发明者之一，赫赫有名。1980年朱传榘先生应邀来到北京，与中国改革开放总设计师邓小平讨论中国的前途与改革开放问题。很显然，他的一些建议被中国政府采纳并落了地，故朱先生常来中国，只要有时间，总会约几位公益人聊聊中国公益事业的发展。他总会讲一句话："美国的强大是因为有强大的非营利组织。"非营利组织包括由私人财富建立的基金会、社区基金会，也包括160多万家遍布于社区的社会服务机构，民办教育、医疗、文化机构，还有大量民间智库等。

20世纪八九十年代，公益事业正处于政府开放空间、自上而下发展民间公益的转型时期，资源、人才和知识供给十分匮乏。朱家两兄弟，两位老知识分子，以浓浓家国情怀、拳拳报国之心，给我们教益良多；还引进许多海外专家资源，帮我们打开国际慈善交流渠道。我吃了30年公益饭，在东西方公益慈善交流中，深谙一个道理：慈善事业是非政治、非营利、非宗教的事业（即便宗教机构办的慈善亦属非宗教）；慈善无国界，不存在文化冲突，均属利国利民、不可缺少的社会第三部门，可以应对政府失灵和市场失灵，给社会公众提供公共产品和服务，有效解决社会问题。在2007年3月7日全国政协会议上，我甚至抢话筒，向当时的党中央总书记胡锦涛"告御状"，呼吁给北京红枫妇女热线、自然之友和星星雨等民间公益机构注册登记，希望给民间组织多一点信任。我还声明："我从事民间公益18年了，接触国外很多人，从来没有碰到过有谁要我们做对国家不利的事情。从来没有！"

我很幸运，1998年在朱先生和宾夕法尼亚大学艾斯蒂斯教授的精心安排下，由朱先生陪团在美国访学两个月。两个月中，除了听宾大专业课程，还访问了美国各类基金会、智库和社会服务机构，与美方专家进行了深度交流。可以说，这次访学是一次美国非营利部门发展历史和鲜活经验的"知识盛宴"。年过七十的老团员朱先生对美国NGO早已了然于胸，他还有"学习"的需求吗？当然不是，他行前帮我们排课程、行中给大家当"助教"。两个月访学马不停蹄，有美方专家指点迷津，有中方导师朱先生释疑

解惑，我的收获之丰，可以列出一张大表。我是好学员，也是实干家，一路上与朱先生讨论、消化、切磋，计划着把美国哪些非营利组织模式和创新引进中国落地。

基金会中心。美国基金会中心（Foundation Center）是一家成立于1956年的非营利机构，当时美国正盛行极右的麦卡锡主义（"美国文革"），无端指责基金会有"共产党背景"。于是由福特基金会、卡内基基金会、凯洛格基金会和塞奇基金会出资，成立"基金会图书馆中心"（后因作用扩大改为现名），收集并提供基金会的信息资料以提高基金会的透明度和公信力。美国基金会中心披露基金会行业信息的模式非常值得借鉴，尽管当年中国基金会只有524家，但公开透明是大势所趋。回国后，我和朱先生一起参与了由阎明复任会长的中华慈善总会、中国青少年发展基金会等17家慈善机构共同发起的"恩玖（系NGO谐音）非营利组织信息咨询中心"，中心由商玉生先生领衔；同时注册了中国基金会中心网域名（http：//www.foundationcenter.org.cn）。12年之后，由35家基金会共同发起的基金会中心网（CFC）正式上线。

联合之路（United Way of America）。联合之路是美国最大的慈善机构，发轫于1887年的美国丹佛市。当时，该市已经有不少社区慈善组织，他们纷纷向当地公司募集善款，令公司老板不堪其扰，建议他们联合起来，派出代表来募款，筹到款后，再行分配。联合之路后来发展成为遍布全球40多个国家、拥有1800多个地方会员组织的国际性慈善组织。朱先生带着我们走的联合之路路线，包括全美总部、国际总部和罗切斯特市联合之路，印象极其深刻。在罗切斯特，我们了解了联合之路筹款运动的全流程；在国际总部，时任总裁给我们展现了全球分布图，然后拿出一个天安门图样，放在中国地图北京位置上，说"希望有你们帮助，早日填补这个空白"。朱先生很清楚联合之路正与中华慈善总会协商洽谈，便表示，他和中华慈善总会创会会长崔乃夫、时任会长阎明复都是好朋友，回去定当努力促成。没过多久，中华慈善总会顺利成为国际联合之路的正式成员。2005年，我带着把联合之路模式复制到全国慈善会系统的梦想，出任中华慈善总会副会长，并在时任民政部部长李学举的直接领导下，与时任民政部社会福利和慈善事业促进司司长王振耀一起筹办首届中华慈善大会。大会之后，怀着"道不行乘桴浮于海"的失败感，我离开中华慈善总会。两年后，我与周庆治一起，创办南都公益基金会。

社区基金会。朱先生对于美国社区慈善机构有非常深入的了解。在改革开放后的 20 世纪 80 年代，他在美国社区慈善机构工作了一段时间。在纽约，他还专门给我"开小灶"，带我去了一家犹太人社区机构，一边交流，一边给我讲解美国犹太人社区自治和宗教习俗。我也是第一次从朱先生这里听说，在我国河南开封，有一支北宋年间迁徙到中国的犹太人部落，几百年来依然保留着许多犹太习俗的故事。与朱先生一起参访纽约社区信托（基金会），让我大开眼界。美国有 700 家社区基金会，作为同样活跃在社区的公共筹款机构，与联合之路有相似之处，但两个系统的资金来源和服务对象各有侧重，互不打架，百年来相安无事。联合之路是与公司志愿者合作的"地毯式"、全覆盖的公众筹款模式，社区基金会则主要是为富人打理慈善资产的机构。设立于 1924 年的纽约社区信托有 1500 多个个人或遗产慈善信托，进入基金会大门，只见墙上挂着 1500 幅慈善信托委托人照片，还有分别印制的年度报告，令人叹为观止。这是一种接受委托，帮助有钱人实现慈善心愿的模式，也要引进。

回国以后，我即仿照纽约社区信托的模式，在中国青少年发展基金会试验"捐款人纪念基金"，捐款 ·万元，即可以捐款人名义设立永续型基金，这可以看成是慈善信托的雏形吧。朱先生则在后来的许多年里，试图把美国社区治理的协调人制度引进国内，矢志不渝。2011 年，他指导恩派公益探索社区的多元治理，主要不靠专业人士，而是发现社区里有情怀的协调人，这是多元治理的核心力量。恩派公益在北京街道做了"社区协调员特训营"，带动了社区内生发展的动力，开发了一些促变者。已过耄耋之年的朱先生，对推动社区协调模式表现出急切焦虑的心情。看到党中央提出"健全党委领导、政府负责、社会协同、公众参与的社会管理格局，健全基层社会管理体制"以后，他认为建立社区参与式民主协商机制的时机到了。一天，他给我打电话，让我到他家里一谈。

　　到了朱先生家，才知道他还约了原民政部部长、中华慈善总会创会会长崔乃夫先生。崔乃夫先生是中国现代慈善的开拓者，在1994年成立中华慈善总会之前，"慈善"在中国还是一个禁忌词，是他给冲破的。在创会之始，崔会长即建立了一套民间慈善机构的管理规范和运行模式，他所倡导的现代慈善理念，到今天看都是先进的。后来中国慈善出现了"国进民退"的情况，令老会长始料不及。2009年，《中国社会报》开展了一个"谁在阻碍中国慈善事业的发展？"的讨论，我谈到一些地方政府用行政手段刮"慈善风暴"，向企业强行摊派捐款，这是"二道税"，属于苛捐杂税。我还转述崔部长对"慈善风暴"的态度，他说："这是对慈善事业的破坏。"崔部长见到报道后，即打电话给朱先生说"告诉徐永光，他引用我的话，我很高兴。希望这个讨论能够继续下去"。崔部长话音刚落，讨论也无疾而终了。

　　那天，朱先生给我们详细介绍了美国的社区协商人制度。美国数以百万计的非政府组织遍布全国的各个社区，为社区提供各个层次的服务。社区协商人制度针对社区问题，包括种族、教育、贫穷、移民、青年发展、邻里关系、社区安全、警民关系和社区发展，等等，推选不同阶层、种族、教育程度、年龄和政治观点的居民意见领袖作为协调人进行对话协商，自主解决社区问题。这种模式为社区居民参与协商搭建了一个很好的平台，也营造了一个良好的氛围，加强了居民之间的交流，增强了居民之间的信任，培育了社会资本，也增进了与政府的良性互动关系。从恩派公益的尝试，朱先生看到社会组织参与推动的可能性。我和崔部长都非常赞同建立社区协调人机制的重要意义，但也同样担心我国社区社会组织力量太薄弱，居民对于公共事务普遍不愿付出个人努力，只想搭便车。我说，现在有那么多"高当小区"，连像样的业主委员会都找不到……我不会说假话，直言劝朱先生好好颐养天年，不要太着急，社区事务通过公民参与和协调人制度来解决，也许需要几代人的努力，把这个责任留给年轻人吧。

　　朱先生退休后30年，一直在做公益导师的工作。这位老人的思想也一直走在时代前沿。20世纪80年代他提出建立社会保障制度，比国家正式实施整整早了 10 年；中国今天已经进入超级老龄化社会，老龄政策和应对措施严重滞后是不争的事实，而早在 1984 年，朱先生就发表了《美国的老年学研究和老龄问题》报告，还有对老龄问题的系列研究论述。我第一次听说"社会企业"这个词，就来自朱先生。他告诉我："国外有一种公益创新的模式叫社会企业，是用商业的手段解决社会问题。中国很需要，应好好研究。"在那以后，我才开始关注和研究社会企业，现在变成了推动者。

杨团说"朱先生影响了整整三代公益人"，说得很到位。这三代人，有杨团、我和丘仲辉这样六七十岁的，有中年四五十岁的，还有二三十岁的新一代。老人家对于年轻一代公益人的爱和期待，如同爷爷对孙辈那样细腻和体贴，因为这种爱和期待，坚定了他们从事公益职业、传承公益理想的决心。

2015 年 2 月，在病榻上最后一次见朱先生。他呼吸有些困难，但脑子还清醒。我紧紧握着他的手，请他不要说话。但他还是坚持要说，重复着四个字："希望工程，希望工程……"是啊！20 年前，正是希望工程鼎盛时期，我们一起去的美国，我们一起给美国同行讲中国公益，讲的就是希望工程。我说："朱老师，是您教育我怎么做公益的。向您学习。但我知道，永远学不到您的！"

斯人已逝，榜样永存！

百年传益　生生不已

丘仲辉[*]

我和朱传一先生相识于 20 世纪 90 年代。彼时先生已七十有余，但他头脑清晰，思维敏捷，尽管已离休多年，却从未停止工作。他身居陋室，心怀天下。青年时代投身报国，参加中共地下组织；晚年关注社会保障和公益事业发展，曾任数家基金会的理事。这种许身救国、践行理想的赤子情怀伴随他走过了一生的道路，对国家和民族的期许使他即使在屡遭困厄的情况下仍然不改初衷，乐观未来，始终怀有对一个美好社会的理想。

心念苍生犹忘身

朱传一先生生于 1925 年，他的青年时期是在国家动荡、民族遭难的时代中度过的。从天津耀华中学毕业后，他考上西南联大，为避开日军，辗转11 个省准备到云南就学。路上随着逃亡的人群一路向西南，经常受到日军的追赶和飞机轰炸，同行的人大多失散。颠沛流离四个半月后，他到了重庆，但是十二指肠发炎，高烧 39.9℃，命悬一线。病愈后经过亲戚介绍就在重庆大学入了学，到校后的第一天，他去中央大学参观了一个展览会。这个展览会和前面四个半月的经历，使他体验到"朱门酒肉臭，路有冻死骨"

---

　　* 丘仲辉，爱德基金会理事长。

的巨大社会反差，让他对当时国民党的腐败有了直观认识，也影响了他后来的人生道路。

他在重庆大学时读了两个系，先是在矿冶系，二年级转到地质系。抗战胜利后他回到上海，转到上海圣约翰大学化学系学习。那时他一边上学，一边担任上海基督教学联的联络部部长，负责在上海交通大学、圣约翰大学、之江大学、沪江大学等几所大学开展学生运动。后来上海基督教学联作为领导上海整个学生运动的组织被当局宣布为非法，他因此也被国民党列入100人的黑名单，受到通缉。他到处躲藏，每天住的地方都不一样。风声最紧的时候，他躲在上海医学院，在一个只容得下一个人的女生宿舍衣帽间中藏了一周之久。

一边躲藏，一边还要进行高强度的工作，他经常几天不休息，直至累得咳血，身体严重虚弱。新中国成立后他一度病休，病好后他在铁路工会全国委员会、全国总工会以及中联部工作。因为他的父亲曾是津浦铁路局的局长，哥哥朱传榘在美国，旧官僚家庭出身加上海外关系，这种背景让他在20世纪五六十年代的历次运动中吃尽苦头。

"中年时期遭遇到了很多挫折，我从来没想到过自杀。我觉得这个世界不可能完全没有希望，它存在于我们自己的心中，也存在于共产党人的心里面"，在他仙逝前半年，我坐在他对面听他唯一一次谈起自己不幸的往事，尽管当年遭遇了那么大的挫折和非议，他语气中没有一丝怨恨，有的却是他始终如一的心系天下于斗室的情怀。岁月无痕，老人的豁达和淡然，让人很难想象他是如何度过那段人人自危、受尽煎熬的日子的。相逢一笑泯恩仇，相忘于江湖毕竟不是每一个人都能做到的，多少人怀着怨恨走完了一生。

很多人不能达则兼济天下，更多人不能穷则独善其身。先生一生，每处困厄之境时皆能独善其身，这跟他乐观的天性不无关系，更是因为他对我们国家和民族的未来抱着信心，相信社会必定会变得更加美好。

书生报国鼓与呼

20世纪80年代初，朱传一先生调入中国社会科学院工作。当时中国社

会科学院准备筹建美国研究所，筹备组组长李慎之先生与院里有关领导商定后，派他到美国进行考察。

对于到美国后应该研究什么课题，不但中国社会科学院的领导拿不定主意，他自己也是"摸着石头过河"。到美国后，他同美国的华裔教授以及对华友好的美籍学者们广泛接触，写出了一份报告——《与美国学术界人士谈研究美国问题》，引起社会反响。他发表在《经济消息》上的系列文章，受到时任国务院领导专门批示。1984年后，他逐步确立了社会保障问题的研究方向，先后与美国研究所的同事们一起编写、编译了《美国社会保障》《全球社会保障》《21世纪的社会保障》《苏联和东欧各国的社会保障》，主持了国家重点研究课题"社会发展与社会指标体系"，成为国内研究社会保障的第一人。

研究美国却迷上了社会保障这一问题，并最后走上了研究和推动中国公益事业发展的道路，难怪时任美国研究所所长的李慎之先生跟他开玩笑说，有人反映他"不务正业"。

先生高寿，且身体康健。他交游广阔，与中国最早成立的几家公益机构的领导人过从密切，是很多公益人士的"引路人"。他担任这些机构的理事或者董事，尽管不参与具体运营，但是用他的博闻强识和高瞻远瞩提出了许多具有建设性和前瞻性的意见和建议，影响了众多公益机构的发展，某种程度上也引领了中国公益事业的发展方向。

他和我，以及中国青少年发展基金会的徐永光、顾晓今等人，经常电话或者书信往来，交流对公益行业的现状和未来发展的看法。2012年，他分别给我和顾晓今写信探讨"老"民间组织变革的问题，谈到对报刊上提出的民间组织步入"全面突破阶段"一事，他认为关于"全面突破"的客观条件，不仅表现在解除束缚，而且表现在赋予民间组织参与社会治理的重要地位。

朱传一先生做理论研究，但他十分强调实践性，强调理论要为实践服务。他关注的问题广泛，提出的解决方法却具有针对性和可操作性。他在给我的一封信中，谈到了社区"协调人"的建议，并尝试做了一两个案例，以说明培育"协调人"的必要性。随后他专门寄来了一篇《从协调家庭到协调社会：培育"社会协调人"意识的开端》的案例草稿。他这种想到即做、做完看效果的高度执行力，让我们这些后辈深感不如。

就案例撰写这件事来说，社会组织培育工作在爱德基金会开展了多年，但是案例撰写和教学这方面的工作还没有开展，他这种撰写公益组织发展案例的想法，对我们是一个启迪。

忘年之交惜见晚

和朱传一先生相识之后，我尊称他为"老师"，相熟后他呼我为"老丘"。其实"老丘"不老，尤其是对他这样一个出生于20世纪20年代的老先生来说。朱先生出生于浙江，按照南方的习惯，称呼资历和年龄比自己小的人，多在其姓前冠以"小"字。不过朱先生称我为"老丘"，这是他素来不肯以年龄和资历居长，每每循循善诱、提携后辈之良苦用心。

《论语》子夏曰：君子有三变：望之俨然，即之也温，听其言也厉。朱传一先生就是这样一位君子，与他少有接触的人，初见他觉得他面目严肃，似难接近；一旦搭上话语，才发现他是那么的平易近人；交往多了，更发现先生是谦谦君子，温润如玉。

他是爱德基金会的董事，工作上他是我的师长，生活上他是我的朋友。先生一生，年轻时热心报国，投身革命，中年时命运多舛，数遭劫难，晚年时老骥伏枥，提携后进。在我们的交往中，我从未听他有过不满和埋怨之声，他对我们的国家和民族，有的永远是一片赤子之心，总是希望它变得更和谐、更美好；作为一位年长三十岁的前辈，他对我从来没有过倚老卖老的姿态，总是以一种商量、探讨的态度，和我分享工作、人生和社会的种种问题和看法。

2010年之后，他因为年事已高，很少外出参加社会活动，但是爱德基金会的事情他一直非常关注，《爱德简讯》他每期必读，并随笔写有大量密密麻麻的批注，读后内容必定点评，并与我交流看法。每次打来电话时，他都会声明，自己坐在书斋，不接触社会，有点想法和我交换，但是不一定听他的，谦和之至。这样的电话隔三岔五总会有。

他的很多观点和意见，即使在今天看来也是具有前瞻性的。20 世纪 90 年代，在爱德基金会的一次董事会上，他提出发展公益事业还可增加社会就业，这在当时是绝无仅有的，还引起了一些议论，认为公益慈善讲奉献，怎么成了职业呢？而他却坚定地认为，公益慈善若无职业化，何谈专业化！

2014 年 9 月，我到北京后与他又一次长谈，他专门提出了要重视社区治理这个问题，认为当年推进社会治理的支点就在社区，爱德基金会作为扎根社区的民间组织，应该在社区治理上总结经验、探索模式，从而为公益行业和社会提供借鉴。

"老丘，你来了！"每次见面，他都以这样的话语欢迎我。"朱老师，您身体好吧！"每次见到他，我都感觉像是回到了北京的一个家。而现在，人走了，物依旧……

纵观先生的这一生，他遭遇了很多变故，做过很多工作，经常"不务正业"，但是正如他自己所说，他从来没有离开中国改革开放这艘大船独自航行过。很多公益界的人士把他当作自己进入公益事业的领路人，而对公益的关注和参与，也正是他在研究社会保障问题之余的"不务正业"。

他的这些经历和认识，我都是陆陆续续从他口中得知的。他做了爱德基金会的董事后，我们的交往就多了起来。每次到北京，不论时间多么紧迫，我一定会登门拜访老先生。我们在一起说说谈谈，常常忘记了时间。

对他经历的了解，让我深感我们是多么幸运地生活在了现在这样一个时代，这不一定是个最好的时代，但至少是一个充满希望的时代。我们远离刀兵劫难，没有了国家政治生活对个人命运的巨大扭曲，有了更多选择职业的自由和更丰富的物质生活，但是我们却少了朱传一先生那一代人为国家和民族复兴坚韧不拔的奉献精神，即使在他政治上受打压、名誉上受诬陷、生活上遭困厄的中年时期，他也从来没有灰心失望过，从来没有减弱过他那满腔激情。这正是他老人家的魅力所在，也是让我经久无法忘怀之处。

从何而来生命力

朱传一先生晚年极为关注中国公益事业的发展，这跟他的信仰和经历是分不开的。一直到他生命的最后，他经常跟我探讨的，依然常常是中国的社会组织如何健康地发展，中国公益慈善事业如何走得更好、更远，爱德基金会的事业如何更好地推进。

2014 年 10 月 21 日，我们在他的寓所开怀畅谈，未料想这竟成了我们俩最后一次长谈，而且是他对自己一生的高度总结。我们当时就说可以把这次谈话的主题定为"信仰与生命力"。先生当时思考：信仰是什么？它实际上是人类的一种自省，是一种心灵的积累和沉淀，是一种鼓舞人心、激发活力和存于人们内心世界的那股永不衰竭的动力，即生命力。每个人都会死，身躯可以消失，但是精神永存。他认为这些东西于他是一种营养，使他面对困难、遭遇挫折和灾难时从未软弱，对未来总抱有一种期望。他认为信仰可以使中国的公益事业和公益人走得更好、更远和更为坚实！

在辞世前一个月，他躺在医院病床上，给我打来了一个电话，约我见面讨论"信仰与公益"。日不暇给，诸事冗杂，等我到医院探望他时，他已经没有气力继续跟我讨论这个话题了，但仍不忘用手势和微弱的话语来鼓励我。

话题未竟，先生已逝。先生的这种终身学习、持之不懈的求索精神感召我们公益人、爱德人，激励着我们把公益的路踏踏实实地走下去，去求索中华民族的复兴之路。

写于金陵爱德小院

2019 年 1 月 23 日

追忆朱传一先生

朱传一，一个抗战时期加入中国共产党的老党员，在改革开放后，以开放的心胸、学习的态度，通过对境外尤其是美国社会的深入考察和研究，提出了借鉴美国经验，建立中国社会保障国家制度的构想；与此同时，身体力行地倡导民间做慈善公益，全社会都要重视社区发展和老龄事业。花甲之年，诲人不倦，生命不息，奋斗不止，不愧是老共产党人追求真理、知行合一的典范。

——崔乃夫（民政部前部长、中华慈善总会创会会长）

朱传一先生曾是社科院美国所的资深研究员，是美国所创始元老之一。美国所成立于1981年，尚在改革开放初期。当时国内对美国了解甚少，还有许多偏见。朱传一奉派到美国考察，接触各方人士，带着的问题就是美国的生命力从何而来。从一开始，他就抓住了社会保障这个问题。从此社会保障成为他后半生研究的课题，其范围不仅限于美国，而且遍及世界各国。当时国人对外国的研究多注意政治、经济、外交，很少人注意到社会保障问题，慈善、公益的概念更是禁忌。朱传一从一开始就抓住这个问题，是名副其实的"先驱"。

——资中筠（中国社会科学院美国研究所前所长）

朱传一先生是我非常敬重的一位智者，也是一位仁者。因为他最早将美

国的社会保障概念引入中国，并组织翻译出版国外社会保障图书，为改革开
放后培育中国自己的社会保障学者提供了最早的蓝本；特别是他以自己的卓
识一直倡导并力推中国慈善公益事业发展，做出的是开拓性贡献。而这两个
领域也是我 30 多年来致力奉献的领域，传一先生无疑是师长辈分的长者。

——郑功成（全国人大常委会委员、中国社会保障学会会长、

中华慈善总会副会长）

朱传一老师说到做到，他真的给中央打了报告。我记得他有一次异常兴
奋地告诉我们，他写的报告得到了国家最高领导层的批复，还说他感觉，社
会保障的概念体系不仅对国家的改革事业十分重要，而且将会成为重要的学
术研究领域。他还一再鼓励我们继续研究。朱老师离开布兰戴斯大学回国以
后，我继续攻读学位，并得到了布兰戴斯大学教授们的指导，最后终于将社
会保障和福利作为我终生的主要研究方向之一。

——周弘（中国社会科学院学部委员兼国际学部副主任、

中国欧洲学会会长）

和先生的相识是在 1999 年 7 月，他应邀出席我们在友谊宾馆举行的国际
会议。傍晚休会后，我向他请教公益，他不厌其烦地解说……先生博识、敏
思、睿智、谦和，与这样一位智者的每一次交流不仅令人增长智识，打开脑
洞，更使你精神愉悦，心灵升华。从那时起，我视传一先生为我的公益导师。

——王名（清华大学公益慈善研究院院长、教授）

朱老是一个有传统士大夫情怀的知识分子，对国家和人民充满了热忱。
一方面，他不做象牙塔里的学究，而是理论联系实际，注重理论的实践性，
也就是经世致用。另一方面，面对现实情况的约束，他并不气馁，不抛弃不
放弃，坚持自己的追求和信念，始终保持着昂扬的斗志。正是他这种精神，
激励着几代的中国公益人。

——卢德之（华民慈善基金会理事长）

朱传一老前辈对（公益慈善）行业理解非常透彻，跟我谈的东西也跟别人讲得很不一样，包括行业的重要性、国内国际发展趋势等，那次谈话基本奠定了我对这个行业的一个全面的或者深刻的认识。

——吕朝（恩派公益组织发展中心创始人、主任）

朱老师给我留下的印象许多是难忘的，这些印象相信会长久地、时不时地浮现出来。在我的脑海中，总会出现他骑着自行车的镜头。那时他已经年过八十，但只要是去开会，他总是愿意骑着车子去，大家要派车去接送，他总是说骑车是一种锻炼。

——甘东宇（凯风基金会秘书长）

在（公益慈善）行业内部，朱老一直致力于能力建设和人才发展，他是最早参与推动中国公益行业自律、诚信建设的重要一员。他在各种场合不遗余力地传播公益常识和理念，为非营利组织的建设答疑解惑，为公益行业积蓄力量。与此同时，在行业外，他作为意见领袖，大声疾呼，推动政府转变观念，为草根组织的成长和行业发展营造空间和氛围。他的声音和行动富有开阔的视野和前瞻性。

——付涛（北京沃启公益基金会秘书长）

是先生用智慧、经验、真诚和热情帮助我以及像我一样的公益后生们，在我们困惑迷茫的时候为我们点亮前进的灯盏，让我们少走弯路；当我们疲惫无助时，先生向我们伸出援手，给我们充电加油，让我们有勇气继续前行；当我们取得一点点成就时，先生一边为我们鼓掌，一边善意地提醒我们，不可得意忘形……先生，您放心地去吧，我会在心中牢记您的教诲，继续在公益的道路上前行，把您长期关注并为之奋斗的公益事业进行下去。

——庄爱玲（上海映绿公益事业发展中心总干事）

一位耄耋老人，将他毕生的精力投入社会变革。他的思想影响了许多有志于以慈善和公益促进社会变革的人。今天在怀念他的时刻，我们应将这一代代传承的理想，化作千千万万行动者的方向，来告慰这位老人——我们敬爱的朱传一先生。

——顾晓今（中国青少年发展基金会前副理事长）

参与筹建美国所

美国人士注视中国的经济变革[*]

我在美国大学进修和到各地访问期间，接触到一些美国的社会科学学者、企业界人士、科学技术人员和自由职业者。他们非常关心和注视着中国的经济变革。有些人似想从中透视中国的前途，看它究竟会走一条什么样的路；有些人在注视着这种变革能否促使中国经济有较大的增长、人民生活能否提高，从而测定中国政局的稳定性；有些人则想从这种变革里看发展中美贸易关系的前景。

美国关心中国经济管理的学术界人士，已经集中了美中有关这方面的重要报道和文章一百篇，准备从这上百篇的资料里探索出若干结论。一些学者把他们在中国的参观访问整理为种种案例，以分析中国经济的发展趋向。有的学者着重从人的因素即管理经济和技术发展的各种人，来看中国经济变革的效果。另有人不仅从经济角度，并联系中国政治、社会、教育、科学技术等方面的发展，预测中国经济变革的成败。还有些学者正集中力量在做中国和印度的经济力量和经济政策对比的工作，企图找出发展中国家走向现代化的历史经验和教训。有些也许是好心人，根据自己的经验体会，对中国的经济变革提出了一些意见和建议。诸此种种，我将陆续整理出来，供参阅。

---

* 原载于《经济消息》第 48 期，经济消息编辑部，1981 年 12 月 7 日。

"大而全"应予全盘否定吗?

——美国人士注视中国经济变革之一

美国学术界有人对我们全盘否定"大而全"提出疑问。当然,他们知道,这几年来我们否定从苏联因袭而来的"大而全",实际是根据了西方经济管理的经验,那么为什么他们自己反对"大而全",却又对我们全盘否定"大而全"持不同见解呢?

我听到过他们这样的议论:中国经济界有没有研究过"大而全"的好处在哪里?如果说一点好处没有,为什么说中国经济过去又有较快的发展?由此可见,"大而全"还是有适合中国经济发展状况、能够推动生产前进的因素。而且,这种因素已经经过几十年的磨炼,难道一点不值得珍惜吗?

他们在分析中国经济结构的过程中,常与西方相比较,认为中国经济结构的特点之一,是与社会结构的联系很紧密。因此,中国的经济结构变革触及社会结构更为深刻。他们还根据自己的历史经验认为,任何一种变革如果触及社会结构,甚至触及某些制度的改革,都必须非常慎重。因为这种改革关系到人们的工作习惯、生活规律、思想作风和切身利害关系,这些都不是轻易能改变的。我在美国东北大学参加"企业在当代美国社会中的作用"讨论会时,教授提请我注意一个著名案例,说的是一位富有魄力和创造力的公司经理,上任甫始,就雷厉风行地下通知要求改变产品流通渠道的不合理状况。由于他不懂得在变革制度过程中,需要尽可能吸收旧制度中一切可取或可以妥协之处,需要充分估计贯彻新制度中可能出现的种种障碍,以致遭到极大失败。

美国人士在讨论中国的"大而全"制度时,有人认为,即使"大而全"对中国经济再也没有好处而应予废除,也应该仔细寻觅它可能存在的某些优点和有利于经济发展之处,把它们纳入新的经济管理和结构之中,以便于职工适应,避开人们思想上对变革产生的障碍。

他们赞赏中国在经济调整和改革过程中提出的要对生产有利、对改善人民生活有利的原则；但认为只有原则不够，在变革期间还应有一套过渡的办法。如果没有这样一套办法，所谓对生产有利、对改善人民生活有利只不过是空话而已。

什么是引导工业"细胞"活跃起来的办法？
——美国人士注视中国经济变革之二

美国人士中有人认为，中国经济调整、改革过程中的重要成就就是使中国的经济"细胞"重新活跃了起来，改变了过去僵死的状况。农业方面的成绩很明显，服用了效果良好的"克僵素"。他们认为，中国经济进一步发展，仍然要继续促使经济"细胞"的活跃。

他们说，"细胞"的活跃有没有可能发展到难以控制，以致畸形发展为"癌细胞"呢？当然有。美国的许多情况就是如此。当前中国似乎还不是这样的问题，但并非说没有这样的危险。关键在于如何引导"细胞"健康地活跃起来。

我在美国遇到不只一两位科学家、社会工作者提请我们注意研究"创新"（或译为革新，类似我们过去说的"小改小革"）对活跃中国工业经济的作用。他们的论据是：中国是一个发展中国家，经济力量有限，科学技术不甚发达，最大的财富是人。一个发展中国家，很难有足够的经济和技术力量去发展现代科学技术中的尖端产品，凭借发明去打开经济方面的"金库"。但是小小的创新，在各个工业领域，每个人都不难做到，只需给他们少量的经济和技术知识的支持，再加上大大的精神鼓励和一定的物质鼓励即可。中国国家大，如果确实在创新这方面把群众发动起来，当是现代化的一把钥匙。而且，创新这把"钥匙"对于活跃经济"细胞"多半只会有好作用，并不会产生或很少可能使躯体发生"癌细胞"。它不像凭借输入外国工业设备和技术以活跃"细胞"那样，搞不好就会产生副作用。

据美国人士观察，中国现在远远不够重视"创新"在发展经济中的作用。中国在鼓励大发明、大创造方面有一、二、三等奖；但还未看到充分鼓

励那种有时几乎不注意就看不见的种种创新奖，也没有看到大张旗鼓地鼓励创新的号召。

他们说，怎样鼓励创新，这是一种专门的学问，有一套专门的办法。美国曾集聚几十位著名专家学者讨论研究，最后搞出一本如何创新的专著，引导普通人去挖空心思搞创新。中国当然不能照抄照搬，需要结合中国的具体情况、条件、中国人的思想、习惯特点，写出如何鼓励群众搞创新的书。

对中国技术人员的分析
——美国人士注视中国经济变革之三

中国工程技术人员的特点是什么？许多与我们有接触的企业界、工程技术界、学术界人士几乎一致认为，他们有勤奋好学、肯于钻研本行技术、诚挚待人等优点；但弱点在于存在单纯技术观点，不懂生产的全面知识。

有人这样说，作为一个个人，中国工程技术人员常常是顶呱呱的；但作为一个企业中工程技术部分的一员，他们却不是最好的。在中国经济变革时期，他们的弱点也许会暴露得更加明显。

我问他们为什么如此评价？回答是：也许是因为中国教育制度和长期以来的社会影响。

许多美国学术界人士劝告我们注意麻省理工学院训练科学技术人员的办法。这就是，不仅要他们学习本行科学技术的基本知识；而且要他们懂得些经济管理、成本会计等，还要学些社会学、心理学，甚至文学和艺术。

理由是什么？他们说，理由之一是克服科学技术人员思想上的狭隘性。在目前科学技术高度发达、各学科之间纵横交错的时期，狭隘地只钻研本行业务，到了一定程度就再上不去；只有看得更高更远的人才能继续攀登顶峰。理由之二则是将来到企业中去，必然发生与行政人员的矛盾。这是因为他们习惯于只从生产技术方面观察问题，不懂得从经济管理角度和其他方面观察问题，综合权衡利害得失。曾到中国访问参观的美国企业负责人告诉我说，他们吃惊地发现，有些企业的技术人员竟向外国人告行政人员的状，诉说行政人员是怎样不支持他们提出的技术改革建议，威胁着说要"撂挑子"。当然，有些情况是行政人员的官僚主义；但同样重要的是，一项技术改革必然会暂时影响生产、影响经济效益，只考虑技术改革的长期效益，不考虑改革过渡时期减少损失的办法，就很难获得行政人员的全力支持。

他们说，中国经济变革的方向显然是正朝着要更讲成本、市场发展，克服"吃大锅饭"的做法。这样，如果行政管理人员再不懂技术，而技术人员再不管成本、市场，只看到技术的作用，不看对整个企业的影响，中国企业内部必将会发生更大的矛盾。

美国人士议论中国经济发展战略
——美国人士注视中国经济变革之四

发展中国家怎样探索出一条通向现代化的道路？这不仅是发展中国家的重要课题，美国学术界人士根据一些发达国家的经验和教训，也正在研究这个问题。

美国人士是看重比较研究的。在我所接触的学者中，没有人主张中国的经济发展可以抄袭发达国家，因为历史情况和条件不同；但是他们积极主张中国学者要下功夫研究发达国家的经济战略，认为其中有许多方面可资借鉴，有些可在从中得到启发后"反其道而行之"。

例如，有人告诉我，由于美国的历史条件，它的经济发展可以靠分散和自由竞争。分散，使美国各州、各产业根据自己的资源、人力和其他条件切合实际地发展自己。自由竞争，在美国历史条件下，起到了"优胜劣败"的作用。他们说，在两百年不长的历史中，终于使美国经济力量达到今天的地步；而今天的中国，并不具备美国当时的条件。

他们认为，中国经济发展战略最基本的一条就是认识和发挥自己的长处，避开自己的短处。长处最主要的是什么？他们说，是政府干预经济的力量（许多美国人认为日本经济发展迅速的重要原因是政府的干预）。短处最主要的是什么？他们说，是缺乏效率（美国有人说，现代化社会就是有效

率的社会）。

因此，美国有人设想使中国经济发展的"药方"应该是集中和有计划。这剂"药方"与美国经济发展的办法即分散和自由竞争恰恰相反。当然这并不是说，他们反对中国在一定时期内实行下放经济权力和在一定范围内实行竞争的办法。

怎样实行集中和有计划的办法呢？一些人士分别提出这么几条决策办法。

（1）确定国家关键发展部门。

（2）从国家全局出发，明确经济部门中的哪些产业（特别如运输、动力）、哪些设备、哪些部件必须基本上由自己干；哪些产业（如民航机制造）、哪些设备、哪些部件可暂时从国外进口。

（3）分析现有经济和科技力量，确定自己的哪几种产品经过奋斗有可能做到好上加好，可以在短期内达到世界水平，从而打进世界，占领国际市场，取得外汇。

（4）研究非关键发展部门中，哪些产品具备容易"突上去"的条件，从经济上或其他方面估计一下先"突上去"是否合算。

（5）在科学技术领域中，分门别类地研究一下什么产品和技术是必须"迎头赶上"的、什么产品和技术需要"从后面追"、什么产品和技术可以"从中间插进"而获得突破。

美国学术界人士谈研究美国*

在美国，谈起中国人要了解和研究美国，许多朋友坦率表示："正如多数美国人并不了解中国一样，中国人中怕也只有极少数了解美国。"有的朋友补充说："那个所谓少数人，他们了解的大概是历史上的中国和美国，而不是现在的中国和美国。"还有人说："多数中国人心中的美国，是马克思列宁时代的美国，而并非今天的美国。"

姑且不论这种估计是否正确。不能不承认的是，我们对当前的美国的确了解不多。那么，怎样填补这个缺口呢？不妨听听美国朋友的意见。

从了解战后美国变化开始

美国前总统卡特的顾问伯特·卡普（Bert Carp），诺贝尔奖奖金获得者、经济学家劳伦斯·克莱因（Lawrence Klein）和马萨诸塞州众议员、著名黑人领袖莫尔文·金（Melvin King）都建议从了解战后美国的变化开始。

战后，美国究竟在哪些方面产生了重要的变化呢？众说纷纭，暂且综合归纳为以下几个主要方面。

（1）美国社会各阶层的变化

家族式的私人大垄断资本已不再有条件形成。

---

* 原载于《美国研究参考资料》第 16 期，中国社会科学院美国研究所，1981 年 12 月 12 日。

高级管理和技术人员地位的上升。

中产阶级的扩大。

白领与蓝领工人界限的逐步减少。

无产阶级队伍的缩小。

（2）政府权力领域与国家垄断资本势力的扩大。

（3）科学技术发展对美国经济和生产率提高的重大作用。

（4）美国人民经济生活和社会福利有所提高。

（5）少数民族特别是黑人社会地位有所改善。

（6）家庭关系的重要变化。

（7）社会问题的严重和复杂化。

（8）美国国际地位的削弱引起对外政策上的变化。

随之而来，引起人们思考的问题是：为什么会产生这些变化？形成这些变化的主要原因是什么？这些变化究竟只是量的变化还是质的变化？变化从什么时候开始突出出来的（有人说越南战争是变化的重要标志）？除变化方面外，不变的有哪些方面？

以了解美国经济问题为基础

美国学术界一些人士认为，研究美国要懂得一些美国经济问题知识，从而才能理解美国政治、社会、对外政策及其发生变化的原因。初到美国，朋友奉劝我参加如"企业在当代美国社会的作用"这类课程的学习，以奠定了解美国问题的思想基础。

关心中国现代化建设的朋友则提出，中国应从美国这个高度发达的资本主义国家的历史经验教训中得到启示，以摸索出从中国具体条件出发到达现代化社会的规律性知识。

根据与美国朋友们座谈和在一些大学的学习讨论，感到他们提出的如下一些经济问题值得我们了解和研究。

（1）美国工农业发展史、美国经济思想史和美国政府实行的经济政策史。

（2）美国垄断资本是通过什么渠道对政治、经济和社会生活施加影响的？

（3）美国中小企业的结构与作用。

（4）当前美国经济危机的特点及政府的对策。

（5）物价上涨对美国社会各阶层的影响。

（6）美国税收制度特点及其作用。

（7）美国社会的福利制度。

（8）技术创新（Innovation）和创新投资（Venfare Capital）在发展经济和技术中的作用。

（9）美国的浪费问题。

矛盾与冲突反映为社会危机

在资本主义高度发达的美国，出现了越来越多和复杂的社会问题。除了一般的民族、宗教、家庭等问题外，还有形形色色的犯罪、性关系、吸毒等问题。一般认为，对美国社会的了解愈深入，就愈感到这个社会的脆弱。尽管美国人在经济生活和物质享受方面远较发展中国家优越，但这个社会给人在精神上的压力更加沉重。

美国朋友告诉我们，研究美国要懂得它的社会问题。美国的社会学号称是全世界最发达的一门学问，其分门别类和各种理论令人眼花缭乱。美国人的社会生活十分讲究"生活质量"。研究社会问题的各种组织和"顾问"五花八门，所谓"社会性疾病"的概念十分流行。他们还提出警告说，中国人不要认为只是为了要了解美国才研究美国社会问题，其实在中国向现代化迈进的过程中，在经济生活逐渐富裕起来后，也会产生越来越多的社会问题。研究了美国的这些问题，对中国的将来是有益的。究竟哪些课题对了解美国社会最重要呢？他们提出的有如下方面。

（1）当前美国黑人运动的特点。

（2）宗教在美国社会上的地位和作用。

（3）美国的教育水平为什么在不断下降？

（4）美国劳工运动、妇女运动的发展趋势。

（5）美国城市社区组织的作用和影响。

（6）美国社会主义思潮。

（7）美国青年问题。

（8）美国文化艺术与美国社会。

（9）美国的家庭问题。

什么是美国社会发展的趋势？

一些美国朋友承认：今天的美国既存在经济危机，也存在社会危机；另外，这个国家在政治上基本是稳定的，它的"细胞"仍旧还有生命力，科学技术在 70 年代仍有重要发展，其生产率在全世界来说也还是最高的。怎样解释这种矛盾？怎样估计美国社会的这种发展趋势？他们建议从如下方面做些探索。

（1）美国政权结构是怎样在政治生活中起作用的？

（2）美国公民是怎样参加日常政治活动的？

（3）法律在美国人民生活中的作用，如何估计美国人的法制观念？

（4）美国这个社会是怎样发挥人才的作用的？

（5）美国社会是怎样把强调个人利益与国家利益调和和联系在一起的？

（6）美国社会与经济发展的不平衡问题。

（7）美国是否也在接受"社会主义的一些东西"，如尽可能吸收计划经济、群众参加管理、扩大职工的福利制度等？

（8）美国战后经历了若干经济与社会危机，为什么其"机器"还能较正常地运转？

（9）美国在近年来随着科学与技术的发展，面临"再工业化"任务，对美国能否适应这种新形势的估计如何？

国外对中国经济改革方针的看法和建议[*]

自国内报刊发表有关国家经济改革的文章以来，美国一些关心我国经济发展的友好人士根据许多国家的经验教训以及他们所了解到的情况，对中国经济改革的方针提出了一些看法和建议。其中，有些在认识上可能存在着很大的局限性，但其考虑问题的角度和方法似仍可供参考。现综合整理如下。

一 不断进行社会改革推动经济和科技的发展

经济的发展要依靠科学技术的进步。但单纯的科技进步并不一定能够促进经济的发展。要使经济发展，还需要与之相适应的社会改革措施为"触媒"，以促使发生"化学作用"。经济发展、科技进步、社会改革三者之间的关系是相辅相成的、互相促进的。

美国以其资本主义竞争推动科学技术的进步，来促进经济的发展（当然还有对外掠夺部分）；日本以其有力的政府支持和企业组织管理推动科学技术的革新，来促进经济的发展；苏联以其国家垄断资本发展重工业和国防工业的科学技术，来促进经济的发展。事实证明，它们已各自形成了自己的一套发展经济的办法。

---

* 原载《经济消息》第 23 期，经济消息编辑部，1983 年 8 月 10 日。

在现代化过程中，中国不可避免地要进行一系列的社会改革，同时也必将逐步形成自己的一套新路子。

二　经济改革的首要目标是提高效率

"没有效率就没有现代化"。中国人也许还不太熟悉这句话的含义。古今中外，在不同的历史时期有不同含义和不同目标的现代化。但无一例外，都必须大大地提高生产效率和工作效率。

任何一种类型的社会，经济发展的决定性因素仍然是人而不是物。当然，资金、技术、设备和市场对经济发展是极端重要的，有了它们，将大大促进现代化的进程。但是，人的作用，即反映出来的积极性和创造性，仍是最关键的因素。

必须让广大人民看到，缺乏现代化设备、资金和技术，也是完全可以提高效率的。这一点，对目前的中国具有特别重要的意义。在中国亿万群众中，只要有一半能够提高工作效率的1%，就立即会产生巨大的财富。

三　以"知识流动"促进经济发展

中国一再强调知识的重要性。早在前几年，就强调要重视自己的知识分子。这两年，中国的知识分子在生活和工作条件方面，可能已有较大的改善。但如何进一步发挥他们头脑中知识的作用，如何不断地给他们补充新的知识，也许还有待更好地解决，使"英雄有用武之地"。这是避免"知识外流"最好的办法。至今，许多发展中国家还没有解决这个问题。

最近，中国强调"智力开发"，开始重视教育，特别是基础教育和农村教育。这样做，无疑会促进经济的发展和改革。但是，对于"知识流动"，中国似还未能足够注意。

中国在政策上、法律上和工作条例上，似应给"知识流动"以更大的鼓励，使科学技术知识（包括社会科学知识）能够广泛地在社会和人们中间传播。

四　在扩大社会财富的同时，要以新办法来调整分配

如果把社会财富比喻为"蛋糕"，美国长期以来在不择手段地扩大和争夺这块"蛋糕"。美国在战后发现，要扩大"蛋糕"必须考虑分配问题。这是美国工人工资和社会福利增长的原因之一。

新中国成立后，中国曾致力于"蛋糕"的分配问题，但"蛋糕"缓慢的扩大又被人口的增加所消耗。

当前，中国经济改革的首要目标似在于扩大"蛋糕"。如近来着重强调提高经济效益问题。中国认识到在扩大"蛋糕"的过程中必然存在着不平衡，因此，曾提出让一部分人"先富起来"的口号。

美国是在扩大"蛋糕"的欲望中被迫考虑分配问题的。希望中国在扩大"蛋糕"的同时，找出新办法，调整分配问题。

单纯防止剥削、非法营利、本位主义……是远远不够的；用经济办法解决经济问题，有时效果也不甚显著。调整分配的办法之一，可以考虑在放手发挥地方、企业、小集体和个人的作用以增大"蛋糕"的同时，适当增加税收，实行再分配。办法之二，是通过政府和群众性组织大力发展集体性社会福利和文化生活事业，如自建公助房屋、集体洗衣站、图书馆、生活信贷、农村医疗和教育等。这样做，不仅可以改善群众的生活，增强集体观念，还可以扩大就业范围。世界各国的经验证明，由群众自己办自己切身利益的事，是耗费小、效益大的最好办法。在这方面，中国存在着最有利的条件。

五　打不破的"铁饭碗"

在美国，商品有市场问题，劳动力也有市场问题。由于中国是十亿人口

的大国，劳动力的计划安排有特殊重要意义。因此，调查与研究劳动力的工作不能忽视。人才流动、劳动力流动在中国也是不可避免的。

古今中外，在一定的职业范围内都存在着"铁饭碗"。例如，某些国家的公务员、教授、私营企业的高级职员，以及旧中国的铁路、邮政、海关职员等，都属于这类情况。中国在新中国成立后实行的"铁饭碗"制度，也许是有史以来规模最大、范围最广的创举。

无可否认，中国的"铁饭碗"制度给当前生产和工作带来效率低等各种问题，应予改革。但事实上，在"铁饭碗"制度上的后退，很容易给社会带来不稳定和其他各种问题。改进"铁饭碗"制度的办法可从两方面进行：一是让人们懂得，如果自己不小心，"铁饭碗"也是有可能摔坏的；二是"铁饭碗"固然可以一直捧在手里，但"饭"的数量和质量大有不同。

美国的大学教授一直实行"铁饭碗"制度。在美国看来，对教授实行这种制度有极大的优越性。因为对学术界而言，最重要的就是要鼓励新的、创造性的思想，没有这种思想，社会就不能前进。而新的、创造性思想的传播有赖于大学教授这种人。因此，教授的"铁饭碗"制度实质上是一顶"保护伞"，保护他们至少不会落到"饿饭"的地步。实行这种"铁饭碗"制度，产生了惰性怎么办？这可以采取一些补救措施，如通过定期举行学生评选教授的办法来解决。

美国有人预测，中国的"铁饭碗"制度最终还是打不破的。还有人建议，中国要仔细研究"铁饭碗"问题，不要轻率地做结论和"一刀切"。

六 建立人民生活"安全网"安定社会局面

美国的生活"安全网"，由公共社会保险、私营企业公司保险、个人投保保险、公共救济和社团组织救济组成。

美国每年由国家颁布最低生活水平即贫困线。如果个人收入在贫困线以下，较容易申请得到公共救济金。里根政府尽管企图大幅度削减社会福利，但也只能在此限度内进行若干修整。

中国或许没有生活"安全网"的概念，但事实上，有国家提供的劳动保险，有农村的"五保户"制度，还有强大的传统家庭互助、职业单位和社会的救济制度，以及在公社和街道组织主持下的救济和互助等。

中国似乎还没有在调查研究的基础上把人民生活安全问题科学化与系统化，从而根据城市、农村、工矿企业的具体情况，确立一个基本可靠的"安全网"。

建立这样的"安全网"，并不一定要花许多钱，关键在于可行的制度和科学的管理办法。实行社会保障最重要的经验之一，就是由人民和受益者自己来安排和管理社会福利。这样做的好处是：花钱少、实惠多、针对性强，并能减少贪污和浪费。中国的街道里弄委员会是生活"安全网"极好的组织形式，只要稍加支持和训练，就可以承担这方面的任务。

中国现在采取了"只生一个孩子"的节育方针，传统的家庭互助对于生活保障的作用将日趋削弱。在这种情况下，如何采取新的措施来补充生活"安全网"，是负责社会计划工作者们不可推卸的责任。

七 提高人民生活质量

随着经济的发展，在一大部分人生活水平有所提高的情况下，势必产生消费流向问题。

农村和城市集体户和个体户的积累，可能有一部分投向再生产，但大部分可能投向生活消费。生活消费的一部分，用在提高生活的质量方面，如教育、正当的文化娱乐、改善居住和衣食交通条件等。难以避免的是，相当一部分消费，用于奢侈、酗酒、吸烟、赌博等，走向了提高生活质量的反面。

中国的"五讲四美"运动，对于提高社会道德风尚、提高人民生活质量起着重要作用。但也应看到，它毕竟在启蒙中。提高人民生活质量，特别在精神生活方面，中国需要做广泛细致的调查研究。这不仅是社会学和社会

工作者的责任，也是经济学和经济改革工作者的责任。

中国必须制造适合中国社会经济发展水平的、价廉物美的电视机、洗衣机和食品制造机……绝不能以生产大量优美的高跟鞋、化妆品和烟酒为骄傲。要明确在现阶段发展中鼓励什么、反对什么，打破西方预测中国将会出现大量犯罪问题、酗酒问题、性问题和宗教迷信问题的估计。

为什么这是一场"风险性"较大的改革？[*]

今年年初，美国一些经济学者、社会学者、企业经营管理界人士和我们一起讨论中国经济体制改革。这些朋友们钦佩中国领导人进行改革的决心；同时也表示了对这场改革的某些"担心"，认为改革具有较大的"风险性"。

为什么会有"风险性"较大的这种分析？其主要根据是什么？怎样渡过这种"风险"而到达彼岸？在征求他们的看法后做了如下的综合整理。

中国经济体制改革的特征

在分析一场改革时，首先要做比较研究，抓住它的特征。拿中国经济体制改革与世界上曾发生过的如西欧、东欧、埃及、以色列等一些地区和国家经历过的经济改革相比较，可以看出有如下的一些特征。

（1）这是一场从集权体制走向适当分散权力体制的经济改革。

（2）这是一场从一元化、较为单纯的体制走向多元化、复合性体制的经济改革。

（3）这是一场由主要是纵向联系、规范化体制走向横向发展、有较大活力体制的经济改革。

世界经济改革历史的事实已经证明，凡是具有这样特征的经济改革，其

＊ 手稿，1984 年 3 月。

经历大都有困难曲折、风险较大的过程；而朝向相反方向的改革，即从分散走向集中权力、多元化走向一元化、主要是横向走向纵向的改革道路，都要平坦得多，成功率也要大得多。

"风险性"较大的根源

自然科学家观察世界上发生、发展事物得出的一些规律性认识，常常也适用于社会科学家对社会，如对经济体制变化的认识。这是因为社会体制同样是一种实体（Social system is an entity）。在这个实体之中，每个部分与其他部分都有机地联系在一起。其特征之一是其中一部分的变化必然要联系和影响到其他部分的变化；而另一个特征则是其内部因素带有决定性质，其相互之间的关系要比外界方面的联系密切和复杂得多。正如中国经济改革所已然表现出的那样，经济结构中农村方面的变化冲击着城市，计划、财政方面的改革涉及劳动制度、工资制度和社会保障制度的改革。如果不能协调配套进行，就势必阻碍整个改革的进行。

如果一场改革是从分散到集中、从多元化到一元化、从主要是横向到纵向，那就是说，中央部门增加了对经济体系的控制权力，增加了信息的灵通性，增加了协调各地区部分的机能。那样，决策时就会容易有更大效果，对各种不测事件以及外界的冲击能具有更快的反应和应变能力。

相反，从集中到适当分散、从一元化到多元化、从主要是纵向到横向的变化，增加了活力，但同时意味中央放弃了某些权力，暂时会不再保有过去那样灵通的信息和协调机能，情况会变得复杂和难以预测，甚至可能在局部问题上失去控制。让地方、部门等局部因素增加做决定权力的同时，就是意味着允许它们增加干扰总体和影响其他地方部门的权力。这也就形成了"风险性"增大的根源。

今天，中国的经济体制改革是内外客观形势发展的产物，具有良好的条件和时机，也是从长期相对的"静态"向"动态"的大转变。"动态"要比"静态"难于控制得多；但这并不是说，"静态"要比"动态"好。大家知道，只有"动态"才会产生新的生命力，才会达到新的平衡和稳定。复杂和难以预测并非说它的结果是坏的或者是不理想的。它只意味着需要更好的领导艺术、更高的协调水平，对外界冲击能具备更迅速有力的反应，使整个经济体系更灵活地运转起来。

渡过"风险"，需要：坚定的改革信念、尽可能估计到变化的复杂性、适应变化的协调职能机构、一批从上至下能够应付变化和有控制能力的干部。

"风险性"存在于人们价值观念中

中国经济体制改革的"风险"也许还有更深刻的原因。试举其例之一：长期以来，特别是 1949 年以来，人们的价值观念倾向于要求一切事物的"单一性"，要求分辨每件事纯粹的是或非、好或坏。毫不奇怪，从旧中国过渡到新中国的革命时期，要求人们价值观念的纯洁性，有其历史的必然性。

但是，建设现代化社会，在一个时期内，客观上都存在各种式样、长短各异，甚至参差不齐的多样化现象。公有观念、集体观念、私有观念在一个社会中同时并存。正如各种交通工具如飞机、火车、轮船、汽车、自行车、小推车为适应不同条件和环境，可以而且必须并存，它们只能在自然发展中存在或淘汰。变化中的社会要容许多样化的价值观念，要容许它们在竞争中优胜劣败。

从外界看中国，从集中向适当分散、从一元化向多元化、从主要是纵向向横向发展的中国经济体制改革，也是人们价值观念从单一性向多样性的转变过程。

人们经历这样转变的过程是不容易的，是漫长的，也并非人人都能同意和适应这种转变。克服人们在价值观方面的阻力，需要耐心地启发和教育，需要逐步实行一些过渡性措施，需要尽可能顺应中国固有传统的道德观念。这些，也许是克服价值观念方面"风险"的一些有效办法。

美国学者谈经济发展中容易出现的社会问题[*]

1988 年 10 月至 1989 年 2 月，在美访问期间，我曾就经济发展中容易出现的一些社会问题及后果这一题目，与美国学术界人士进行过讨论。他们谈及的问题中，我认为有 4 个问题，值得我们注意。

1. 过分崇尚物质的倾向泛滥

重视物质诱因，可能促进经济发展与人民生活水平的提高；但是过分宣扬与依赖物质的第一性，使社会把整个注意力集中在物质生产上，常会忽略人的精神因素的存在及其作用。强烈的物质追逐在一些人心目中形成了拜金主义。能不能赚钱，能得多少利润，一时成为成功与失败、荣誉与耻辱的标准。物质享受与欲望越来越成为社会上许多人追求的最终目标。

其实，物质利益并非人们关心的唯一东西。在基本生活具有一定保障后，人们会转向更高层次的追求：追求安全保障，追求认同感和归属感，追求自尊自爱，追求自我实现……这些精神因素都可以作为动力因素促使人们努力工作与提高效率。思想和文化教育可以培育和启发人们对理想的追求，从而在人们的行为中发挥影响。社会不能仅用物质利益，同时必须善于利用精神因素以激发人们建设社会的积极性。美国企业大力鼓励人们的使命感和荣誉感，让职工有参与设计产品与决策的机会；日本一直提倡良好的劳动纪

＊ 原载于《社会工作研究》1989 年第 4 期。

律和工作的事业心，使职工具有浓厚的参与感。

2. 追求短期效果与滥用权力

在经济发展中引进竞争机制，可以提高生产与工作效率。但是，在一个尚未稳定发展、缺乏长期安定的环境中，为了在竞争中取胜，人们常不惜为了追求短期效益而不择手段。在缺乏法律限制与道义谴责的情况下，不可避免产生弄虚作假、粗制滥造、玩弄权术、蒙蔽群众、讨好领导等社会现象。

在一个经济不发达、法制不健全、人们受教育程度不高的社会里，政治权力具有极大的决定作用。许多人会利用各种非经济手段进行竞争，他们任用亲信、拉帮结派、排斥异己。权力，成为经济竞争中出奇制胜最有力的工具。

实际上，除竞争能提高效率与生产力外，社会上多数人能恪守社会职责，一些人能为自己的事业和理想而奋斗，为争取跻身于社会的高智力层次而努力，以及人们之间的相互协作与支持等因素，都能提高工作效率和社会生产力。决策者务必能从多方面鼓励人们奋发图强，使之具有能够进行长期打算的安定感，引导人们把追求短期利益与社会整体利益结合起来。同时，要坚决限制滥用权力，使人们在较为公平合理的条件下进行竞争。

3. 某些个人与小单位的"自由"无限膨胀

放宽个人与小单位的自由与自主权，可以充分发挥他们的积极性、主动性和创造性，可能使经济有更迅速发展的前景。但是，如果实际只是放宽了一部分人特别是富有权势的个人与小单位的"自由"，放任他们按谋私利愿望行事，则无异于限制了多数人的自由。在充斥少部分人与小单位"自由"的社会，将急剧加速贫富悬殊。强者、奸猾者"自由"地横行霸道，弱者、守法者遭受欺压排挤，人们对这样的不公正将肯定产生愈来愈强烈的怨恨和不满。

逐步放宽民主与自由，是社会发展的方向。必须注意的是，这种民主与自由应能为社会越来越多的人所享受。个人与集体、小单位与全社会的利益并非绝对互不相容或必然会引起冲突。美国也经历了不断调节的过程。

4. 传统道德和信念的削弱与破坏

传统道德观念、信仰和习俗，在经济发展和现代化冲击下被削弱或破坏具有必然性。只有不受传统观念的束缚，才可能有创新和发展。但是传统道德观念、信仰和习俗的变化，必须经历能为人们接受的漫长时期。在这个漫长时期中，传统的东西经过人们的审视后被决定取舍，有一部分合理的将被保留，有一部分因为是菁芜并存而需要有选择地保留并加以改造，还有一部分则因与现代社会相冲突而应该坚决摒弃。同时，要警惕在观念转变时期，人们因无所适从而人心涣散、各行其是、四分五裂，社会缺乏统一意志、没有起码约束力量的现象。

社会承受能力从来是政治家与改革者必须慎重对待的重大问题，发展中国家和地区在现代化与经济迅速发展时期，需要予以特殊注意。美国开发阿拉斯加州和一些发展中地区时，都曾经历严重的社会秩序失控并大量发生酗酒、吸毒、环境污染、交通肇事以及盗窃凶杀等各种犯罪事件。那些地区由于当地居民受教育程度和素质较低，对变化缺乏足够的精神准备，丢掉了固有的文化传统、生活方式和习惯，又难以抵御各种物质享受的诱惑而造成思想混乱，而外来者并不重视对本地人的教育与培养，只是乘机利用当地丰富的自然资源和廉价劳动力不择手段地大肆掠夺以发财致富，一时成为畸形发展的社会。

在经济发展与社会发展的关系方面，西方社会曾经历痛苦与艰辛的历程，有着丰富的教训与经验。至今，这一问题仍未能很好解决。应该相信，经济发展与社会发展，传统、道德观念与现代化目标是有可能相互渗透、逐步协调的，从而建立起较良好的新的社会秩序。

附录1：在改革开放进程中认知美国[*]

　　30 年前，正是中国改革开放潮流蓬勃兴起的年代，也是中国社会科学院美国研究所开始筹建的年代。1980 年我已是 55 岁的初老之年，因对美国并不熟悉，对去美国研究所工作有所犹豫。但在改革开放国策的鼓励下，最后还是下定决心，作为筹组美国所的一员投入到建所工作中。

　　美国所还未成立，任筹备组组长的李慎之与中国社会科学院有关领导商定，派我先期赴美国进行考察。原因是我曾长期从事国际问题研究，有兄长早期留学美国并获得重大科学研究成果，还有不少同学在中国驻美使领馆和联合国工作等方便条件。更重要的是，不需要美国所或院方提供任何经费资助（美国所尚未成立，没有经费预算，也未有国际组织资助）。

　　问题在于我到美国后究竟应该研究什么课题？讨论中众说纷纭。主管社科院外事工作的宦乡副院长倾向于研究美国这个国家社会发展的趋势。当时他有个观点，认为美国这个国家的实际发展，已经到了"腐而不朽、垂而不死，还有一定生命力"的阶段。美国"还有一定生命力"这个观点，在国内讨论时曾引起轩然大波，遭到不少批评。当宦乡知道我将赴美考察时，嘱咐我回国方便时，可找他个别谈谈。美国所筹备组组长李慎之提出，要我研究美国中小企业的发展问题，以便和当时国内发展私营工商业的需求相适应。我自己则倾向于研究美国对亚洲的政策，这是因为我曾任东南亚研究所

---

　　* 原载于《美国研究》2011 年第 2 期。

学术秘书，可以驾轻就熟。讨论中意见不一致，最后，筹备组对我到美国后的研究课题暂不做决定。这样，正适合当时最流行的思路，就是邓小平所说的"摸着石头过河"。

1981年3月4日我作为波士顿大学的访问学者登机赴美国考察。在飞机上我望着浩瀚辽阔的太平洋，心里还在琢磨：在美国这片陌生的土地上，究竟去哪里寻找它的"一定生命力"呢？

一　先寻觅"石头"再考虑"过河"

初到美国，能想到的就是先得找块靠得住的"石头"。只有寻觅到稳妥可靠的"石头"，学习中国古人所说的"投石问路"，才有可能平安"过河"，走上正途。

生活在美国的科研环境中，脑子里有问题，最方便的就是请教那里的同行，特别是那些早年定居在美国的华裔教授们，再有就是美籍犹太裔学者们。以色列这个国家，与中国有类似的古老历史背景，犹太人更有丰富的知识和智慧，容易与中国人相处。何况，我在国内曾经探访和研究过中国的犹太人。在美国，我就这个题目举办的讲座获得美籍犹太裔学者们的极大欢迎，与他们相聚时，更有许多共同语言。我决定，就摸着他们这些新交和亲友的"石头"，尝试着"过河"吧。

这个尝试果然见效。到1981年5月左右，我向美国所筹备组写出了第一份报告《与美国学术界人士谈研究美国问题》。这份报告综合了大约10次座谈的情况，参加者是来自波士顿大学、哈佛大学、马萨诸塞州州立大学、布兰戴斯大学、黑勒社会福利学院、东北大学等院校的教授和学者们。此外，还邀请了波士顿市南端区社区和民间社团的负责人一起讨论。参加座谈的美国人热情、友好，富有社会经历，对美国社会与经济问题常有精辟的意见和建议。

每次座谈的主题都不同，美方参加的人物也不同。大家经常争论激烈，但气氛始终热烈而融洽。座谈最集中的建议都是希望我们"在发展中看待美国"，"充分估计美国社会在历史发展中的变化"，看到其"多样性与复杂性"，从各种不同角度观察美国，听取各种不同意见和反映，以"区别现象和本质"，并在学习美国经验的同时不忘接受其教训。他们还提醒我们：在看到美国资本主义的高度发展时，也要看到社会主义思想与世界观在世界上的出现对美国所产生的巨大影响。在研究方法上，倡导"走出书斋，跳出学术界的狭隘圈子，到实际生活中接触各个阶层、各种不同的人物，力求得出较完整的概念"。"要用比较的方法，区别不同的环境和背景，根据中国自己的特点，选择重点，进行研究与借鉴。"这些善意的告诫，特别是关于美国这个国家在其经历的历史长河中也在"不断变化"的观点，对我这个曾尝试"过河"的人来说，虽然已经过去30年之久，仍然记忆犹新。

二　站在前人肩膀上才能高瞻远瞩

使我想不到的是，国内的人们，包括政府的主要领导人，非常重视我反映的美国情况。1981年12月，参考性刊物《经济消息》第48期刊登了我写的总标题为《美国人士注视中国的经济变革》的一组4篇文章，这些文章的内容是我根据在美国的座谈整理出来的。时任国务院副总理薄一波看到后，对我的文章做了十几处批语，说美国人的一些意见"对""中肯""说到了要害"，并认为中国的改革开放"不能只在小改、小革上下功夫"。做出批示后，他还要我"看看是否妥当"，要我再写些话和意见给他。于是我又陆续写了几篇东西。薄一波表示"很乐意看写出的新东西"，还打来电话。同时他也表示，这些"只是个人间交换意见"。

1981年12月19日，我写了一封信给薄一波副总理。信中说："为什么一些美国学者能透视到中国经济发展中的问题，并能提出一些比较中肯的意见呢？我想答案可能是：社会与经济的变革，正如自然科学与技术发展一样，有它自身的客观发展规律。如果人们（不管是无产阶级还是资产阶级）的作为，合于自然规律发展，它就会获得成就；相反，逆于自然规律发展，它就会碰壁而失败。在资本主义高度发展的美国，它付出了高昂的代价，特

别是牺牲劳动人民的利益，取得了科学技术和经济等方面一定的进展。至今，其细胞仍具有一定的生命力。这说明它的所作所为，包括社会与经济发展，有其符合于客观规律的一方面。我们应该正视和承认这一点。美国人士能看到中国经济发展中的一些问题和能提出一些建议，我认为，并非是他们对中国经济问题有些什么真正透彻的研究，主要的只是，他们是一些'过来人'，是一些熟练的驾驶员，能从一辆汽车转弯的倾斜度，判断出这辆车能否顺利地行驶在大道上。"

我说明："在美国，加强了我这样的决心，这就是必须学习著名科学家牛顿，要学会站在前人的肩上高瞻远瞩（无论这个前人是些什么人）；否则，我们自己就是蠢人。我正是这样理解我们为什么要保持一个'开放社会'的。"

三　横渡"大河"激流，需要"适应变化"的稳定机制

在美国这个大国中周游、交往，我逐渐意识到，要适应其复杂、多样、不平衡与变化，只是在书斋中研究、讨论是远远不够的。要真正走入这个社会，与广大各阶层人民接触，尽可能地了解他们的生活疾苦、思想状态，这好像才是研究美国的正道。这就好比我们在河中摸到和抱住"石头"并不是目的，还要向"大河"深处走去。从浅滩走向深水，从静静溪水走向激流漩涡，当然需要很多勇气和决心。

在来美国所之前，我曾多年下放东北和河南农村劳动。下放期间使我印象深刻的是在基层访贫问苦，与老百姓同吃、同住、同劳动，这使我接触到了中国的实际。到美国后，接触美国各方面的实际情况，是我考察的重要内容。我生活在美国名牌大学圈子里，周围的教授、学生大多居于美国中产阶级。周末受邀到他们家里，经常聚会攀谈，似乎不难了解他们。至于与美国上层社会的接触，当时对我来说也不困难，常有机会被邀请参加狮子会、扶轮社的聚会，和企业家大亨一起观赏上层人士和富豪们组织的活动，如高尔

夫球比赛、网球比赛、在乡村俱乐部邀游聚餐等，常常能听到他们对国际和国内形势的议论与争辩。

美国大学中的应用社会系、社会工作系、社会管理系或者社会福利系是最令我感兴趣的部门。那里的教授、学生很愿意带我一起访问各地的贫民窟和少数族裔聚居区。对那些地方，我起初也顾虑会遇到斗殴、枪战、吸毒、盗窃、妓女拉客等不测和风险，但后来逐渐了解到，只要有当地的社会工作者、教会牧师、团伙领袖们带领、引导，当地人了解你的来路、背景，他们不仅不会伤害到你或者干预你的访问，而且会时刻帮助和保护你。这样，我访问贫民窟的胆子越来越大，曾经遍访波士顿、费城、纽约、底特律、华盛顿、洛杉矶6大城市的贫民窟，与当地的黑人领袖、贩毒团伙、妇女组织、社区福利与慈善救助机构，乃至吸毒者、妓女和江湖好汉都有过一些接触。我还曾经在基层社区中遇到美国共产党领导人霍尔（Gus Hall）的前秘书、劳联—产联（AFL—CIO）负责人和煤矿工会的前主席。我在考察美国落后农村地区时，还访问过美共举办的山区培训班、亚拉巴马州贫困农村的黑人聚居区和密西西比河流域修建水电工程后形成的穷苦的移民区。在美国"访贫问苦"期间，我无数次听过贫苦民众对当地政府不顾环境保护和农民生活稳定的怨言、批评甚至谩骂。有许多时候，我当夜就留宿在他们"鸡笼"似狭小的家里，与他们攀谈苦难的经历直至深夜。谈话中，我经常被感动得和他们一起流泪。

给我印象最深的是，这些美国底层贫民所具有的强烈的维权意识。他们迫切要求维护自己的生存权、就业权、居住权、环境保护权、儿童抚养权、养老权、妇女权益、残疾人工作和福利权益，等等。各地似乎都不缺乏"水泊梁山"式的"好汉"，但总的来说，一方面是怨言如潮，另一方面却看不出至少是在短期内会发生社会大动乱的迹象。这是为什么？

就在这个时候，家兄朱传榘（J. C. Chu，世界上第一台电子计算机"埃尼阿克"、英文缩写是"ENIAC"的6位创始人之一，曾获美国电子和电气工程师协会颁发的"电子计算机先驱奖"）、陈郁立（Robert Chin，波士顿大学社会心理学教授、费孝通先生的老友）、沈瑗瑅（马萨诸塞州立大学社

会学教授、雷洁琼先生的好友）在一次聚会时共同指出：要了解美国社会，就要研究美国的社会保障政策及其变化。他们说，中国革命的胜利有三大法宝（统一战线、武装斗争和党的建设）；美国也有自己的法宝以维持社会的相对稳定。这样一些谈话使我意识到：适应社会变化，建立并不断改进自己国家的社会保障体系，满足各阶层人民生活中的各类迫切需求，有可能就是美国保持社会稳定和国家相对长治久安的一枚"定海神针"。

1984 年冬，我应邀去费城考察，住在宾夕法尼亚大学的招待所里，同屋的是上海交通大学副校长张寿，我们一见如故。相处期间，我们俩经常就个人观察美国的感想相互交流，有时一直谈到深夜。我告诉他，根据我的观察思考，社会保障制度的不断改进、充实和创新，可能就是美国延长其"生命力"的一个重要手段。他思考后也认为有道理。不久他接到国内急电，要他立即中断访美回国接受新的工作，彼此只好惜惜而别。

没有想到的是，1985 年初返京后还未来得及与家人好好团聚，我便接到国务院通知，要我去参加一系列的"社会保障研讨会"。据说，就是那位新上任不久的国家计划委员会副主任张寿把我写给他的长信以及我们谈话的内容报告给国家计委主任后，这些材料又被呈报给了当时的国务院主要负责人。这位负责人在我的报告上两次批示，并指示国务院"作为专题认真研究""提出方案"。这真的使我感到了改革开放国策的巨大动力和影响。

从此，我身不由己。在职期间，先后曾与美国研究所各研究室的同事们一起编写了《美国社会保障》一书，期望引起更多人士特别是所内青年研究人员对这个问题的兴趣。经我与美国联邦政府社会保障署副署长协商，取得编译权，编译了《全球社会保障》的中文版（60 万字），翻译了《21 世纪的社会保障》一书，组织有关人员编写了《苏联与东欧各国的社会保障》。此外，我还主持了国家重点科研课题"社会发展与社会指标体系"；建立了国内 5 个省、市或地方的社会发展实验区，担任过国家科委社会发展课题专家组组长。从推动建立中国的社会保障制度出发，又具体参与到研究中国的养老事业、社区发展、慈善公益事业、开拓民间社会组织等诸多课题中去。

30 年一瞬间已经逝去。创建中国社会科学院美国研究所的老一辈科研人员都已垂垂老矣，一些人也已驾鹤西去。回首往事，能聊以自慰的是：在波涛汹涌、激动人心的中国改革开放年代，我也曾尽力而为。

开拓社会保障体系

美国学者、专家
对我国未来的社会保障制度的看法[*]

中国社会科学院美国研究所朱传一同志多次访美，在最近的一次访美期间，他写信给有关部门负责同志，反映美国一些社会科学家和大学教授，对我国经济体制改革后的社会保障制度问题，提出了一些看法和建议。现摘要刊登如下。

美国学者、专家们说，自 1949 年以来，中国一向引以为荣的就是提供给广大人民以基本生活保障，但最近的经济制度改革，使这种做法发生了变化，即趋向于鼓励提高职工的劳动生产率，并对他们的消费要求采取灵活反应态度。因而，中国的社会保障制度的发展将日趋多样化与复杂化。

一　改革是中国劳动政策的根本转变

这些学者、专家们认为，长期以来，中国执行的是高就业、高补贴和高福利的"三高"政策，形成了以"高就业为基础的完整的社会福利体系"，构成了"中国式的生活保障安全网"，即待业人员由国家统一分配，进而享受国家规定的各项福利制度，包括住房、取暖、食堂、各种廉价商品，甚至

＊　本文有 1984 年手稿，此篇为转发，但原载与转发机构均已不详。

淋浴、理发等生活福利。当家庭收入降低至最低水平时，还可享受各种困难救济。这种社会保障"建筑于职业之中"，"只要有职业，就有保障，不需要另设社会保障安全网和一套官僚管理机构"。

但是，改革使中国劳动就业政策发生了"根本性变革"。其趋势就是在国有企业之外，鼓励人们在合作经济与个体经济中就业。这样，就形成了职业与社会保障制度的分离，使原有的社会保障处于危险的境地。

首先，个体经济没有"铁饭碗"的保证，也不实行社会保障制度。当个体经营者中的一些人生意变坏时，他们将面临无法支持自己生活的境地。今后，除非国家能给予个体经营者大量补贴以维持其保险费用，否则，他们的社会保障问题将成为中国面临的社会问题之一。其次，合作企业也可能存在类似的问题。由于某些企业没有充分资金和未受国家补贴，一旦亏损大于利润，其社会保障将难以维持。再次，国有企业的"铁饭碗"也在"生锈了"。由于这场改革的重点是，改变长期以来企业吃国家、职工吃企业的"大锅饭"的情况，企业不能像过去那样，总为职工提供"安全的社会保障"。这也会波及企业职工保险和福利的享受。

二　中国社会保障改革的方向

我国今后的社会保障如何？他们认为，有两种前途和可能。

第一，中国经济体制改革势必推动社会保障制度的改革，形成"新的中国式的社会安全网"。即在一部分人先富起来的情况下，同时保证人民基本生活条件，缩小收入的过分悬殊，增加社会安定因素，从而减少改革的阻力，进一步促进经济改革的完成。

第二，也有可能形成另外两种倾向，"构成中国改革过程中最深刻的挑战之一"：其一是，在经济体制改革中忽视社会保障的协调进行，将一部分人抛出"社会安全网"，引起他们对改革的不满，从而阻碍改革的前进。其二是，为弥补改革中形成的各种"缺口"，政府不得不以大量资金和力量进行各种新的"补贴""救济"，实行新的福利办法，以维持一部分人的生活水平。这样做的结果是一少部分人会"躺在社会福利的资助上",而不想对社会做贡献。正如西方有的国家所曾经历的那样,社会福利超过了经济发展的可能,阻碍经济的发展速度。

那么,什么将是中国社会保障制度改革的方向?这些学者、专家从不同角度、不同范围提出了他们的一些主张和建议,归纳起来有以下三种。

第一种,吸取西方某些国家在社会保障上实行"从摇篮到棺材"的"福利国家"的政策给财政支出造成灾难性后果的教训。但是,国家对某些社会保障项目,如住宅、食品、教育、燃料等,在一定时期内还应沿袭过去的办法,进行适当的补贴。因为世界上任何制度的国家,实际上对某些社会保障项目都实行过贴补政策,区别只是项目的不同、数量多少的差异,以及办法的不同而已。

对于社会保障项目的财政支出,最大份额应由企业承担,使个人的社会保障与企业经营的好坏密切相联系。当然,必须区别不同项目,如老年退休金则宜于全国统筹。另外,个人从工资中拿出一部分保险金,参加社会保障项目,是完全必要的。这样做,有利于资金的节约,有利于社会保障制度的执行。

第二种,中国存在多种经济形式,社会保障势将愈向多样化的方向发展。他们说,"将来的中国福利制度肯定会越来越复杂,也再不会那样紧密地和职业联系在一起了"。实施多样化的保障形式,会促进多种经济形式的发展,有利于诸如职业的变动、老年人的自愿退休等。他们说,中国已经设立了企业化的社会保障组织,如保险公司、劳动服务公司、家庭服务公司等。从目前形势看,其经营范围、实施办法以及方式的多样化,可能尚远不敷人民生活的要求和发展远景的需要。如从促进经济发展和资金积累着眼,在某些领域内实行强制性保险,在另一些领域内实行自愿性保险,并使不同的保险制度相互衔接、补充,使保险、投资、贷款结合为有机的联合体系,对国家、企业、个人都将有所裨益。

有的学者、专家强调,传统性的社会保障,如家庭、邻里互助的作用,绝不能忽视。要研究在新形势下如何给予这些传统形式积极的鼓励与帮助。

如政府给赡养父母、祖父母的子女以物质帮助和精神鼓励等。

第三种，设立社会保障新项目，创建"新的中国式社会安全网"。他们认为，中国有可能出现西方社会存在的失业等社会现象，应及早考虑对策。

失业或暂时不能就业，是允许解雇、职业变换和企业竞争难以完全避免的现象。面对失业问题的可能出现，应设立法律申诉程序，保护不妥当的解雇；并应制定失业保险制度，建立机构，如劳动服务公司，可以代为介绍职业，进行半培训半就业的劳动制度，解决一部分待业者的经济困难。另外，由于物价不可能像过去那样稳定，应建立物价指数及最低生活水平线，以保障一部分生活最困难者的生活需要，也便于确定实行社会救济的标准。

三　改革的风险

对此，学者、专家有两种分析。一种认为，中国经济体制改革是权限从集中到分散，由于长期以来就业与各项福利保障紧密联系在一起，社会保障改革的难度很大，其风险性远大于权限从分散到集中的改革。他们建议，社会保障改革的步子必须积极而稳妥，以推动改革的前进。在改革遇到困难，经济出现迂回曲折的局面，以及世界经济危机的冲击时，社会保障制度的不断健全，能起很大安定局面的作用。

另一种则认为，由于中国历来有集中统一的领导，国家所有制始终在经济领域内占有绝对的优势，不管从经济体制或社会保障改革来说，都不会像西方经济那样脆弱，那样容易遭受各种冲击。只要发现问题后，能及时纠正，问题都比较容易解决。

考察美国社会保障制度及
所获启示*

从 1980 年起，我每年有机会去美国看看。时间长了，慢慢脑子里产生一个问题：在美国这样高度发展的资本主义国家里，虽然贫富悬殊，政治和经济上存在许多难以解决的问题，但为什么其社会相对来说还是较为稳定的呢？大家认为，科学技术的进步是美国经济不断发展的原因。经济有发展，当然会导致社会相对稳定，但这似乎还不能完全解释其中的原因。还有什么其他原因呢？我发现，美国社会保障制度及其一套"社会安全网"制度的诞生，大概也可以说是其社会较为稳定的重要原因。这样，我对了解和研究美国社会保障制度开始有了兴趣。我想从四方面谈谈美国社会保障的有关问题。

（1）当代美国社会保障制度的特征。

（2）美国社会保障制度的得失。

（3）美国社会保障制度与社会结构变化。

（4）对中国社会保障制度改革的启示。

当代美国社会保障制度的特征

美国的社会保障制度给我印象最深的首先是其内容的庞杂和多样性。粗

略了解一下，各种保障项目的规定有 300 多项，仅联邦（中央）政府制定帮助穷人这一类就有 100 多项。但其中主要的大约有 60 来项。按有些美国专家的分类办法，可分四大类：

第一大类，是从收入方面提供支持和补助。可分为六个方面，主要有21 项。包括老年退休、失业补助、贫困救济、残病补助、退伍军人安置和遗属抚恤。

第二大类，是从开支方面提供支持和补助。可分为五个方面，主要有23 项。包括健康医疗、住房、社会服务、儿童照顾和家庭问题补助。

第三大类，是教育和培训方面的支持和补助。

第四大类，是对遭受某种损失者给予支持和补助。主要方面如劳动保护和保健、食品和医药、妇幼营养、免费午餐、公共卫生、交通安全、环境保护、少数民族等。

从以上情况可以看出，美国几乎对人们生活的各个方面提供某些社会保障。西方学者曾把这样的社会保障制度概括为"从摇篮到坟墓"。这就是说，保障涉及从生到死、从物质到精神、从正常生活到遭受变故的一切方面。我国一位研究美国社会问题的同志把它概括为："生老病死、伤残孤寡、衣食住行、工作学习、社会问题"20 个字。"社会问题"是什么意思呢？大概是指酗酒、吸毒、环境污染……方面。

战后以来，西方社会有一个时期很流行"福利国家"的说法，有它的一套理论。千万不要以为提出"福利国家"的概念，它就已经实现了。拿"福利国家"这个词来说，到 80 年代就不怎么时髦了，这是因为各国政府用于社会保障的财政支出越来越大，已不胜其负担，有人认为，"福利国家"在西方的实践已经证明是个失败。

第二个特征，是美国社会保障项目财源的多渠道。渠道尽管很多，但看来其主要渠道仍然是政府，特别是中央政府（即联邦政府）。美国联邦政府负责社会保障项目开支最大的是"老残遗属及其健康保险"（OASDHI），这个项目是全国性的。据统计，90％以上的美国老人能享受这项保险，其保险金税额，由企业和个人各缴纳一半，具有强制保险性质。其他项目如对退伍军人的各类保障、具有救济性质的"补充保障收入"（SSI）、"食品券"制度（Food Stamp）等，都是由联邦政府拨款的。

由州政府、地方政府开支的社会保障项目有济贫性质的"公众救济"（Public Relief）、"医疗补助"（Medicaid），其他有"公立大专院校补助"（Public University College Program）、"公共住宅补助"（Public Housing Program）以及由联邦和州、地方政府共同支付的"对抚养未成年家庭的补助"（AFDC）等。

由企业为主支付的社会保障项目有"失业保险金"（Unemployment Insurance）、"私营企业养老金"（Private Pension）、私营企业"补充失业保险金"（Supplemental Unemployment Insurance）、"残疾保险"（Employer Disability Insurance）和职业培训各种项目。

各种非营利社区组织，如工会、慈善机构、基金会、宗教组织、居民团体等，也常负责一些规模大小不等、形式不同、时期长短各异的社会保障和社会服务项目。

社会保障逐渐成为政府沉重的财政负担，有些项目已陷于入不敷出的情况，因此，转向多方面开辟财源，从目前趋向看，已由过去国家支付大部分费用，逐步向开辟私人财源转移。据1982年统计，政府对社会福利项目大概支付了4000亿美元，占联邦政府预算的1/3以上。私营企业支付的社会保障事业费用迅速增多，在1982年，已达3500亿美元以上，逐步接近政府开支的数字。

美国经济学家、诺贝尔奖奖金获得者弗里德曼曾估计过：如果把国家和私营企业为社会保障所花费的约8000亿美元，真正都用在贫困者身上的话，全美国生活困难的人都能过上好日子了。当然，这笔钱事实上并没有能全用在穷人身上。

第三个特征，是社会保障制度管理的多层次。长期以来，美国社会保障项目是由政府机构和社会各组织团体分别管理的，形成了庞大的社会福利官僚机构，据称人数多达300万人。这也是形成社会保障行政费用庞大的原因。

目前，美国社会保障管理制度的一个趋向是，尽可能把管理权限下放到地方和基层机构。其理论根据是：社会保障的管理及发放愈接近接受者，其效果就愈显著，愈能减少贪污、浪费和官僚主义。美国总统里根就提倡这个办法，他主张削减社会福利支出，同时用下放管理权限的办法来提高其实际效益。

在社会保障管理制度方面的另一个特点是，美国政府和企业愈来愈倾向于把一些社会保障项目委托给或资助某些私营企业或群众组织去办理，或向他们提供工作上的方便条件。如果它们能把这项事情办好，也可以获得利润。据称这样做比直接设立官方机构的效果要好，也节省了一部分投资和行政开支。当然，主办机构也要进行一定的监督，避免贪污和官僚主义现象。

第四个特征，是社会保障制度具有不平衡性。由于美国各州、各地区的经济发展程度和产业结构不同，税收数额不同，除了某些全国性项目外，各地社会保障待遇的差别很大。在经济发达的马萨诸塞州，保障待遇较高，如盲人每月可得政府补贴232美元，在经济不甚发达的艾奥瓦州，他们只能得到58美元，相差3倍之多；超过65岁生活困难的老年人，在马萨诸塞州每月可得救济164.4美元，而在艾奥瓦州只能拿82美元。

除地区性的不平衡外，在不同企业也有很大差别，一些现代化高技术企业和大型企业的社会保障制度相当齐全优厚。如拍立得（Polyraid）摄影公司一向标榜其对职工的高福利政策。工厂内的福利设施齐全，不仅有提供收费低服务周到的食堂、商店和物品代购处、医务室、托儿所、交通车、图书馆，而且设有法律顾问处（代职工打官司）、贷款银行、电子计算机学习室（有专家讲授）、职业培训班，等等。由于厂方给这些福利设施以一定补贴（如食堂给予补贴20%），或给以其他方便条件（如办公地点），各私营服务行业都愿意按合同规定进入该厂为它的职工办好福利事业。有的职工反映说，在这个厂工作，老板什么都为你想到了，办离婚都用不着离开办公室。高福利政策的结果是明显的，这个公司至今没有工会组织，多数职工能集中精力工作为公司取得更大利润。当然，一些小厂福利待遇就很差，和拍立得摄影公司的工厂相距只有几个街区的阿蒂森机器厂，虽也拥有一百多名职工，但几乎没有任何福利设施，每天午餐只能让职工站在厂门口的小食品摊旁边吃一顿。

在一些传统性老企业如汽车、钢铁业，由于工会力量强大，为工人争取到不少福利权益。这里职工的社会保障就比工会运动薄弱的企业要好得多。此外，某些企业中关键部门和高技术工种职工的福利待遇也比一般职工要高，老板需要使他们有充分的保障来稳定生产秩序。

美国退伍军人有特殊的社会保障待遇。他们的退休金、健康医疗待遇、残废补助、教育保障待遇等都比一般职工优厚。美国人认为，退伍军人福利项目中最成功的是退伍后可以享受义务大学教育这一条，它比任何物质支持更重要。这给了出身于穷人家庭上不起大学的子弟以"出头"之路；而更重要的是，对美国政府来说这既保证了兵源，又培养了人才。

美国社会保障制度的这种不平衡性，粗看起来五花八门，甚至莫名其妙；但仔细研究起来，又有它的一定道理。

第五个特征，是使一些社会保障制度与城镇建设计划密切结合。美国30年代经济危机发生后，罗斯福总统曾搞过大规模的公共工程计划，让大批失业者和穷人去修公路、搞建筑，实际是"以工代赈"。在战后历次经济危机中，有些传统性工业衰落了，有些城市也随之萧条。因此美国政府采取了类似30年代的做法，推行一种城市复兴计划，其特征是将城市复兴与某些社会保障措施密切结合，而不是简单地"以工代赈"。

各个城市的"复兴计划"，都是根据自己城市的特点和特殊需要制定的。纽约南布朗兹贫民区的做法是减免地皮费用和税收，招揽企业主来此投资设厂，由政府组织培训失业工人和贫困者担任劳动力。芝加哥解决住房户的办法是把他们组织起来修补破旧房屋，然后把这些公共住宅酌情分配给他们。劳威尔市的"复兴计划"则集中在培训电子业所需要的劳动力上，企图使这个地处495号公路上的小城能成为未来的高技术中心。至1984年初，这个小城市的失业率只有4%左右。马尔保罗市的职工培训中心，则着眼于把有些残疾人变为发展电子业的有用劳动力，因为他们的特点是常比普通人

更专心致志和耐心细致，当然，这些人需要有一定的教育基础。总之，美国专家认为，把社会保障事业和本地区的"复兴计划"结合起来，是发展这类事业最重要的措施。

美国社会保障制度与社会结构变化

关于社会保障制度发展的原因，国内外大体有三种分析。第一种认为，统治阶级从来没有主动给予人民各种社会保障，是广大人民特别是工人阶级的顽强斗争，迫使统治阶级不得不让步，同意给人民以一定的社会保障。因此，西方的社会保障实质上是人民斗争的果实。第二种认为，从社会保障制度发展的历史过程看，自1883年德国首相俾斯麦实行规模超过当时任何国家的社会保险制度以来，资产阶级愿意付出一些代价从事社会保障，用改良主义办法维持政权与社会的稳定，谋取更大的利润。第三种认为，前两种看法反映了历史事实，但更根本的原因在于社会发展的客观需要，和社会生产力发展提供了这种可能。一个社会在其发展过程中，必须给劳动的人们以一定的社会保障；如果没有这种社会保障，就会阻碍社会进步。劳动人民的斗争常迫使统治阶级实行一定的社会保障，但社会保障条件并不能脱离当时客观生产力发展水平。统治阶级企图实施改良主义政策，也同样不能超越经济发展所允许的范围。

在农业社会中，人们在一家一户的土地上劳动，劳动时间没有严格的规定，劳动组织不严密，经济发展水平很低。在这样的社会里，几乎没有实行社会保障的需要。进入工业社会，人们严格按照规定的时间、纪律工作，劳动的社会性加强，年老后无力再继续原来的工作，需要也有可能逐步实行某些社会保障包括年老退休制度来保证劳动力更替。现代化高技术工业社会时代，生产力有大幅度提高，劳动生产的各个环节十分密切，需要人们更集中精力于工作和学习，需要有更好的环境和条件来保证劳动计划的实现，这也就要求有更加完整的社会保障制度。

美国社会保障制度发展到当前程度并不是偶然的。在这个现代化社会里，竞争激烈，劳动生活强度大、节奏快，和一般发展中国家很不相同。在这种环境里，如果人们对本人及家庭成员起码的社会保障条件有后顾之忧，就不可能集中精力工作；而且，如没有适当的休息、娱乐缓解，人们的精神就难以忍受。在美国，精神性疾病特别多，有统计说，不同程度的患者竟占人口的10%，其比率是惊人的（当然，美国人的患病标准与我们的概念是不同的，其原因也是多方面的）。在这样的社会里，娱乐和旅游并不是一种奢侈品。

社会保障制度中非物质方面（如教育）日臻重要，也是高技术工业飞速发展，现代化企业产品三五年即更新换代的结果。在这种现代化企业中工作，如果个人的知识老化，就必然丧失就业的好机会，甚至遭到淘汰而失业。

美国人的所谓"恐老症"，其一部分意义是害怕知识上的衰老。老年人对新知识和新技能的适应力不强。50岁以上的人再想更换职业很少有人要。在电子计算机时代，很多过去的经验已被纳入电子计算机内，对个人经验的需要越来越少。据统计，1955年，65岁男人就业的百分比是44.6%，到1983年，继续就业的只占11.9%。大家都知道，美国的老年人就业难、收入少，精神性疾病和自杀率增加，其原因是多方面的，但确实与社会结构变化给老年人带来的痛苦有关。也因为这样，老年人的社会保障问题，是组成美国社会保障制度最重要的部分。

由于人的寿命延长了，七八十岁以上的老老年人问题也就更突出了。在老老年期间，不少人坐在轮椅上或躺在床上还能活上十年，这就需要社会给予特殊照顾，解决他们生活上各种困难。老老年人的社会保障问题已是有别于老年人的另一个亟待解决的问题。

社会结构的变化导致家庭结构的变动。在美国，父母与成年子女同居的家庭只约有百分之十几，核心家庭的不稳定率在上升，离婚率高达50%以上。除了社会道德、风尚的因素外，职业的流动性增加、代际鸿沟的发展、妇女参加工作人数的激增等也是形成这种情况的原因。因此，人们愈来愈难凭借家庭解决生老病死伤残等各种生活问题，社会性的保障项目如养老院、

托儿所、疗养院等以及各类家庭服务机构的发展是由此而来的。

近年来，美国劳动力结构引人注目的变化是妇女参加社会劳动的人数增长。现代化科学技术进步和服务业的大量发展，是对妇女参加劳动的有利变化。这类工作体力劳动强度减少，特别需要耐心与细致，妇女较为适宜。1950年，美国只有约1/3的妇女在社会上工作；至1984年，已增长至2/3以上。其中，每五位妇女中有四位担任"白领"职务，如秘书、护士、教员、各类研究和服务工作等。在高技术工业如微电子业中，妇女在其中工作的潜力很大，根据预测，到1990年时，妇女将占其总就业人数的60%以上。为参加工作做准备，美国女大学生的人数不断增长。当前，在大学本科生中，女大学生已占52%，超过了男大学生数。劳动力结构中妇女劳动力增多，自然向社会保障制度提出了新的课题，例如解决妇女工作保健、幼儿与学龄儿童的照顾与教育以及各类家庭服务问题等。

由于科学技术发展引起了社会、经济以及家庭、劳动力结构的变化，使社会保障问题在美国处于愈来愈重要的地位，也已成为美国政府和历届议会辩论的主要议题。

美国社会保障制度的得失

美国社会保障制度的建立，究竟对美国政治、经济和社会起了什么作用？从各方面的评论看，应该认为，尽管存在许多问题，美国人民对此也有严重不满，但总的看来，还是起了大大缓和社会和阶级矛盾的作用，在一定程度上解决了人们的生老病死、伤残孤寡、衣食住行、工作学习以及形形色色的社会问题。

战后以来，美国政府经常遇到一些国内外的政治和经济危机，在共和党与民主党政府更迭的时候，政策也常有某些变化。在波动和转变时刻，社会一般较为稳定。不能不认为，社会保障制度的建立与发展是起了一定作用的。

80年代初，美国经济曾遭遇很大的困难。曾有人预测说，美国又将面临类似 30 年代那样的大危机，严重的失业和贫困灾难又将降临在美国工人阶级头上，而经济危机又可能引起政治危机。结果，那样的大危机并没有降临。当然，其原因是多方面和复杂的。但从人民生活看，应该说，这些年来即使危机和萧条重现，大部分人的基本生活仍有某些保证，和 30 年代有很大不同。按照美国现有"最低生活贫困线"的规定，1983 年，四口之家的收入为 10178 美元。如收入不到此数，可以申请各种资助。失业者，在失业后半年至一年内，可以得到失业津贴。再找不到工作时，可以申请贫困救济、食品券等。年老退休者，90% 以上的人可享受养老金，这个养老金每半年随物价调整一次。大家知道，美国的医疗费高昂惊人，但是，在公立医院看病，尽管其医疗条件较差，却可申请免费或减费。孩子多，供养不起，可以申请各式各样的家庭与儿童福利补助。有了残疾可享受各种残疾待遇。总之，在社会安全网的网底生活，想活得好，办不到；想饿不死，却也并不太难！有人认为，美国社会保障制度是"成功"的，其意义在于它确实使社会与阶级矛盾的爆发性减弱了。

有人认为，和西欧国家相比，美国的社会保障是落后的、不完整的、低标准的。但也许正因为如此，它才成为美国社会保障制度的成功之处。许多人认为，尽管里根总统一再宣称社会保障支出过于庞大，政府已不胜其负担，但实际情况并没有这样严重，特别是和西欧国家相比要好得多。还应该说，美国社会保障各类项目在制定时尽管没有长远计划，但有些规定在他们积累经验的基础上，保持了一定差别性，有利于其经济和生产力的发展。比如说，老年退休金的比率相当原工资约 60%，即使私营企业工作还可得额外的一份退休金，也不超过原薪资的 80% ~ 90%。在规定退休金的比率方面，低工资职工的比率数较大，使低工资职工在退休后的生活也能过得去。这类规定减少了社会矛盾。

考察美国社会保障制度后不能不认为，其社会保障事业的发展，大大促进了第三产业特别是服务业的发展，解决了社会上很大一批人的就业问题。在美国，各类服务业包括各类企业中的社会保障人员，数量异常庞大，在有些企业中，服务人员竟占全体职工的 40% 左右。各级政府有审查、发放社

会保险金的机构和人员，公、私企业以及社会团体为兴办社会保障事业，也都雇用了大量人员，因此，发展社会保障事业，不仅能改善人民生活，而且能促进就业，使社会处于良性发展状态。

由于科学技术进步，美国愈来愈重视教育与培训在社会保障中的作用。除物质性的社会保障外，非物质性的社会保障对促进现代化社会发展有重要作用。目前各种类型的教育与培训机构遍及美国各州、各县区以及大小企业。在美国一些地方，如果申请救济，他们会首先问你愿不愿意接受某种职业的培训。被培训时，一半时间学习，一半时间工作，然后发给一些工资或补助，而不是单纯救济。美国人认为，工程师在大学毕业后，他的专业知识每过 6～10 年就要失效一半，特别是计算机一类的高技术"知识半衰期"还要短得多。一个工程师如果不接受或没有条件接受继续教育或培训，就等于自掘坟墓和失业。因此，教育和培训愈来愈成为社会保障的主要内容之一。现在，美国每年接受继续教育的人数达 800 万。美国 200 万名工程师中，每年约有 1/4 以上人员接受不同形式的继续工程教育。比较美国各地区经济发展的原因，可以看出，凡是重视继续教育与培训的地区，一般说高技术工业发展得较快，经济比较繁荣，失业率低，社会福利和救济的费用也低；反之，在不重视继续教育与培训的地区，因无力开拓新技术、新企业，竞争不过其他地区，失业率和穷困程度大，福利与救济开支大，处于恶性循环之中。

美国的社会保障制度，有它自认为"成功"之处，但也存在严重的问题和"失败"。其中，最大的问题是它在缓和社会与阶级矛盾的同时，又使矛盾深刻化。

正像前面谈到的，美国提出了"社会安全网"的概念，但并没有解决人们生活各方面的"安全"问题。以他们认为实行最为成功的老年退休保险为例，美国人中的许多个体经营者、临时工、季节工，至今生活在这个"安全网"之外。问起美国人对他们的社会保障制度的意见来，很少人是满意的。得不到某些保障的人固然不满，得到的人也总是嫌其补助甚微，抱怨不能解决实际需要。

更严重的问题是，贪污、浪费和管理方面的弊端数不胜数，为社会保障而支出的大量钱财并没有用在应该用的地方。据美国教育与福利部统计，在社会保障方面，每年由于贪污受贿、铺张浪费而损失掉的资金，可造十万幢住宅（以每幢价值5万美元计算）。许多符合保障条件的人，由于不善钻营、不了解或不熟悉繁杂的申请审批手续，得不到补贴资助；而那些能通过各种不正当手段和善于钻营的人，却可以不劳而获，坐享社会保障之成果。

美国有许多人抱怨说："社会福利越多，人们的家庭概念就越浅薄；社会保障制度越完整，家庭就越完蛋！"这样说并非没有道理。美国许多年轻人认为，照顾老年人完全应该是政府或是社会的事，他们并没有任何责任。再以社会保障制度中的"抚养未成年子女家庭的补助"一项规定为例，如一位妇女没有丈夫而抚养儿童，可以每月从政府拿到一笔补贴费并享受一定福利救济。一个有几个孩子的妇女靠这些自助也可以勉强生活下去了。这样，致使某些男人忽视或竟然放弃照顾家庭的责任；而更糟糕的是失业者或穷人为了得到这种补贴而不敢结婚或进行假离婚，有些人明明是孩子的爸爸却不敢承认，甚至不敢回家过夜，怕被人告发而领不到补贴金。我在访问各地贫民窟或公立住宅区时，常常看到许多带着孩子而没有丈夫的妇女。没有双亲照顾的孩子又常因缺乏爱护和教育而堕落。这样，社会保障制度名为保障实际上反而破坏了正常婚姻关系、家庭和对孩子正常教育的人伦关系。

美国的社会保障制度真是为"缩小贫富差别，保持财富均等"吗？从实际看，美国某些社会保障项目的规定，反而促进了贫富不均和阶级的两极分化。例如，美国的社会保险税规定了应课税工资的最高额，超过最高额的部分工资可以不纳税。结果，低收入者的工资必须全部纳税，高收入者的一部分却可以不纳税。同时，红利、利息、租金、房地产等非劳动收入可以不纳税或少纳税。此外，政府还为各级政府工作人员，特别是国会议员、高级官吏、法官和职业军人设立条件特别优厚的退休制度。再以退休金的享受情况为例。据统计，年收入在5万美元以上的有钱人，平均寿命能活到80岁，因而享受退休待遇至少在15年以上；年收入在1万美元以下的穷人，平均

寿命却不到 70 岁，享受不了几年养老金。这样，贫富不均、社会的不平等，就同样反映在社会保障制度方面。社会上的每一种制度，都和政权性质有密切不可分的关系，美国社会保障制度也是如此。

对改革中国社会保障制度的启示

国外人士密切注视中国经济体制改革的进行，认为经济体制改革成败的关键之一，要看社会保障能否与经济改革同步协调进行。如不能预计经济体制改革引起的社会变化，不能采取适当政策与措施解决社会上一部分人的社会保障问题（社会上既然有一部分人先富起来，也会有另一部分人不适应变化而遇到困难），并鼓励他们支持改革，他们就会对改革持消极态度，甚至阻挠和反对改革。反之，如能采取适时的相应措施，减少社会不安定因素，就能保证改革的顺利进行。

最近，赵总理批示："社会保障问题，是改革中必然提出和必须予以配套改革的重要方面。应组织人进行专题讨论，首先要在认识上弄清楚，还要指定人设计出方案来。"这样，就为我们同步进行社会保障改革，创造了良好条件。其他条件如下。

（1）能否认真研究，预见经济体制改革过程中社会变化的形势。

（2）在改革过程中，能否使经济逐步繁荣发展，从而为解决一部分人的社会保障问题提供物质条件。

（3）坚定不移和适时地采取正确政策和措施。

结合对美国社会保障制度的考察，我初步感到如下问题值得我们研究探讨。

首先，关于"社会安全感"问题。西方资产阶级进行统治的手段之一，是使被统治者有一定的"安全感"。只有如此，这个社会才能获得人们的支持，比较稳定地存在下去。但是，西方社会并不是先有一套完整的社会保障制度概念，然后有计划地设置各类保障项目，逐步使它完善。更切合历历史实际的是，在其经济发展过程中，曾出现各式各样的社会问题，迫得他们从社会保障上寻求解决办法。这些措施带有很大盲目性及"东补窟窿西补洞"的性质。西方国家搞"福利国家"至今，每年的耗费占其财政预算的40%，甚至一半以上，并非始料所及。

中国社会保障制度建立的目标与西方根本不同。社会主义国家必须对人民生活给以切实保障而不是制造虚幻的"安全感"。国外有人评论说，过去"铁饭碗"制度是中国社会保障最重要的基础。人们在城市中生活，必须属于某组织单位，方能享受劳动保险、申请住房、领取取暖费用、交通补贴，以至享受理发、洗澡、电影票和廉价商品的优待。"铁饭碗"制度实行至今，确有极大流弊，特别是对当前经济体制改革不利。改革中试行劳动合同制，发展集体与个体所有制企业，开展城乡各类企业的竞争等。今后的竞争中，不可避免会出现亏损和倒闭的现象。那么，没有"铁饭碗"者、竞争中的失败者、城乡年老体弱缺乏供养者、遭受意外事故者、先天性残疾者等等都迫切需要社会给予物质保障。在国有企业、政府机关以及老集体企业中，要改革"铁饭碗"制度，也必须首先考虑如何解决最低限度的保障问题。同时为促进现代化事业的迅速发展，还必须考虑如何建立新的社会保障制度问题。

经济体制改革将会给人民生活带来复杂、多方面的变化。中国社会主义政权的性质，决定了我们必须为人民改善生活和安全幸福着想。对社会保障问题既不能掉以轻心置之不顾，又不能脱离实际不顾财力物力的限制，更不能如西方社会那样以"东补窟窿西补洞"的办法来解决。加强研究与预测，及时采取适当政策和具体措施，当是在经济体制改革中进行社会保障改革的必要步骤。

其次，如何维持与发展传统性的社会保障制度，发扬我国固有的家庭、亲友、邻里相互支持帮助的精神，不走西方发展社会保障却破坏了家庭、破坏了社会原有的人与人间亲密团结关系的道路？

由于中国是个穷国、大国，包括外国朋友在内，大都主张中国应该保持自己传统社会保障制度，即家庭、亲友和邻里互助的优势。在现代化的过程中，如果我们不注意这个问题，这个优势就势必遭到破坏。不久以前，据北

京市调查，20~28岁的年轻人，有80%以上的人不愿在组织小家庭后和父母住在一起了。老年人是不喜欢住养老院的。有人建议，对凡能很好赡养老年父母者，给予一定物质与非物质奖励，作为未来中国式社会保障制度的一部分。还有人建议，中国式的社会保障制度应着重依靠居民委员会，多组织自愿性与付酬形式的各类社会服务公司。为发挥居民委员会作用，首要任务是通过培训，提高居民委员会负责人的知识水平与工作能力。

美国学者常提起，美国社会的悲剧就在于，实现了现代化，却破坏了家庭及其成员间的亲密关系。这种关系与相互间的责任感一旦遭到破坏，也就很难再重建。美国社会已经是走得太远而无法再挽回，而中国却为时未晚。

最后，政府是否应"扮演最后出场的角色"？随着改革的深入、国家现代化的进展、人口的不断增多，各种所有制关系以及社会问题日趋复杂，政府如果总是包揽社会保障的一切费用，事实上难以办到。过去，已经存在这样的情况，即有些人认为，既然是社会主义国家，政府就应该负责人民生活问题，社会保险费用全部都应该由政府来出。

其实，既然社会主义国家的政府就是人民的政府，生活在这里的人民就有责任首先以自力更生的精神解决自己生活上的问题，缺乏独立自主、自力更生的精神，万事都想依赖政府，这是可怕的社会现象，恐怕也并非是社会主义思想。当然，社会上确实存在许许多多不是仅靠个人力量甚至社会团体、企业机关能予解决的生活性问题，国家就必须"出场"来解决。至于究竟在什么时机"出场"最合适？是否需要等到个人、社会团体、企业机关都解决不了的时候再"出场"？这个问题是值得讨论和研究的。

中国人民必须主要依靠自己的力量和自身的经验教训，解决自己的问题。在社会保障制度改革问题上也是一样。外国的制度及其历史经验教训，有些可供参考借鉴。让我们共同努力，从实际出发，在经济体制改革过程中，共同建设具有中国特色的、社会主义的社会保障制度。

关于建立中国社会保障制度雏形问题[*]

为适应经济体制改革的新形势，我国已提出在国民经济第七个五年计划中"首先建立起社会保障的雏形"这一涉及国计民生的重大问题。去年2月，赵总理在一个报告上批示："社会保障问题是改革中必然提出和必须予以配套改革的重要方面。"9月发表的中央关于"七五"计划建议中，更将建立新的社会保障制度视为"是保证我国经济体制改革顺利进行和取得成功的重要条件，是实现社会安定和国家长治久安的根本大计"。

从我国经济与社会发展历史看，当前提出建立社会保障制度雏形这一问题，是完全适时的政策措施。新中国成立前，中国基本上没有社会保障制度，当时的海关、铁路、银行虽有一些保障职工生活的制度，但只限于某些福利；还有一些同乡会和互助会之类的团体，做一些社会互济工作，但远谈不上完整的社会保障制度和体系，人们的生活保障主要依靠家庭。新中国成立后，我国在城市中建立了劳动保险制度，其特点是以职业保障为基础。国家保证人们的基本就业，就业后，人们享受企业内部实行的各种社会保障，如劳动保险、医疗保险以及福利待遇等。在农村，实行了以家庭赡养为基础，辅以集体、国家支持和救济的社会保障制度。尽管我国这套制度尚不完整，但基本上保障了城乡人民的最低生活水平，促进了生产力的较快发展。这些保障虽然水平不高，但它建立于中国具体国情和经济条件基础之上，具

有自己的特色。

十一届三中全会以来，我国实行了对内搞活经济和对外开放的方针。在农村，生产责任制推动了经济的大幅度发展、农民生活改善，从而加强了家庭保障的力量，但并非全体农民都达到富裕的程度，还有不少贫困户和困难户；由于种种原因，一些富裕户在经济上也会遇到困难；计划生育政策的实施，使一些老年人特别是农村老年人对将来的赡养问题有所顾虑；核心家庭和职业流动的增加，往往也使一些农民难以照顾家庭的老弱病残者。在城市，改革中出现多种形式的企业所有制，合同工制度推广，企业在竞争中可能出现亏损、倒闭和工人失业等情况，使就业和保障完全联系在一起的制度很难继续维持下去。

以上事实说明，社会保障制度必须适应经济改革而进行配套改革。经济改革的目的是为改善人民生活，若改革后一部分人民生活缺乏保障，他们就将会不赞成、不支持改革，改革就将遇到阻力而难以顺利进行。

中国社会保障究竟应包括哪些内容？一般认为，应包括社会保险（或劳动保险）、社会福利、社会救济和医疗保险。但从发展趋势看，从解决人民劳动、生活中的具体困难出发，今后似应逐步纳入社会服务、职业培训、居住等问题，譬如可考虑采取有偿服务和加强群众组织（如工、青、妇组织和居民委员会、村民委员会）来举办各种形式的社会服务工作。总之，可根据人民需求和社会条件，逐步扩大社会保障内容和组织形式。

长期以来，有人认为，靠国家、靠组织保障人们生活就是社会主义。应该指出，社会主义国家当然要保障并不断改善人民生活，但作为社会主义国家的人民，首先必须具有自力更生精神，生活困难应尽可能由自己解决，自己解决不了，再由国家、集体和社会各方面给予帮助支持，不能都躺在国家身上。譬如，社会保障的资金，国家要适当支持，企业和集体要出一部分保险金，个人也可以出一点钱。总之，我们应考虑用各种办法、各种形式和不同渠道来解决生活保障问题，不能都靠国家包起来。为适应新情况，要认真研究和探索怎样具体建立新的社会保障制度。由于所有制形式的不同，社会保障的形势将趋于多样化，除统一的社会保障项目和标准外，不同企业、不同地区应当可以有项目、水平、经营方式的区别。

"七五"计划建议第六十二条提出研究和建立新的社会保障制度",六十四条提出"随着经济发展逐步完善",这体现了我国建立社会保障制度的指导思想,即既要大胆改革,步骤又要非常稳妥。因为社会保障的规定关系到千家万户的生活,新制度一旦建立,通常就只能前进而难以后退,这是社会保障制度的一个特征。

如何建立社会保障"雏形"?当前,似应考虑下列六个方面。

第一,目前,我国农村经济发展不平衡,将来农村基本社会保障制度将是长期任务。目前已初步建立老年保障制度的发达地区和城市近郊,社会保障可采取类似附近集体企业办法;在农村中等收入地区,社会保障资金可以从公益金中提取,也可考虑征收社会保险税或个人缴纳一部分保险金的社会保险办法;在贫困地区,除由政府进行扶贫工作、公益金补助和救济外,家庭赡养与亲友互助仍将为供养老人的主要途径。在举办保障项目方面,可根据群众迫切要求,从医疗保障或老年保障开始做起,先建立当地人民最需要而又可能建立的最基本的保障项目,然后逐步完善。

第二,在城市,要考虑存在各种不同所有制企业劳动制度,以及就业和社会保障制度将会有一定程度分离的新情况,分别制订国营、集体、个体、合资、外资及合同制等各种不同类型企业职工的保障制度。还应考虑建立待业保险、社会服务等新的保障内容。

第三,要研究如何把社会保障同传统保障形式如家庭赡养、邻里互助和发挥群众组织的作用等联系起来。中国式的新的社会保障网肯定必须与传统的保障形式相结合,正如"七五"计划建设所指出,"要继续发扬我国家庭,亲友和邻里间互助互济的优良传统"。

第四,建立社会保障的经济实体。人民保险公司已开创了一定的举办各种保险事业的经验。要研究广开财源、多渠道筹集社会保障基金的途径,研究各种社会保障形式同经济实体的关系及衔接问题。

第五,进行社会保障立法。世界许多国家已先后建立各种保障法,我国必须开始研究适合于我国具体情况和条件的立法以及立法后带来的后果与问

题。在就业方面，如规定被裁减、解雇而待业者可得到一定补助和转业培训机会；同时也应规定，解雇不合理，本人可以申诉和依法裁决。在步骤方面，可先搞些制度、规定，积累经验后再行立法。

第六，要考虑社会保障管理体制问题，建立统一的社会保障机构。现在我国的社会保障项目处于分割状态，分别由各部门管理。从世界许多国家的经验看，统一制定政策、措施，分级管理有其必要性。"七五"计划建议提出，社会保障机构应把社会保险、社会福利、社会救济工作统一管起来，制订规划，综合协调。至于究竟是否即时建立社会保障部，或社会保障委员会，或先行建立社会保障研究组织，这一问题已经提出，具体步骤似应及早开始，为改革不断创造条件，为逐步建立统一的社会保障机构而努力。

中国经济改革的"稳定剂"及其 "第四根支柱"

——国外学者对我国建立社会保障制度的看法[*]

据中国社会科学院美国研究所朱传一同志反映，我国要在"七五"期间有步骤地建立起具有中国特色的社会主义保障制度的雏形，已引起越来越多的国外专家学者的密切关注。他们认为，中国已注意到社会保障这个"稳定剂"在变革中的调节作用，认为这是同我国"经济发展以及现代化过程相适应"的，必将增强经济改革成功的可能性。同时，也认为建立这一制度难度较大。有的专家认为，未来的中国社会保障制度有可能处于进退两难地步，不支付庞大的退休金，将引起不满；而支付则又会增加经济与社会矛盾。有的学者指出，中国目前的人口政策削弱了养老体系的支柱，如家庭的作用，到21世纪时，中国社会上的劳动者将只占人口中的少数，而这一少数人却要赡养占多数的未成年人和老年人。

不少专家学者还就我国建立社会保障制度的政策措施和资金来源等问题，提出了看法和建议。

一 我国社会保障制度应具备的特点

一些专家学者认为，任何成功的社会保障制度，都必须从本国的经济与

---

[*] 原载于《经济消息》第60期，经济消息编辑部，1986年9月11日。

社会发展状况出发，中国作为发展中国家，更应该如此。为此，他们对我国社会保障制度应具备的特点，提出以下一些意见。

（1）应以解决贫困问题为核心。许多外国学者认为，无论从"社会主义"这个概念出发，还是从"发展中国家"这个概念出发，中国的社会保障制度都应以解决贫困问题为核心。加拿大教授迈尔斯认为，即使像美国这样的国家，社会保障也仍然以解决贫困问题为重点。

（2）要考虑对发展生产力所起的作用。一些学者认为，中国的社会保障制度应考虑对发展生产力所起的作用，不应仅从贫困一个角度考虑。美国奥尔巴赫教授说，中国必须认真考虑发展问题，只有发展才能提供资源来养活十亿人口，才能资助建立一套完整的社会保障制度。

（3）发展社会保障重点应放在农村。多数学者主张，目前中国城市已具有一定的社会保障条件，而农村医疗和老年人口的赡养问题要比城市大得多，因此，建立新的社会保障体系的重点应放在农村。

二 关于社会保障的资金来源问题

外国专家学者从世界各国建立社会保障制度的经验教训出发，一致强调中国必须注意研究解决社会保障资金的来源问题。

（1）政府要发挥主要作用。美国学者吉姆斯·舒尔茨指出："西方国家早期的社会保障主要靠地方筹集，但它很快转为纳入中央政府在全国范围内的统一安排。""只有政府，才能对老年人最终提供其利益保证。"

（2）集体所起的作用不能低估。一些学者说，"在赡养老年人问题上，依靠集体的作用，也应同样予以重视。"

（3）强调家庭的作用。许多东方学者认为，"只有在家庭中，老年人才能得到真正的幸福和满足"。一些西方学者也指出，"即使在西方，家庭对老年人的赡养，仍起重要的作用"。

（4）重视发挥民间自愿性储备基金及其组织的作用。美国教授坎特指出，比较美国和欧洲国家在社会保障方面的做法，可以看出，美国在一定程度上依靠以储备基金为基础的社区组织进行社会保障工作，因而当前困难远较欧洲国家为少，而欧洲国家多年来着重依靠国家这根支柱，越来越难以摆脱沉重的财政负担，"福利国家"已难以继续搞下去。希望中国要重视发挥民间储备基金及其组织这"第四根支柱"的作用。美国教授弗里德曼指出，当储备基金办法在农村发展起来后，也可能适用于城镇地区，从而创建一种不用政府额外投资的补充性的老年人社会保障办法。

（5）个人应缴纳一部分保险金。一些外国学者主张，个人应缴纳一部分保险金，而不能单纯依赖国家。他们反对某些中国学者认为中国现在实行低工资制，个人做贡献可能性不大的观点，指出"职工本人必须直接或间接地为社会保障做出贡献，问题在于通过什么方式来体现。"澳大利亚教授狄克逊还就方式问题指出，"储备基金会办法（各国学者对储备基金的理解各有不同，这里指参加基金会的每个会员，把缴纳的基金储存起来，以备会员急需时借支），是第三世界所独有的，它无疑是极为初期的社会保障办法。"

世界各国社会保障制度概况及分析[*]

今天我向大家介绍一下世界各国社会保障的主要情况、发展趋势及存在的问题。从社会保障的角度来看，每个国家都有每个国家的具体情况。我就社会保障制度的有关概念、模式、体系分类等，谈一些意见。最近几年，我出了一些书，介绍国外社会保障方面的情况。

大家知道，迄今为止，没有一个被普遍认同和接受的社会保障的概念和模式。英国是较早实行这一制度的。在他们看来：社会保障主要是保护个人和其家庭免受失业、贫困、疾病等。从其早期的条例中可看出：它是以保障国家和政府的存在为前提，是从宗教意识中发展而来的。他们认为，国家对人们可能遭到的失业、疾病、死亡等负有责任和义务。因此，从保护国家和王权这一带有宗教色彩的利益出发来实行保护人们免遭各种厄运的措施。德国人理解得不一样，德国人把社会保障看成维护经济和社会平衡发展的重要措施。苏联成立以后形成了一套苏联式的社会保障制度，在苏联的社保制度方面，我有一本书介绍苏联和东欧的社会保障问题。东欧国家受苏联模式影响较大，但也不是所有的东欧国家都是如此，像捷克、波兰、保加利亚与苏联情况基本一致，但由于历史的原因，像民主德国、匈牙利、南斯拉夫等就不完全与苏联模式相同，我把苏联东欧国家的社会保障模式的一些特点做了一个概括。

---

* 原载于《社会保障制度：外国经验与中国改革》，全国体改系统社会保障制度改革培训班讲义汇编；根据录音整理，未经本人审定，具体年份不详，或为1992年。

（1）国家实行社会保障的原则是"一切劳动者都享有社会保障的福利，"但保障的条件和标准要按劳动者的贡献来确定。

（2）各国社会保障具有普遍性，具有范围广泛、形式多样、层次不同的特点，保障内容不仅包括了养老、医疗、失业、伤残、优抚、居住、服务，而且包括职业培训、家庭服务等等。苏联与东欧国家社会保障模式经过多年实践后，已推广到印度支那。

（3）由国家法规来确定，其经费是国家预算的一部分，但各国情况也不一样。苏联、保加利亚、捷克、波兰等国是企业按工资比例来交纳保险费，不足部分由国家补贴，职工本人不交费。但前民主德国、匈牙利、南斯拉夫是本人按月交纳一部分保险费，即企业交纳大部分，职工个人交纳小部分，另一部分由国家承担。

（4）各国社保（南斯拉夫除外）均由国家统一管理。实施的各类项目主要由政府承办。工会方面在不同程度上承担了职工的社会保障问题。新中国成立初期，我国的社会劳动保障基本上是从苏联抄来的。

（5）在经济建设过程中，各国劳动者的劳动保障和其他社保项目的待遇是不断提高的，其经费支出如果与工资总额支出相比较有更大的不平衡。各国这方面消费基金与个人的消费基金比较，增长幅度是较大的，所以苏联东欧国家在社会保障方面有很大的赤字问题。经费问题也是困扰他们的一大难题。如果我们从公平与效率的原则来看苏联与东欧国家的社会保障制度问题，他们更加重视公平，比如养老金的领取方面，低工资者也领取较高的养老金，对于效率不够重视。

（6）各国在近年来，已意识到将社会保障问题同经济发展水平相联系。他们也强调了社会保障对经济运行的调节作用，一些国家也意识到了在现代化条件下需要提高劳动者的素质，给他们以知识更新的机会，因此，其社会保障也逐步重视了职业培训，将它列入社会保障的内容之一。

（7）这些国家的老年社会保障项目是这些国家社会保障花费最大的项目。各国职工养老金的标准有很大的差异，有的为50%，有的为80%，有的为90%。有些国家的农民也享受类似城市职工的社会保障待遇。

（8）各国普遍重视妇女和儿童的社会保障问题，同西方国家比，苏联妇女享受更加优厚的产假制度。另外，对婴孩的喂奶时间也给予照顾。

（9）由于社会经济的发展，人口结构的变化和老年人口的增加，保障项目和实施范围都在不断扩大，领取社会保障金的人数越来越多。再加上物价上涨，医疗费用一天比一天贵，其社保费用在这些国家财政支出中的比例不断上升。补贴逐年增加，储备基金入不敷出，是各国普遍的现象。最近，东欧一些国家的社会保障问题，已是重大社会问题之一。它们这些国家迫切要求实行社会保障制度的改革，像苏联有关专家在苏东变化前进行了一系列的探索。他们的改革大体表现在这样几个方面。

（1）改变社会保障的某些实施办法如养老金制度。适当削减或避免扩大社会保障项目的支出。

（2）提高按工资基金缴纳的社会保险费率。

（3）实行附加的和补充的养老金制度。建立多层次的保险。鼓励职工参加个人自愿性质的保险。发展不依靠和少依靠国家财政支出的改革退休金待遇的办法。

（4）鼓励有条件的退休人员参加社会生产，使其潜力得到发挥。

（5）调整福利待遇与工资收入的比例，让社会保障的规定有利于促进生产力的发展。

（6）适应社会经济发展的变化来拟定新的或修改原有的社会保障规定以及法律方面的规定。

大家可能感兴趣的、比较重视的是发展中国家的社会保障问题，特别注意亚洲各国的社会保障问题，因为它有其特色。到目前为止，社会保障界对亚洲的社会保障有不同的看法。一种观点认为目前世界上主要是三大体系，第一个是英国式的，第二个德国式的，第三个是苏联式的，现在，他们不承认发展中国家已形成了自己的社会保障的体系，这是一种观点。第二种观点认为亚洲国家正在形成自己的社会保障体系。像世界各国社会保障体系分类就提到"第四，谈到以台湾地区、香港地区、新加坡、韩国为主的东方体系正在形成"。在讨论中，有人认为东方体系正在形成以"四小龙"为代表。我们看看台湾的社会体系，我已将它整理出来了，民政部部长崔乃夫让我谈谈台湾社会保障体系的指导思想，我对崔部长说：它的指导思想有三条值得我们注意。

（1）社会保障制度要以农村为发展重点。这一点不好理解，为什么台湾这样的工业化程度很高的地区，社会保障制度要以农村为发展重点？有人说李登辉是农业方面的专家，这只是其中的原因之一。更为重要的是，农业是台湾经济的基础，"民以食为天"在台湾仍然重要，随着经济的发展、劳动力大量流向城市，使农村大量老、弱、妇、孺的供养成为社会问题。如不重视这样的生产结构特点，势必损害台湾的农业进一步的发展和生存。所以，它是从生产力、劳动力的结构出发来考虑这个问题的，要把青壮年劳动力和高智力的人留在农村。不然，台湾就要发生农业危机，它是从这个角度考虑问题的，还不仅仅是以农业人口的分布比例考虑的。

（2）李登辉的想法，在多次讲话中提到，城市的社会保障的重点要放在老市区，有贫困现象的市区。在台湾，贫困地区的社会保障是其社保的重点。包括了大量的社区服务项目。在新社区与老社区的比较中，他把重点放在老社区。旧社区有很多特征，房居较拥挤，老弱病残较多，导致社会动荡的因素较多。台湾迫切需要社会稳定，而社会稳定首先就需要稳定贫困较多、影响社会稳定的地区。从战略上考虑把社会保障的重点放在旧社区。

（3）应引起大家注意，即不走西方社会保障的道路。这一条很大胆。我认为不管李登辉在其他方面如何，但他的这一点提得相当大胆。认为中国存在自己的传统，要充分利用自己传统的力量。大家知道，家庭和社区的保障在西方遭到严重破坏，美国的专家说：当前资本主义社会包括美国在内，最大的灾难就是破坏了家庭。所以充分保护家庭结构，充分利用我们社会的结构、老的传统为社会保障体系的一个重要环节。这是当前，不仅是发展中国家，也是发达国家的一个重要趋势。台湾社会保障的着眼点是从战略角度来考虑的，是值得我们参考的。

日本人在亚洲式的社会保障体系中介绍了一些观点：要按发展型的社会福利。这是自从 60 年代后期，亚洲一些国家在联合国中闯出了地位后设想

的，它们越来越看到社会福利在一个国家的发展中扮演着越来越重要的角色。因此它们认为，社会福利承担着这样一个重要作用：即有效地动员一国的社会人力物力资源，使之适应国家的需要，为国家建设做贡献。也就是说将社会福利与社会发展联系在一起，提出了所谓的发展型的社会福利概念，就是说在整个社会发展过程中，最初是"治疗型"的，就是有什么病治什么病，有贫穷医治贫穷；后来又有"更生型"的，就是使治疗有利于发展生产；有"预防型"的，预防某些社会病的发展。

亚洲的社会保障发展到"发展型的社会福利"，它的主要思路有四个方面：第一，把社会保障和社会福利的对象、人的社会功能与整个国家的发展联系起来，不是孤立地看社会福利和社会保障，而是从国家的发展确定社会保障的政策和方针。第二，必须使各个领域的社会服务和专家工作有机地结合在一起。目前已经不能限于就老年人谈老年人、就医疗谈医疗，而是要把各个领域的社会保障有机地联系到一起，国家有多大力气、多少资金、多少人力和物力，集中解决最迫切的社会保障问题。因为社会保障涉及范围广阔，而人力物力资金确实有限，怎样最好地用到节骨眼儿上去，用更大的力量解决迫切需要解决的问题。第三，指导人们有目的地开发社区。第四，变革社会结构，促进社会发展，消除不利于改革的因素。把社会保障的改革与国家的整体改革联系到一起，把变革社会保障的改革融进国家整体改革中去，作为它有机的一部分。所以，"发展型的社会福利"更强调了群众的积极参加，提高全体人民的生活水平，因此在70年代马尼拉召开的社会福利会上，"发展型的社会保障"这一概念被确定为今后发展社会福利的指导思想。

一个多月前，在北京举行了亚洲与太平洋地区的社会发展会议，我作为专家被邀请参加了，国家计委主办的。各国代表强调了东方的社会保障模式，专门通过了利用家庭和传统的社区进行社会保障的事项，我本人非常赞成。今天的世界已经不是三大社会保障体系耀武扬威的时候了：英国式的、德国式的、苏联式的。我认为东方式的社会保障体系正在发展。是不是说它已成熟了？那可能要有一个过程。所以，如何评价海南省的社会保障制度？实行海南省的社会保障改革方案，是正在创造一个新型的社会保障的势态。

这个势态的成功与否，我觉得是我们能不能在世界上开辟出第四种社会保障模式的探索。这个探索的成功与否，其经验与教训，不仅是值得我们国家很好吸取的，从世界范围上看，也是重要的。有人说这是不是夸大了呢？我觉得不是夸大。因为在这个试探的过程中肯定会有许多经验，包括一些教训。我觉得这些方案的建立的本身都是在不断地思考和探索。所以，我觉得海南省在社会保障制度的探索中是走在全国的前列。也可以说是东方式的社会保障体系的形成和发展方面向前迈了一步。

所以，我认为现在对于东方式的社会保障制度的形成的研究正处于一个重要的历史阶段，所以这次讲课请了周永新先生，请了蔡仪先生，请他们做些介绍。所谓东方式的社会保障制度就是要研究如何把我们的优势，特别是把传统的优势发挥出来，来弥补我们人口老年化发展比较快、经济发展力量比较弱、人口比较多、各地区发展不平衡等诸方面的不足，形成具有中国特色的社会保障制度。我觉得大家应从这些方面多思考，使我们经验的积累越来越丰富。这是我想讲的第一个问题。

当然，划分模式不仅仅是从国家的标准来划分。我们还有其他的划分方式，比如在社保性质和内容方面的划分，有的同志划分为五种类型。

第一种，以就业作为核心的形式划分，比如中国就是这种类型，最初50年我们搞社会保障条例时就是这样考虑的，你先有了职业，再有医疗、老年、生育、健康等保险，这是一个以就业为核心的社会保障体系，基金主要来自雇员、雇主按工资的一定比例缴纳的保障费，国家给一定的补助，很多国家都是这样，美国也是以就业为基础，当然，很多社会主义国家，包括苏联等都是这样，南美的古巴也是这样。

第二种，普遍的保障，即只要你是这个国家的公民，不管你是否有职业、收入多少，都向你提供平均水平的补助。它的来源是国家的财政拨款，当然也有雇主和雇员缴纳养老金的，他们都可享受养老金、伤残抚恤金、遗属抚恤金、孤儿抚恤金等。像北欧一些国家瑞典、丹麦，再如澳大利亚等都是这样。

第三种，以家庭经济状况调查为基础的补贴，贫困线是多少，不够的部

分由政府来补贴，当然首先是确定贫困线，然后通过周密地调查家庭和个人的收入来源，根据这样的标准来衡量。

第四种，是储蓄基金制。由政府通过立法强制执行的，由雇主和雇员按一定比例从工资中提取资金，国家不参与提供资金，不参与再分配，但在政策上给予指导和优惠，目前东南亚一些国家，太平洋一些岛屿，非洲一些国家都是这样。

第五种，雇主责任制，国家通过立法强制雇主对其雇员提供保障，比如工伤、老年等。还有其他一些分法，不做介绍了。

下面想谈谈国外社会保障的体系构成。印发的一些材料介绍了各国社会保障体系，包括英国的、美国的、瑞典的、日本的、苏联的、南斯拉夫的、联邦德国的、法国的，当然还有中国的。给大家介绍介绍各国社会保障体制。要说明的一点是，这些材料只介绍了其核心保障内容，而没有介绍其补充保障内容和间接的保障内容。中国的社会保障习惯上分为四大块，即：社会保险、社会救助、社会福利和优抚保障。社会保险方面就包括养老、疾病、残疾、工伤、失业、遗属这类。补充内容包括妇女、儿童、食品、住房等有关内容；还有间接内容即义务教育、职业培训、休假等。保障项目不是一成不变的。它与国家的经济发展和社会发展有着密切联系。

开始时讲了，各国对社会福利保险之所以定义不同，有各方面的原因。我认为最主要的原因是由于各国的政治经济环境和各民族社会文化传统的巨大差异，并且各国都是根据自己的国情来制定自己的政策。但也有其他一些原因，如一个国家里面各个学派争鸣，对社会保障的概念也不统一。我曾在美国的一所著名的社会保障的学校，即布兰戴斯大学的黑勒学院学习，这堂课教授讲的定义与下堂课教授讲的定义都不一样。大家知道，美国有所谓激进派，强调社会保障是人生来的权利；也有保守派，认为社会保障就是给那些好吃懒做的人一些救济，保证他们基本的生活就行了；也有中间的各式派别。另外，一个国家处于不同的经济和社会发展阶段，其财力、物力、决策者的政治思想等都决定了对社会保障的不同理解，因此有不同的解释。

在我们国内，大多数同志认为中国是四大块，即社会保险、社会援助、社会福利、社会优抚，但也有同志认为社会保障随社会的发展应增加新的内容，比如社会服务就应包括在内，有的认为这是社会福利的一块，有的还认为要强调这一块。因为除了资金服务的方式外，还涉及老年人公寓、老年人咨询所、妇女庇护所等。自从 1987 年武汉会议后，民政部提倡搞些社区服务的项目，现已发展得相当多，如天津市新兴街，已有 52 项社区服务项目，它已发展为一个体系。还有同志提出培训教育的问题，特别是在社区范围内搞的培训教育，应不应该逐渐纳到社会保障之中。大家知道，欧美和日本都将培训项目纳入社会保障体系之内。为什么？因为社会越发达，经济越发达，如果人们不经过培训，那么就找不到职业，或者找不到好职业。因此，要保障一个人的生存，保障一个人的收入有所增长，生活有所改善，就应将教育培训的项目列入。还有一种意见就是把现代化中的意外事故保障算在其中。大家知道死亡事故与车祸发生率不断上升，如果不对这种意外事故进行补助，家庭里主要劳动力致伤了，或死亡了，一个家就完蛋了。因此要把意外事故列入社会保障范围内并进行特殊的照顾。现在应该说是一个社会保障热或是社会保障大发展的时期，究竟是否只是将前面提到的四大项目算社会保障的项目，还是应增添一些新的内容呢？这里有一些争论。

下面我概括地讲一下全球社会保障制度的分类及发展趋势问题。分类的情况这部分内容在《全球社会保障》一书中。

全球范围内，社会保障制度发展最快的时期是在 60 年代。因为社会保障的发展与整个现代化的发展进程联系在一起。世界 160 多个国家，最普遍、发展最快、保险数额最高的是工伤保险。在 40 年代时 57 个国家有工伤保险。很多国家搞社会保障首先是从工伤保险开始的，所以现在 145 个国家有社会保障的，其中 136 个国家有工伤保障。由此逐步发展到老年、伤残等保险。其次是健康保险，在 40 年代的 57 个国家中的 24 个有这项保险，而现在已发展到 84 个国家有这项保险，占 3/5 到 4/5。遗属保险发展较慢，现在失业保险只有 40 个国家有。

我们再从每一个国家的项目看，如中国，从中可看出哪是我们的强项、哪是弱项。作为核心保障内容，分为五大类：（1）老年人伤残与死亡；

（2）疾病与生育；（3）工伤；（4）失业；（5）家属津贴。在比较中，中国的最强项之一是医疗保险。医疗保险是最难的，问题最多的，而我们的医疗保险是强项。职工不交钱，国有企业负担全部费用，必要时政府还给补贴，等等。另外在疾病补助方面，也是很强的，在老年人方面也是较强的，而这些都是花钱的几个项目。我们较弱的是农村的保障，中国73%的人口在农村，这是弱项。我们的失业保险是弱项，与我们社会制度有关。美国也有强项和弱项，老年人问题上强，超过62岁或65岁的人，可领取养老金，其覆盖面达到95%。但它也有弱项，如医疗问题，它只保65岁以上者或收入很低的穷人，贫困线以下的，医疗问题就成为它的一个弱项。再与印度比，印度也是一个大国，人口多，在有些方面的保障也比不上我们。我们要考虑在什么样的情况下办什么样的社会保障。

下面讲讲社会保障的发展中存在的一些问题。从世界角度来考虑，如何公平合理地使用社会保险资金的问题？怎样才能达到公平？这是世界上许多社会保障专家学者都在研究的一个重要问题，现在大体上得出的一些看法是：在发展中国家，人们更关心的是健康与疾病。我非常同意耿亮同志的意见。健康保险是人们最关心的问题。国际上最有名的是韩国的医疗保障制度，其最大作用是首先保证了劳动力的健康。你不保障劳动力的健康，丧失劳动力后怎么办？去年我在美国宾夕法尼亚大学社会工作系担任访问教授，带了两名研究生，一个是韩国人，一个是巴基斯坦人。这名韩国的博士生就做了中国、日本、韩国的比较研究，他的400页的论文中就大大宣传了一下韩国搞得较好的医疗保险中的经济效益和社会效益。他认为，韩国今天的生产力之所以发展比较快，在效率问题上取得了一定的优势，其中很重要的一条就是保证了劳动力的医疗。所以上月在北京召开的亚洲与太平洋社会发展会议上，韩国的代表再次说明发展生产的重要保障之一就在于他们搞了一个较好的医疗保险，联合国已将此宣传为"韩国模式"，即集中力量保证劳动力的健康，实质是保证整个经济的健康发展。

下面谈谈社会保障的发展趋势问题。发展中国家应将资金的使用重点放在什么地方？社会主义国家注重公平，而经济发展较快的国家更注重效率。

从目前的趋势看，效率问题更受人重视。上面谈到了如韩国、拉美一些国家继续将社会保障的重点放在改善对健康的照顾问题上。因为照顾健康问题，一方面是普遍的要求，另一方面对发展生产力、保护劳动力、刺激人们的效率都有更重要的意义。应该说，从发达国家看，老年人退休金的上涨是花费最大的项目，其次才是医疗。医疗费用尽管上涨较快，但很多国家在医疗支出上有很多限制、很多条件。并非每个人都可享受这种医疗照顾。一些国家规定使用高级医疗器材的检查需要自费，以此减少公共医疗费用。不同的国家有不同的社保重点，如有的国家失业严重，失业是造成国家社会不稳定的重要因素，那么它就将社会保障的重点放在就业问题上；有些国家最大的问题是贫困没有很好解决，因此将济贫放在重要的位置上。总之，老年人、医疗、失业、济贫这几方面使用资金是主要项目，但各个国家根据其不同的情况将重点放在不同的项目上。

在工业化的国家里，更强调有效地使用社会保障资金，因此，常常采取家庭状况调查和经济状况调查的方法来决定特定类别人口的社会保障待遇，即你收入多少都要上报，如果隐瞒了就要罚。这样使得高收入的人在社会保障中获利稍低一些，低收入的人在社会保障中获利稍高一些，务求社会保障资金使用的合理性。像许多发达资本主义国家都慢慢实行这种办法，国家对高收入的受益人的社会保障实行征税或扣发；还有的对到了退休年龄而有第二个职业的人规定，继续工作就不能像原来那样享受社会保障待遇或其他待遇。另外，还有其他一些国家规定领取年金的也要缴纳社会保障保险费，要交出一部分。这样有利于缓解医疗方面的费用压力，把医疗费和其他费用合起来一锅烩。还有的办法是从严掌握失业救济金和伤残补助金，其资格定得较高，这样节省了一部分这方面的钱。总之，现在世界各国在社会保障资金的使用方面应是多雪中送炭、少锦上添花。我想这确是一个大的方向。社会保障上，锦上添花的事少做或不做，雪中送炭的事尽可能地多做，使社会保障基金的使用更趋合理，这是世界上的一个重要趋势。

另外，还有许多国家在社会保障方面允许在正常退休年龄之前可以提前退休，但提前退休享受的养老金百分比也就递减。这样将为年轻的工人创造

了更多的就业机会，一些国家采取了这种办法。很多发达国家如美国、欧洲一些国家就倾向于采取提前退休的办法。这种提前退休的办法有很多好处。比如提前退休后搞第二职业，还可继续发挥其作用；另外，少领了退休金，国家退休金的负担也就少些。

还有一种趋势是，从国营、国家来负责整个社会保障费用逐步向私营转移。美国除了国家经营的退休金以外，私人经营的退休金不断地发展，并且在管理方面也采取私人经办、国家确定政策和进行监督的方法。比如退休医生与退休护士，他们可以自办医疗方面保险机构，由国家督办，如果他办得好、没有贪污、浪费，可以继续办下去；如果审查他有这方面的问题，就撤销国家与他的合同，所以国家还是有总的控制作用。是不是国营的一定比私营的好呢？不一定。私营的社会保险项目小，贪污、浪费、管理费用低，国家的官僚机构浪费较大。刚才耿亮同志讲了很多，我们在社会保障方面管理混乱，导致了大量的贪污和浪费。一个管理人员甚至于负责一个退休人员的费用，显然是不合理的。如何杜绝这种现象呢？当然还要从管理方面着手。从国外来看，采取的一个办法就是管理费用向私人方向转移，限制其一定的利润，使其利润不超过一定的百分数。这样，反而比国家经营全包更好，这样做还增加了就业，开辟了社会保障私营的渠道。

另外，还有一趋势就是很多国家努力缩减医疗方面的费用。一些国家把医院的经营管理置于严格的控制之下，包括限制新建医院和高级医疗设备的投资。另外一些国家对于如何进行化验分析、专科会诊及药品制造商怎样经营和销售产品都做了进一步的规定。这对于社会保障的支出有较大的意义。当前越来越多的国家利用电脑来处理数据，比传统的基础方法更可靠，更节省费用。我们在国外看到申请社会保障费用时，其制度非常严格，为了杜绝营私舞弊，申请人绝不能选择某人某人，因他可能有后门关系，讲关系学，某人就对你限制较多，对他限制较宽，严禁这种做法，大家准备排队，绝不能由自己的亲友、熟人来决定。一旦发现这种情况，工作人员就立刻会被解职。社会保障费用的管理问题、浪费问题是资本主义社会中的一个大的社会问题。贪污救济费、贪污社会保障的费用等，各种社会现象是有较多花样的。

　　第二个趋势是社会保障范围的扩大，包括从一部分人口向更多的人口扩大。比如一些国家的中小企业没有社会保障，像养老、医疗、残疾都没有，现在人们迫切要求甚至罢工来争取社会保障，因此社会保障的范围就被迫扩大了。有些国家过去农民没有社会保障制度，现在更多的农民享受了一定程度的社会保障，很多国家对于个体经营者、临时工、季节工没有社会保障，像美国直到现在对临时工和小企业的职工仍然没有社会保障，这是由国家的有关制度规定的。现在由于人们的迫切要求，不得不逐步扩大社保范围。而在项目上也不断增加，原来只有医疗，现不断向养老、就业方面扩大。从1986 年开始，日本的国民年金、年保险的受保人数增加了一倍以上，因为它包括了所有的成年居民。希腊的保险范围已扩大到了侨居国外的公民，他们也可参与老年伤残遗属保险。以色列把维持收入的补助方案扩大到领取残疾补助金的妇女。在发展中国家，过去常常限于城市内的大型企业的工人，人口中的大部分劳动者、临时工、农业劳动者只能包括一部分或根本不包括进来，但现在全部都纳入保险之内。在伊朗，社会保险范围扩大到私营系统，工伤保险也扩大了。阿尔及利亚的囚犯也有社会保障，巴哈马的独立劳动者、新加坡所有的体力劳动者、泰国的一些新的地区都扩大了社会保障。有的地方过去限制了工作年限，现在也放松了年限，扩大了范围。如土耳其就把社会保障范围扩大到农业劳动者。不断地扩大范围，使社会保障金入不敷出的情况成为世界性的、广泛性的问题。

　　另一个在发展方面需注意的是调节机制和指数化的问题。这里很重要的一条就是国家的通货膨胀导致了养老金的入不敷出，所以现在很多国家订立了退休金随着物价自动上涨的制度。这与我国面临的问题密切相关。人口普遍的老龄化，使得老年退休人口增加得很快。很多国家的学术团体和研究机构都在想方设法研究退休金如何应付通货膨胀这一问题，大体上有这样几种办法。

　　第一种叫自动或半自动式地调整养老金的办法，这是最广泛使用的办法。随着物价指数、生活费用指数、工资指数的上涨，养老金也同步增长。因为物价指数、生活费用指数与工资上升的比例不一样，所以不同的国家按

不同的比例进行调整。通常，物价上涨的指数较高，生活费用指数虽然也在上涨，但上涨较少，工资指数有时可能更少，所以不同的国家按不同的指数来调整退休金。

一些国家的调整是自动式的，所谓自动式的，就是说并不需要开会、决定等，只要物价上涨了、生活费用指数上涨了，工资上涨了，退休金就在一定时间内进行自动调整。当然这里面花样很多，因为你物价上涨半年以后，退休金才调整，实际上退休者吃了亏，所以有的国家有意延长调整时间，原来按月进行调整，后来就三个月一调整、半年一调整，还有拖一两年再调整，虽然说是自动上涨，但退休者还是吃了亏。

第二种办法是半自动，什么叫半自动呢？就是说通货膨胀发生后，就开会讨论怎么办，意见不一致就休会，过一个月再开、再讨论，发文件决定，所以这种办法拖的时间很长。英国、美国、加拿大、比利时、新西兰、芬兰等，还有后来的一些国家是以工资上涨指数为养老金调整的标准。

第三种办法就是改变养老金计发的办法，增发补贴。物价上涨后，对老年退休者给一定的补贴，来弥补退休者因养老金贬值遭受的损失。实行这种办法的国家包括大部分发展中国家，如乌拉圭、巴巴多斯等。

第四种办法是只补助低收入者，高收入者暂时忍耐一下，通常总是低收入者占多数，对高收入者不补或少补问题不大，而对低收入的养老金领取者需要补助，否则会影响社会的稳定。

第五种办法是使养老金的调整弹性化。什么叫弹性化呢？就是说国家在物价上涨后，定期公布相应措施，或者延长缩短调整期。过去意大利是每年调整一次，后来1980年改为两次，1981年改为三次，现在是四次。另外，调整指数变化的超过部分，指数变化超过多少，就按消费价格的变化来调整，但物价指数超过15%就调整，不到15%就不调，如阿根廷规定必须在工资指数变动10%以上才进行调整，以色列规定工资指数变化50%才调整养老金。还有一些国家采取改变与指数挂钩的标准等。

总之，要使政府在物价变动中处于主动，用不同的办法来控制退休金的数额。究竟哪一种办法最好或最坏呢？不同的专家有不同的认识。有一位专家的意见值得我们重视，即用补贴的办法，从短期来看，可以是主动的，物价上涨了，及时补贴调整，但从长期看，并不好，为什么？因为自动式和半自动同样可以采取很多狡猾的手段，但是人们的心理反应稍好。一些国家根据物价上涨、通货膨胀来调整，人们心里比较安稳。政府用补贴的办法来调整，表面上看来与物价增长取得了平衡，可是都损害了人们的心理。人们会想：我得靠你政府发慈悲。你发慈悲了，我可得生活好一点。究竟采取哪一种办法，要根据各国的具体情况和人们的心理承受能力来决定，但目前的趋势是更多的国家越来越接受采取指数化的办法来进行调整。

另外，由于人口老龄化，人们寿命延长了，所以退休的年龄就变化了，有些国家纷纷延长退休的年龄，有的将退休年龄女的从 50 岁提高到 55 岁，男的从 55 岁提高到 60 岁，像阿根廷整个年龄提高 5 年，在美国按照 1983 年的修正案 "领取金额退休金的年龄在上升，现在男女年龄都是 65 岁，到 2009 年 66 岁，2027 年 67 岁。发达国家在这个问题上的做法也不一样。关于退休年龄的发展趋势是灵活地规定退休年龄，或者在未达到退休年龄前可以提早退休，但养老金数额要相应减少。老年人根据其身体状况可以分为三块，一是年轻的老年人，二是中年的老年人，三是老年的老年人，因为不同的老年人有不同的身体心理状况，并且每个国家有各国的情况。女的 55 岁、男的 60 岁退休，但直到 70 岁左右，这个年龄阶段还是比较有利的，为什么？（1）有可能再就业；（2）年轻时多少积蓄了一点钱，现在还可以用；（3）老伴儿还在。有老伴儿和没老伴儿感觉不一样，有老伴儿时的花销、心理状况与没有老伴儿时不一样。到了中老年时期，70～80 岁时，就业的可能性很小了，健康状况也大不如前，就需要营养，需要看病，要更多的补品，活动能力减少。需要更多的照顾，许多事情过去自己能做，现在得花钱雇人来做。80 岁以上，大概只有 30% 的人还有老伴儿了，大部分人没有。社会保障对哪一些人是重点呢？在少老年人时可以少补一点，但到了中老年时给你某些需要的保障，到你 80 岁时，老伴儿也死了，健康也糟了，要人服侍的事又增加了，收入又减少了，这是重点需要补助的。划分不同的社会保障又可以使我们的补助补到真正需要的老年人身上。

前几年我与南开大学社会系达成一个协议，请他们研究一下老年人退休后的年龄结构与分段问题，他们几位同志把老年人进行划分：第一是在老年人时期，女的从53岁开始，男的从58岁开始到退休时，为将来退休后重新就业做准备。第二是少老人时期，可以做一些力所能及的工作。这就碰到一个问题，现在年轻人找职业都不好找，你再让老年人找职业不是又增加了社会的危机吗？

从世界的经验看并非如此，因为老年人的就业部门与年轻人的就业部门可以不一样。前几年我在美国时，一些专家认为，有些工作老年人愿意做而年轻人不愿做，比如街道工作，哪位年轻人愿去街道居委会工作呢？但实际情况是社区工作越来越重要，社区工作有广阔的前景。城市的现代化和人口的不断增长，要求社区工作者具备丰富的知识。1982年美国的社区工作志愿者占60%，到1990年达80%，在社区工作可以得到一定的津贴，更重要的是从心理上使老年人的感觉他们仍然是被社会所需要的。少老人到社区工作从整体来看是一大趋势。从国外的经验来看，老年人到社区工作也是有利于社会的稳定的，特别是有知识的老年人从事社区工作更加有利于社会，因为到了60岁以上，他们知识的积累已到了一个更高的境界，他们可以对科学技术、经济发展、社会发展等提出更好的建议。一些服务行业的老年人退休后仍然可以从事一定的服务性工作，如看门、零售货物等，可以满足社会的一些需要。前一段《参考消息》上发了一则消息：一位外国人撰文说中国的老年工作者抢了年轻人的职业。我认为并不是这样。

最后，谈谈医疗照顾和医疗保险问题。现在世界发展的趋势，特别是在发展中国家扩大了医疗照顾和补助，但在有些国家采取措施紧缩健康照顾费用开支。健康照顾的这些措施可以促进医疗保障的改善，包括经常出台一些新的方案，提高补助金的数额，延长医疗时间，放宽领取补助金的资格等。一般，发展中国家常常实行收费低廉的医疗服务。医疗服务可以分为几个层次，有钱的人可以看私人医生，享受高的医疗设备、滋补药品等，但是经费不足的穷人只能得到最低限度的医疗服务、较差的医疗设备。有些国家在医疗补助方面降低了一些条件，提高了补助金；有些国家采取了一些措施来限制医药费的上涨。我们国家尽管在医疗改革方面难度较大，但我们也要采取措施解决这一问题。

对于发展中国家如何估计其社会保障，前不久我写了篇文章，认为有几点是值得注意的。第一，消除和防止贫困应该认为是社会保障制度的基本构成部分。大家从我们的扶贫工作就可看到这一点。不仅在发展中国家，在西方许多发达国家，消除与防止贫困仍然是社会保障工作的一项中心工作，这一点不能动摇。第二，人口老龄化的趋势。在现代化的社会里，年龄老化带来许多社会问题。

在美国，生活在贫困线以下的人 1988 年是 13.7%，1979～1987 年，最贫困的 20% 的家庭平均收入下降 1.4%，比 8 年前他们购买力还更低。贫困问题已变得越来越难对付，特别是在人口老龄化的情况下。现在大家都说，"亚洲四小龙"发展较快，不错，但也有这样的数字：在新加坡，生活于贫困线以下的贫困人口占总人口的 12%，香港为 13%，韩国为 10%。很多社会学家就说，贫困问题未必在社会工作中降到次要地位，而救助问题假如说不是社会保障的最重要部分，也是其最基本的构成部分。当然，过几天周永新先生、蔡仪先生来讲课时可以告诉大家一些更好的数字、更新的情况。在贫困方面，更引人注意的是老年人口的贫困化，因为平均寿命增长是世界性的现象。从世界角度看，总人口以每年 1.7% 的速度增长，而 55 岁以上的人口每年增长 2.2%，65 岁以上的人口每年增长 2.8%。在发展中国家，全世界 55 岁以上的人口每月净增 120 万人，所以发展中国家的问题更加严重。发展中国家人口老龄化问题也比发达国家更为重要。主要还是贫困的问题。而养老金贬值也成为一个重要问题，有待于我们面对现实，加以解决。

发挥与保留家庭保障作用潮流的兴起。全世界流行建立社会保障制度，今天还有人鼓吹家庭保障，是不是逆流呢？不是。去年，我参加了在美国召开的老年学会全国性会议，与会人数达 4000 人，还参加了美国全国社会工作者会议，人数达 6000 人，会议讨论的核心议题之一就是强化家庭保障的作用。大家都意识到一个问题：孤立地看社会保障，似乎人人都应该有社会保障，似乎社会保障到现在很不够，应该继续加强，投入更多的资金，应该

增加更多的社会保障项目，这是应该的。但是还必须考虑到可能性。我上午讲过，一位美国学者说，家庭的破坏是社会罪恶的万恶之源。为什么？因为家庭结构的破坏是家庭赡养能力的弱化。家庭小型化的趋势难以避免。离婚率也不断上升，美国离婚率占其结婚率的 50%，中国的离婚率各地情况不一样，但在城市里面也不断上升，因此，中国家庭也在向这方面发展。现在美国最大的问题之一是单亲家庭，孩子只有一个父亲或一个母亲来抚养，所以美国有一个非常重要的社会保障项目叫 AFDC 就是对于单亲儿童的社会保障。单亲家庭儿童犯罪率非常高，因不是正常的家庭，加之受的教育又很差，得不到父爱或得不到母爱，导致了整个人口素质的低下，所以现在发达国家开始重视家庭的作用了，他们认为中国在加强了社会保障的同时加强家庭保障的作用完全是正确的。

但是我们可以看一看，在历次的社会保障方案中，我觉得我所看到的方案对于家庭保障的作用只是一般地提倡，并没有一个很好的办法和措施来研究如何使家庭保障和社会保障相衔接。前些年，我提出一些看法，社会保障应是家庭保障的补充，而不是代替。因为这是发达国家的历史经验和教训。但这一提法在前些年遭到了极大的反对，认为当前是我们社会保障要积极提倡的时候，你老朱怎么持消极的态度，我说，不是，而是更加积极的提法，因为当家庭保障在社会发展中丧失了某些功能时，社会保障就去补充这个部分。使家庭保障和社会保障能够密切地相衔接，我认为这是社会保障的一个根本原则，因为这些能够使社会保障的资金、项目能够覆盖那些真正需要社会保障的人上面。我说提出家庭保障是社会保障的补充绝不意味着不重视社会保障。这恰恰是非常重视社会保障的一条原则。如果在发展的过程中，你的家庭保障依然存在，你的社会保障就可以少一点，这就节省了一部分资金。你的丧失部分多一点就应多给你一点社会保障，因为社会的发展是不以人们的意志为转移的。因此我赞成研究如何使家庭保障和社会保障相互衔接、相互配合。许多国家都已经在进行这方面的研究。怎样来强化家庭功能呢？我收集了这么一些例子，可提供大家参考。

第一，进行亲子教育，强化父母扮演父母角色的能力。目前，在社会保障最发达的地方，美国、瑞典都提出这样做。我们的台湾始终强调要按孔孟之道来孝敬父母、提倡孝道，我的一位韩国的研究生特别强调这一点，韩国非常强调孝敬父母，使家庭保障的功能不要这么快地弱化下去。要提倡在新的形势下进行新亲子教育。作用是什么？就是减少了社会保障的支出和负担，增加了家庭的保障能力。

第二，颁布劳动法令，赋予父母可以暂时放弃工作在家照顾子女的权利，另外颁布一些法令，使得子女能够提供双亲的赡养和保障。

第三，确认家庭系统仍然是赡养老年人的主要来源。我们不能在这一问题上退步。要继续教育青年把这一责任履行下去。有人说，家庭的小型化不可避免，这是对的，但家庭的小型化并不等于不要家庭照顾，不等于可以放弃赡养父母的责任。在法律上确认家庭系统仍然是赡养老年人的主要的来源的国家包括新加坡、韩国，台湾。

第四，通过减免税收、救济、小额贷款、经济援助等方式给予供养老年人的家庭补助，即在政策上为了巩固家庭的作用可以用很多行政方面的措施，凡是赡养父母的，我可以减免税收，可以提供小额贷款，可以提供你各种援助，这是从经济上讲的。当然，也可以从精神上给予鼓励、给予表扬等。实行这样的国家有莱索托、肯尼亚、博茨瓦纳、巴基斯坦。

第五，尽量少办养老院，强化家庭赡养老年人的伦理传统，这一点，马来西亚做得是较有成效的。不久前，我到天津虹桥区去，他们建立了很多各式各样的养老院，在里弄里，搞了养老窝，利用孤寡老人去世后的房子建立的，大家看了非常感动，包括我在内。很多人的服务非常好。但是你仔细一想，养老窝里面五位老年人为什么要到养老窝里来呢？因为儿子儿媳结婚了，生了孩子，孩子长大了，房子有了问题，孩子大了与父母总住在一起不太合适吧，因此老人没办法了，只得进养老院、养老窝。这种现象，在北京、在上海、在武汉我都见过，例子相当多。上海有一个调查，在已建立的89个养老院里，大约70%多是因为婆媳间不和或是房子不够而去养老院的，真正孤老需要在养老院生活的大约占20%。天津市在养老院、养老窝等机构里收养的老年人占老年人总数的5%，而95%的老年人仍然住在自己家

里。建一个养老院的花费是相当多的。常州市的民政部门卖彩券筹了 600 万元，其他部门支援 800 万元建了一个 6 层楼的养老院，我去参观了，院长介绍，这里有一个九级干部也到养老院来了，我很惊讶，去同他见了面，谈了谈，这个九级干部的爱人是十四级，他们有 4 个儿子，这个十四级干部是其后妻，这 4 个儿子争抢九级干部的房子，把老人和这后妈挤得没办法，只好到养老院来了。我们看了后，一方面很同情，一方面感到目前存在的社会问题很严重。现在马来西亚少建养老院，强化家庭养老的做法，我认为在中国应该大力提倡。有人说现在的时代里还强调家庭赡养，是不是开倒车，我说不是。要解决中国的问题，最主要的还是要靠家庭的赡养。

第六，立法规定：凡儿子赡养老人者可申请生活补助费。阿尔及利亚就是如此，它的法律规定要领取生活补助费，就必须赡养父母，否则，无权领取生活补助费。这是用政策来强化家庭的作用，减少社会保障的支出。

第七，用支持性的服务，特别是社区性服务来增强传统家庭照顾老年人、残疾人、病人、儿童遭受事故者的能力并使他们免于被隔离于社会之外。现在相当一部分发达国家如美国、日本都是这样，所以我认为在当前大力建立社会保障制度的同时，我们应多想一想如何发挥传统的保障作用，而不要否定了传统的保障的作用来孤立地看当前的社会保障的作用，否则难免给我们的未来及我们的孩子的未来造成灾难。强化家庭的作用不是开倒车，而是我们建立社会保障制度的同时必须考虑的问题。当然这是我个人的看法。

再一个趋势，即社区性的社会保障工作与社区的发展运动的结合。前些年，我与民政部的崔乃夫部长讨论过一个问题，即现在中国很需要凝聚力，什么是凝聚力呢？爱我中华当然是主要的，但比较虚，起不到凝聚力的作用或者作用较弱。那么我们可不可以提爱我社区，特别是基层社区呢？充分利用社区的凝聚力。什么是社区呢？就是区域性社会。要利用区域性社会来增加我们的凝聚力。这个想法现在逐步得到人们的理解。因为社区，尤其是基层社区是解决社会矛盾的出发点和归结点。很多发达国家重视社区的发展，联合国也反复强调社区的重要性。我们可以动员社区的各种资源，通过外界的援助来改善社区的环境，解决可能解决的社会福利和社区服务问题，促进本社区的社会发展和社会进步。这样，我们将很多社会问题、社会福利问题、保障问题解决在基层，那么上来的问题就比较好解决了，这是一种釜底抽薪的策略，即利用社区的工作减少社会的矛盾，防止社会的动荡。所以前些年联合国就提出来"通过社区发展，促进社区进步"。

今年年初，在同湖南省的熊清泉同志交谈时，熊清泉同志建议，我们可不可以提出这样的口号，"通过社区的发展，促进社会的稳定和进步"。湖南正在设想这一办法。社区发展规划已纳入湖南省的十年规划和"八五"计划中去。

通过社区发展，把许多社会矛盾、社会保障问题解决在基层，当然也包括社区服务问题，因为大家知道，人们的生老病死、衣食住行，并不是你颁布一项社会保障法令就解决了的。人老了，有三方面的需要：第一，是资金方面的需要，需要花钱、消费。第二，服务方面的需要，年老了就不能负担过多的体力活。病了，需要人服侍，需要在医院里陪住。这是服务性需要。服务性需要找人，花钱很多，找一个人在医院陪住，一个月就需要150元。第三，心理方面的需要。家里的父母需要子女的照顾。如果我们把社区工作做好了，可以解决许多社会性问题和矛盾。有许多社区性资源，比如老头儿、老太太，如果利用起来的话，对社会稳定大有好处，现在提倡在社区里自助和互助。现在不仅在发达国家，在许多发展中国家都将社区发展工作与社会保障工作结合起来，使得社区依靠其自身的力量发展，所以区域性的发展战略越来越得到人们的重视。这样使得我们社会保障工作得到大的支持。

现在美国社区服务工作越来越重要，它的社会问题非常多，但其社会总的看来还是比较稳定，其中重要的原因就是将社会保障工作与社区的发展工作密切地联系在一起了。我们现在只想到做社会保障的一些试点，但没有考虑搞社区发展的试点。如果这项工作搞好了，就减轻了国家的负担，增加了老年人的工作情趣，使他们既活得更好，又活得更长，还有乐趣。为什么我们不从这个角度想些办法呢？

最后，我想讲一下，多数国家在社会工作方面的侧重点已发展到农村和

医疗方面了，第三世界的老年人的情况尤其如此。因为第三世界的老年人大部分在农村，绝大多数发展中国家农村人口的平均年龄高于全国人口的平均数，这就是说农村老龄人口的比例大大高于全国老年人口占整个人口的比例，因为青壮年向城镇涌去。现在北京市的流动人口大约是120万人，我不知道海口市怎样？这一趋势是越来越严重，大量的青壮年劳动力都到城市里来谋职业，农村只剩下老头儿、老太太了。这就使得农村中的社会保障问题越来越严重。农村中的生产力很难保证，因青壮年劳力流出后，农村劳力就弱了。老年人又没人看管。城市越发展，农村越落后，形成了这样的状况。这个局面，如果我们不从战略上来进行考虑，那么就会导致农业生产没法提高，农村中的社会保障尽管想了这样那样的办法，但都是解决不了的。在世界范围内都存在农村中的老弱病残的真正保障问题，包括在土耳其、墨西哥、韩国等。青年人占农业人口的百分比，比65岁以上的老年人占农业人口的百分比低一半左右，所以农村家庭中老弱病残的照顾成为一大社会问题。目前联合国的一些组织正在研究怎样使社会保障计划推广到农村中的老年人中去。

目前在发达国家，包括在一些发展中国家里，已很少有人主张搞福利国家模式，所以李登辉讲不要走西方的社会保障模式是有来历的，不是随便说的。李登辉的原话是："老年人福利之开展，并不一定需要因袭外国制度，不一定得从福利保险着手。"对于搞福利国家，大部分人是持批判态度。事实证明，福利国家的做法是培养人们的懒惰，降低劳动生产率，社会福利的支出加重了企业和政府的负担。政府权力高度介入福利国家的经济体制和经济活动造成了难以克服的官僚主义，福利国家反而会引起人们的道德堕落和社会秩序的破坏，所以福利国家的做法现在已很少有人宣传。当然也有一些新的解释，去年我在美国时，有人说福利国家应由群众自己办，而不主张由政府办，要重新解释福利国家。

所以在工业化、城市化、现代化的过程中，伴随的是传统的保障网的弱化。由于经济与社会发展长期性、曲折性和不平衡性，社会保障制度的变革必须与当地经济发展的目标、人们的思想、生活上的习惯和风尚相适应，现代社会保障必须尽可能地与传统的道德风尚相结合。变革是一个漫长的过程，对社会保障发展有影响的社会可变因素是历史、意识形态、经济和社会的混合体。它是非常复杂的，搞社会保障要多考虑，要考虑一个更广阔的范围，不能单纯地就社会保障问题谈社会保障，也要接受全世界的经验教训。

探索老龄化社会对策

美国的老年学研究与老龄问题[*]

一

美国，是世界上开展老年学研究较早的国家之一。美国学术界人士开始注意老年人问题的年代，可以追溯至 19 世纪末 20 世纪初，当时一部分人士开始感到人类老龄问题是对社会的一种新的挑战；但是，认识到需要把老年人问题作为一门系统的科学，并且从自然科学到社会科学两方面进行综合研究，也只是在 20 世纪 30 年代以后才开始的。

当时，美国发生了冲击整个社会的经济危机，工人中约有 1/4 失业，而老年人中竟有将近一半陷入生活困境。老年人的贫困、失业、健康恶化、要求社会救济等问题，引起社会的广泛关怀。老年人的各种问题，加剧了当时社会的不安定。1935 年，当罗斯福任总统时，在议会中通过了"社会安全法"，号召对老年人提供社会保险性质的援助。

此后，美国不断发生周期性的经济危机，在经济和科学技术发展的过程中，城市化、工业化、现代化对美国社会有着剧烈的震荡。人口的老龄化，为老人退休、医疗和救济的庞大财政支出，老年人的失业、贫困、长期慢性病的流行等，在社会上更加突出。40 年代以后，在美国陆续成立了拥有广

———————

  * 原载于《美国研究参考资料》，中国社会科学院美国研究所，1984 年第 29 期。

大会员的退休人员和老年人的许多群众组织,它们不断反映老年人的各种要求。这促使美国社会不能不越来越重视老年人的各种问题,客观上同时使老年学这门新兴的学科得到较迅速的发展。

1938年,标志为美国老年学里程碑的专著《老龄问题》出版了。1941年,美国建立了第一个老年学的研究中心。1944～1945年,建立了美国老年学会和美国老年医学会。1946年,美国出版了《老年医学杂志》。40年代后期至50年代,密执安大学以及美国其他大学陆续建立起对老龄问题进行教学和研究的课程,发行了老年学各种学术刊物。1950年,美国召开了第一次关于老龄问题的全国性学术会议,此后从上至下地建立了州和地方的老年学学术组织。1961年,在美国总统府白宫召开了老年人大会,产生"美国老年人权利法案"。1965年,美国总统签署了"老年人法"。

美国老年学会和老年医学会每年召开学术会议和学术讨论会,参加会议的人数常以千计。当前,美国老年学会的会员为5600人,包括社会学、行为科学、医学和生物学各方面的教育、研究、行政和管理人员。在美国各大学中,已有80所大学常设老年学讲座,美国社区大学中有1/3至一半开设了一至数门老年学课程。在许多医院、医学院和各类研究所中,建立了老年医学和老年生物学的研究部门。从60年代至今,计有130000人受过正式的老年学培训。今天,老年学已成为美国社会科学的一个越来越大的重要组成部分,老年学研究受到社会越来越大的重视与支持。

二

美国老年学的发展,首先是从老年人健康问题研究开始的,此后从其自然科学方面逐渐向社会科学方面扩展。有些美国老年学家感到,如果老年学社会科学方面的一些问题难以解决,自然科学方面的研究和成效是有限的,老年医学和老年生物学等方面所获得的许多成果也只能为少数人服务。

美国老年学会把老年学研究的部门划分为四大方面。即行为与社会科学方面,社会研究、计划与实践方面,生物科学方面和临床医学方面。老年学学习与研究的课程内容非常广泛，计有老年经济学、老年心理学、老年教育学、老年社会保障与养老制度、老年社会工作、老年人口学、老年立法、老年人生活质量问题、老年人退休与娱乐、老年人社会服务计划、老年人社会问题、老年人居住环境、老年人政治与政策展望、老年艺术与人性、老年人就业问题、老年人培训、老年人行动问题、老年人居住设备、老年人与宗教、老年学史、老年评价研究、老年人死亡与垂危救济、老年社会展望、老年卫生学、老年营养学、老年生理学、老年生物学、老年病药物学、老年人精神病学、老年人流行病学、老年人病护理等。

老年人的活动状况，是美国老年社会学研究的中心课题之一（这相当于我们所说的"老有所为"方面的研究）。美国"老年学之父"蒂比茨先生把老年人的活动划分为七个方面。

（1）继续工作，取得报酬：65岁以上的男性老人继续工作的占老年人总数的18%，女性占8%，这包括全日、半日和部分工作的老年人在内。关于继续工作的原因，多数人是为了生活需要，有些人是为了工作已成为习惯以免寂寞，少数人则是为了保持社会地位的需要。

（2）从事义务工作：多数老年人为城镇社区组织提供志愿服务而不取报酬。义务工作的老年人在退休老年人中约占32%。其中，被社会组织起来进行服务工作的，占这个比例的22%，如"年老人退休服务计划""国际老年人和平资助计划"等；另有10%是自发性的个体工作，如自愿帮助些学生辅导功课等。

（3）为亲属做服务工作：在美国，今天只有百分之十几的老年人与子女同住，但相当一部分老年人在退休后住在子女附近地区，彼此照顾，相互服务也较方便。一般说，这种服务也付给一定的费用。

（4）进行政治与社会事务活动：一般说老年退休有更多空闲时间关心政治与社会事务。55~70岁的美国老年人中有70%参加选举，比21~24岁的青年参加选举的高2倍。

（5）重新学习更新知识：1982年，有50万~60万名老年人到各类学校学习，美国各类学校为老年人共开设了900门课程。学校受到老年人入学

的压力越来越大。

（6）信仰宗教：据统计，有90%以上的老人自称有宗教信仰，有40%的老人在周末经常去教堂做礼拜。其中，相当一部分老年人是为了使"精神有所寄托"以度晚年。

（7）进行旅游、交际和体育活动：全美至少有5000个老年人俱乐部和老年人中心，供老年人进行各种活动。

第二次世界大战后，由于美国经济与社会结构的变化，老年人越来越难以依靠家庭的帮助与赡养，社会性的老年福利设施有很大发展。这些设施究竟对现代化社会、对老年人本身的利弊如何，是有很多争论的，也是老年学重要的研究课题。

美国社会性的老年福利设施，有私营、公营、社区团体经营多种形式。一般说，不少私营的设备和管理较好，收费高昂，有些是获利很大的服务性企业。公营的一般收费低廉，设备和管理较差，在老人院中甚至发生虐待老人的事件。各种设施如下。

老年人公寓——专为老年人设置的公寓式住宅。由公、私、社团经营部门统一管理，尽量使老年人居住在这里感到方便。公寓内，按不同的经济、年龄、健康和要求水平，设有公共餐厅、商店、娱乐室、阅览室、工艺美术室、会议厅、酒吧间、医务室、交通车等。此外，有的还组织旅游、体育、参观、学习等活动。有的公营老年人公寓带有救济性质，只按老年人收入的1/3或1/2作为住宿费用，但床位很少，入院较为困难。

老人院——一般是由经营部门管理，入院的多为单身孤寡老人。设备较好的有单人居室，一般的两人或更多人合居一室。按不同水平有一些供老年人活动的公共设施。

老年人活动中心——或称之为老年人俱乐部，有各种不同的活动形式，定期或不定期举行读书、演讲、娱乐、体育、聚餐等活动。有的则类似"托老所"，定期排定活动日程，平常在家内休息。

老年人医院或老人病房——专治各种老年病，多病或只能卧床的老年人长期居住在这里。有的医院设临终病房，专门收容预测活不到三个月的老年人，一方面尽量满足他们临终前的要求；另一方面使他们不至死在家里和一般病房里，影响住宅出售价格和其他人的情绪。

不少医院还设置老年人服务部和家庭病床——由医生、护士、服务人员定期或不定期做家庭访问，进行医治、检查、护理和各种社会服务工作。

孤老收容所——由政府或慈善机构主办，收容无依靠和流浪的老年人，不收任何费用，但设备极其简陋。

老年人进修学院——有的附设于学校、社区组织或其他机构中，根据老年人兴趣爱好，开设各种课程。有的带有培训性质，使老年人在力所能及条件下再就业或半就业，如参加社会福利方面的服务工作。

老年人疗养院——是老年人病后恢复健康的场所，多设在环境较好的地点，有一般医护设备和文化设备。

老龄问题咨询处——由老年学家、医生、律师、社会学家、心理学家等开设的企业性机构，负责解答老年人提出的各种问题，收取咨询费用。

以上这些社会性的老年人福利设施，也是老年学家研究老年人各种问题的基地，那里有人负责搜集各项统计数字、典型事例供老年学家参考。有的老龄问题研究所就附设在规模庞大的福利机构内。

美国老龄问题研究部门更多地设在老年人比较集中的地方，特别如美国的佛罗里达州和加利福尼亚州。在佛罗里达州，65岁以上的老年人的人口比例高达20%～25%（根据季节不同而有所变化），这是由于那里气候温暖、风景优美、水果蔬菜价格较便宜、生活支出不大并且较少污染。社会上一些中层以上的老年人在退休后有些储蓄，愿意选择这样的地方居住以度过晚年。这样，一些社会福利机构和老龄问题研究部门也就设在这里了。

三

尽管美国老年学自30年代以来有较迅速的发展，政府以及其他方面对老年人在财政方面有庞大的支出，老年人社会福利机构越来越多，政府也颁布了不少有关老年人的立法；但是，美国仍面临许多老龄问题难以解决，这

些问题还有越来越严重的趋势。

首先，对于人口老龄化以及它带来的庞大经济支出束手无策。

在 20 世纪的 1900 年时，美国老年人人数仅占人口总数的 4.1%，1980 年时，以上比例增加到 11.7%。在 80 年内美国老年人人数增长计 8 倍之多。1960～1980 年，65 岁以上的老年人增长数是 65 岁以下人口增长数的 1 倍。1970～1980 年，老年人增加了 28%，计 550 万人，而 65 岁以下的人口仅增加了 10%。今天，每 9 个美国人中有一位老年人。到 2000 年时，美国老年人将占人口数的 13%。到 2033 年时，65 岁的老年人占人口数的 20%，而 85 岁以上的老年人比其他年龄的人数增长都快，他们之中将近 20% 的人预计将全靠社会福利救济为生。

现在，美国已有越来越多的人认识到，这样迅速增加的老龄人口，将带来沉重的经济与社会负担，首先是庞大的财政支出。只退休金一项，目前已入不敷出，政府不得不挪用其他费用来付给退休金支出。到 1990 年，政府的退休金赤字预计将高达 2000 亿美元。为付给老年职工的退休、福利、医疗及其他费用，美国在 1981 年国家预算中支出 1500 亿美元，占预算的 25%。至 2000 年时，估计为 40%。2025 年时，估计高达 63%。一些经济学家认为，如果这种现象不能设法改变，美国严重的赤字财政问题将日益严重，美国的经济状况将届时难以支持下去。

怎样减少对老年人的财政负担呢？里根政府和某些学者曾把削减老年人的社会福利费用作为首要目标。在 1983 年财政年度，里根政府计划削减为老年人的医疗照顾预算 250 亿美元和为穷人的医疗补助预算 20 亿美元。在 1983 年财政年度，仅减少食品券分配数额一项，使老年人在维持最低水平的费用中，每人每年减少了 200 美元。里根政府削减社会福利费的计划遭受强烈的反对，事实上未能全然实现。有些人提出，可否通过提高退休年龄来减少政府的财政支出？这个方案理所当然地遭到各界反对。因为提高退休年龄多少可以减少退休费，但一些老年人继续占据职位，肯定会加剧一直非常严重的失业问题而减少新就业的人数，这对美国的经济和政治稳定并没有好处，而且会带来新的问题。

其次，难以解决大部分老年人感到的物质生活困难问题。

在美国，老年是经常与贫困这个词联系在一起的。美国有 90% 的老年人享受养老金制度；但另一个事实是养老金一般只有在职工资的 50% 左右，社会保险项目的退休金是每隔半年或更长时间按物价上涨幅度调整，而私营企业的退休金不随物价指数上涨调整。因此，许多老年人的生活仍极困苦。据 1981 年统计，美国全国收入低于贫困线的人数占人口比例的 13%，但老年人收入低于贫困线的比例则是 15.1%，计有 360 万人，贫困老年人的人数高于一般人。在收入低于贫困线的总人数中，65 岁以上的老年人占了约 1/4。

在收入低于贫困线的老年人中，黑人和妇女又占了多数。据统计，其中黑人约占 40%，而老年妇女中的半数以上生活在贫困线以下。

美国人的平均寿命是男 70 岁，女 77 岁。随着寿命的延长，老年病如心血管病、癌症和新陈代谢方面的疾病不断地折磨着他们。老年人虽有医疗保险待遇，但按规定本人仍要负担一部分，平均约本人负担 1/3 的费用。对于疾病长期缠身、需要别人服侍照应的，经济负担更重。由于家庭结构的破坏，美国的老年人是不可能希冀子女和亲属经常给予的照应，因此老年临终前的一段生活常极其困难。

老年人的住房是另一个极为严重的问题。第二次世界大战前，美国还有 52% 的老年人与子女同住，现在则只有百分之十几。近年来，美国的房地产价格飞涨，租房居住的一些老年人以自己的养老金常付不起租金和取暖费而被迫迁移到极为简陋的住宅。希图居住公营老年人公寓的老年人诉苦说，他们常要登记等候 14 年之久，才能获得居住在那里（纽约南布朗兹区）的权利。

再次，老年人的精神生活倍加痛苦。

美国社会以人情淡薄闻名于世。老年人退休后丧失了就业身份，一般被置于社会的次要位置，甚至被认为是社会上的负担而被视为"依赖者"。据统计，在美国社会中超过 65 岁而仍在工作者只占老年人的 12%。许多有精力和丰富知识的老年人苦于无所事事，精神无所寄托，感到十分孤寂。一些美国学者主张，社会组织应发掘老年人的潜力，"应使老年人有机会运用他

们的经验作为知识的泉源，老年人应作为传宗接代的传递者和家庭以及社会的宝贵财富"。但事实上，这只是他们的良好愿望；多数老年人感到自己被摒弃于社会之外，长期的孤寂造成心理上的失常，不少人患上了精神性疾病。因此，这是美国老年心理学和精神病学研究的一个重要课题。

老年人犯罪的问题也是美国社会的一个突出现象。1964～1979年，美国 55 岁以上老年人犯杀人罪者增加 201%，犯抢劫罪者增加了 230%，犯盗窃罪者增加了 318%。美国社会学家分析这种现象时指出，社会明显面向年轻人而老年人受到歧视，老年人常厌恶一切而痛苦、孤独，进一步加深了对生活的不满情绪。

有些美国人在生活到 60 岁以上就发生了所谓"恐老病"，这种"病态"具有以下四种感觉，即"不被人所需要的感觉""被隔离于社会之外的感觉""个人生活不安全的感觉"和"不被人所尊重的感觉"。当然，这些感觉并非无由而来，而美国的老年学家也始终没有寻找到好的药方来医治这种病态状况。

最后要提到的是美国老龄问题已引起一系列的严重社会后果。

美国社会存在极大的贫富悬殊，这种社会的不平等现象同样反映在老龄问题上。从表面看美国绝大部分老年人退休可享受养老金和医疗与救济制度。但实际上，退休金是以在职时的收入为标准的；而且，富人拥有很多财富、储蓄和房地产，他们在退休后的生活是舒适的。穷人在退休后则是越老日子越难过，因为他们的收入一般是越老越少（如受通货膨胀影响）而支出却越来越多（医药费、雇佣费和房租涨价）。据美国社会学家介绍，美国的富人平均能活到 80 岁，而穷人却只能平均活到 70 岁，富人享受到的社会福利待遇，要比穷人得到的多得多。因此，社会的不公正同样反映在老年人的生活上。

一些社会学家指出，尽管美国政府今天已通过了一系列有关老年人的立法，如反对歧视老年人、救济失业、享受"高级公民待遇"等。但是从整个社会结构看，丧失劳动力的老年人不被尊重，社会邻里之间缺乏相互关怀的风气，而传统的家庭结构遭到了很大破坏，使老年人处在极为恶劣的社会生活环境里。

在美国社会里，青老年人之间的隔阂和代际矛盾日趋加深。在美国老年学学会第 35 届年会上，某些青年抱怨说："美国老年人口占全国人口总数的 11%，但占去国家财政预算的 25%。"他们无视老年人过去的贡献，抱怨老年人"占了青年的便宜"。另一些美国社会学家认为，这正反映了美国社会伦理道德观念的混乱状态。

一些美国学术界人士指出，美国老年人所面临的问题以及老龄问题对社会的影响，目前处于一种恶性循环的状态之中。例如，家庭结构的破坏使老年人不能不越来越依赖社会；社会实行养老金和福利制度使子女越来越认为赡养老年人是社会而不是自己的责任；老年人越来越生活在老年社会之中而极少和青年与中年人接触，从而加深了"孤寂感"；青老之间的隔阂和矛盾又进一步加剧了家庭结构的破坏。

许多美国老年学学者认为，今天，美国老年人所遇到的问题以及这些问题的严重社会影响，是政府，也是社会上原来所估计不足的；只靠一些老年学家和学术界的研究，问题也是解决不了的。他们希望，发展中国家能汲取如美国这样国家所经历国的经验教训，充分警惕老龄问题并意识到需要解决这些问题的迫切性，根据每个国家自己的特点和经济发展阶段，把老龄问题能处理得更好。

美国老年人社会服务事业的发展及其前景[*]

老年人社会服务事业在美国正呈现新的兴起。美国社会因人口老龄化，老年人患病、伤残以及生活不能自理的人数越来越多，他们迫切需要医疗护理和各种服务，一般老年人在主观上对社会服务的要求也在不断提高。这种形势正如一些经济学家和社会学家所预测，在21世纪即将到来之际，在社会保障范畴及其各项政策中，"社会服务事业将会有一个更大的发展"。

一

20世纪初，美国人的平均寿命仅有45岁，在10个美国人中只有1个55岁以上的老年人，年龄在65岁以上的老年人口只占总人口数的4%。那时，在美国社会问题中，老年人问题并不占有特别突出的地位，为老年人设置的社会服务事业也为数甚少。

进入80年代后，美国在这方面的情况已大为不同。现在，美国人的平均寿命约为75岁，男70.8岁，女78.2岁，65岁以上老年人约占人口总数的12%。美国各州中，老年人口最多的是佛罗里达州，老年人口数已占其人口总数的18.5%。有的城市如圣彼得堡，老年人口数已占到25%。随着美国人口老龄化，老年人社会服务设施在城市到处可见，项目、内容繁多。

---

* 原载于《美国研究参考资料》，中国社会科学院美国研究所，1988年7月，具体期数不详。

据《美国人口统计资料》预测，到公元 2000 年，美国老年人口将增至
3500 万人，占人口总数的 13% 。其中，75 岁以上的老老年人和 85 岁以上
的超老年人数增长最快，这类高龄的人口预测将达 1720 万人，占到老年人
口数的一半左右。届时，老年人问题将成为美国最重要的社会问题，预计老
年服务事业也将会有更大的发展。

众所周知，老年人口特别是高龄人口迫切需要社会服务提供帮助。在一
般情况下，65 岁以上美国老年人活动能力开始减退，有 1/3 的老年人健康状
况下降，有 1/2 的老年人只能做有限的活动。今天，美国必须依赖别人才能活
下去的老年人占老年人口总数的 9% ，还有 20% 的老年人无子女，需要别人帮
助。如按年龄统计，65 ~ 74 岁老年人需别人在生活上照顾者占 7% ，75 ~ 84
岁老年人中这个比例为 16% ，84 岁以上老年人中比例更高达 39% 。从总体上
看，不同程度上需要照顾的美国老年人约占老年人口总数的 12% ~ 14% 。

疾病，是侵蚀老年人健康使他们不得不依赖其他人帮助的主要原因。在
美国，有 80% 的老年人遭到一种或多种慢性病的折磨。65 岁以上老年人患
病的种类和比例如下。

关节炎　　　　　44%

血压病　　　　　35%

听觉减退　　　　29%

视力减退　　　　22%

心脏病　　　　　20%

精神病　　　　　10% ~ 15%

患有慢性病的老年人，暂时地或长期需要社会为他们提供不同程度
的服务。

在早年，美国老年人可以从家庭或年轻的亲戚那里得到服务性照顾，但
在社会城市化、工业化的进程中，这种服务越来越困难。这是因为家庭已趋
于小型化；妇女就业率不断上升，60% 的成年妇女有自己的职业，兼顾家务
已感困难；子女长大绝大多数独立生活，许多不与父母住在同一个城市里；
离婚率在美国达到 50% ；单亲家庭照顾自己的孩子都感困难，更不用说照

顾老年人了。据统计，在 1950 年，与子女同住在一起的老人占 31%，但到 1970 年时，已下降到 9%。1960 年，多数寡妇与亲戚住在一起，现在这一比例已下降为不到 1/3。这反映出老年人所得到的照顾已更多地由家庭转向社会。

与过去年代有很大不同的是，老年人本身和以前相比也不同了，它不仅是金钱和物质方面的，而更多的是精神和感情上的需要。他们之中有不少人体力逐渐减弱，但仍渴望参与种种文娱活动，甚至体力方面的锻炼。有更多老年人愿意学习各种知识，包括重新入大学和学习技术知识。这样，就更加剧了对社会服务事业的需求。

在经济与社会发展过程中，美国政府逐渐认识到自己的重要职责之一，就是发展社会服务事业，以补充家庭的不足部分。他们把发展社会服务的目标定为：（1）协助家庭照顾老年人；（2）使家庭和社会提供的社会作用相互交替；（3）保证尽到对有特殊需要的老年人的义务；（4）为老年人接触社会提供基础设施。

在社区范围内为老年人提供社会服务最为方便，这是由于邻近接受者最容易理解老年人的需求、可以节约经费和易于监督，因此效益最为显著。社区性质的社会服务已发展为社会服务最为有效的手段。

1965 年颁布的《美国老年人法》，是资助州和地区提供老年人服务的基本法规，其中宣布了老年人福利的 10 项目标，第 8 项明确申明老年人"如有需要，即能及时获得以社会协作方式进行资助的、有效的社区服务"。第 4 项规定"为需要公共机构照顾的老年人，设置充分的保健服务项目"。第 7 项又规定老年人"能有机会在公众、文化和娱乐的广阔领域里从事有意义的活动"。根据《美国老年人法》，创立了老年局这一行政机构，统筹和管理老年人社会服务事项，政府拨付款项用于资助基层老年人社会服务机构，建立老年人中心，"为老年人提供娱乐、闲暇活动场所，提供信息、健康、福利、咨询服务以及转介（职业、医疗等介绍与安排）服务，并协助老年人从事社区志愿工作或公民服务"。在 1973 年修订的《老年人法》中，决定成立州和地方的老年局人，以便发挥地方和社区的作用，因地制宜地制订社会服务的计划及具体活动。

地区老年人局为老年人提供的服务项目繁多，计包括料理家务、保健支援、康复照顾、交通、旅游、电话联系、资料信息情报、法律咨询、房屋修缮、退休前准备、再就业甚至派人帮着解闷，等等。1981 年，全国共有 900 万名老年人接受这些服务。其中，少数民族占 19%，低收入者占 63%。

1984 年，《美国老年人法》修正案提出向老年人提供长年照顾问题。该法案提出成立一个"以社区为基础的综合服务网，向本社区家庭中有困难的老年人提供长期的照顾"。

<h2 style="text-align:center">二</h2>

美国老年人社会服务的项目、内容与设施既多样，标准也各异，这反映老年居民具有经济收入悬殊、民族多样、年龄结构不同的特征。

美国的老年人社会服务，如从保障性质划分，有综合性、生活服务性、医疗康复性、娱乐性、居住性、交通服务性、就业服务性、咨询性、学习与培训性、安全服务性各类。如以服务方式划分，可分为设施服务、上门服务、户外服务、直接服务、间接服务各类。如以对象划分，可分为生活能自理者、残疾者、需特殊护理者、临危病人和少数民族等各种对象。如以时间划分，可分为短期、长期、白昼、全日等各类。如以经营者及其目标划分，可分为政府性、民间性、营利性、非营利性、宗教性、慈善事业性各类。许多设施除为老年人服务外，有的还兼为其他各类人服务（见表 1）。

过去，在美国一谈到老年人社会服务设施，人们就会想到为救济孤寡老人的老人院（正如在中国，普遍认为老人院只是收容孤寡老人的场所）。现在，美国收容孤寡无依靠老人的老人院，在贫困地区还是照样存在，但更多的养老院并非只是收养贫困孤寡老人的。许多老年人社会服务设施已分门别类地称其为老年人公寓、老龄服务中心、老年人康复院、老年人俱乐部、荣誉公民活动中心，等等。为了避免心理上的负担和为使老年人高兴，这类机

表 1　美国老年人社区服务设施一览

服务设施	服务对象	性质及特征
养老院	老年人集体	综合,长期服务
护理养老院	需护理老年人	需医护和服务的老年人
托老所	老年人	全日或白昼,综合服务
日托中心	有活动能力老年人	白昼,娱乐活动,学习
荣誉公民活动中心	健康老年人	综合服务
荣誉公民社区中心	附近地区健康老年人	综合服务
55 岁以上老年人俱乐部	退休及将退休老年人	娱乐活动、咨询、学习
荣誉公民之友	老年人	孤老互助
老龄服务理事会	老年人	咨询服务
听取老年人意见处	老年人或其他	咨询服务、反虐待诉讼
老龄服务所	老年人	服务、咨询
上门服务所	老年、残疾、病人	服务、医疗康复
老年人劳动福利公司	能劳动老年人	提供一定收入的就业服务
户外活动服务处	有活动能力老年人	提供交通上街活动或医疗
协助家务服务所	老年人及其他	协助各种家务
保护服务所	老年人及其他	安全保护
食品供应所	老年人及其他	食品购买、热餐供应
荣誉公民营养室	老年人	就餐营养供应
上门送饭服务所	贫困老年及其他	免费或减费热餐
收容所	贫困老年及其他	暂时住所、免费餐、衣物施舍
暂居所	贫困老年及其他	短期住所
公营住所	收入低老年人	长期低租金住所
无服务性公寓	健康老年人	提供住所
服务性公寓	健康较差老年人	提供住所及服务
一般护理公寓	体弱老年人	提供住所、服务及护理
护士护理公寓	疾病老年人	提供住所、服务及医疗
康复院	老年、残疾康复	医疗护理、短期或长期
白日保健服务所	老年人及其他	医疗护理、短期或定期上门服务
60 岁老年人医疗所	老年病患者	医疗护理
荣誉公民医院 .	老年病患者	医疗护理
少数民族老年人保健所	老年病患者	少数民族医疗护理
家庭护理	老年病者及其他	护理
上门护士护理	老年病者及其他	护理
活动治疗所	老年病者及其他	医疗康复
特护病房	严重病患者	病危医疗
荣誉公民法律支援处	老年人	法律诉讼
老年人就业与培训中心	老年人	就业、培训
成年人学院	成年及老年人	学习、消遣、锻炼
老年人旅游服务处	老年人	为老年人旅游提供特殊服务

　　注:表中服务设施的名称,并没有一致的规定,不同的州和地区常有自己习惯的名称,在美国常有同一名称的社会服务设施而具有不同的服务内容;或社会服务设施名称不同而具有相同或类似的服务内容。

构越来越多的在名称上根本不带有 "老" 字了，而是以 "Senior Citizen"（可译为荣誉、年长或已届退休年龄的公民）来代替 "老" 字。今天，住在老人院的美国老年人约占老年人口总数的 5%。

老年人社会服务设施的另一趋势，就是其功能向多样化和综合性发展。它的名称，常常只是反映了主要的一种功能或标志它在历史上曾经具有这样的功能。例如，在一所 "老年人活动中心" 的建筑物中，从第三层以上是老年人公寓，一、二层则既有老年人日托站，又兼有医疗设备、俱乐部、餐厅、咨询室、体育场所，每周定期或不定期开设学习与培训班，还设有适合老年人劳动的小型工作室，组织老年人进行编织、绘画、雕刻、手工艺制作等。有些甚至设有对外经营的商店，出售老年人自己制造的各种产品，以赚来的钱补贴经费不足或补助某些经济上有困难的老人。

老年人公寓在美国常按房间多少、大小和设备好坏分为数等，又按居住老年人的体力、健康状况区分为数级。第一级是普通的无服务性老年人公寓，这里的老年人大都身体健康，有自己独立生活的能力，足以在日常生活中不依赖其他人的帮助。第二级是服务性公寓，这里有清洁工打扫房屋，还有餐厅、医务室、俱乐部、商店、交通工具等设备，有些规模大的还附有健身房、老年人心理顾问、法律咨询处，等等。居住在这里的老年人即使健康稍差，年龄较大，也可以足不出户而解决了绝大部分的生活问题。第三级是护理性老年人公寓，住在这里的老年人年龄很大，身体较差，需要护士经常护理和医生的经常检查，以防身体突然恶化，许多靠轮椅活动的老年人，更需要护士在各方面照料。第四级是特护公寓，住在这里的老年人大都是已患有严重疾病或需特殊照料的老年人，他们必须有专门的护理才能生活下去。从实际情况看，第三及第四级的老年人公寓，已有些类似老年人医院，维护他们的健康成为首要任务；但不同的是，住房属于他们自己所有，康复后可以照常自由活动，在心理上对于老年人也舒畅得多。当然，在疾病突发或健康严重恶化时，仍需住进医院治疗或手术。

近年内，老年人日托站发展迅速，备受老年人欢迎。站内有适合不同年龄、不同兴趣爱好、不同健康状况的各种活动，包括一些医疗设备。每次活

动大都有专车接送，自由参加，收费低廉，它更符合收入不多的老年人的经济条件。70年代时，这种日托站还很少见；现在全国已至少有1200多个，照料着28000名老人。它们之中的3/4是由社区、教会、医院和老年人活动中心等非营利机构举办的，提供的服务有午餐和班车，配备医务人员进行医疗监护，有的还备有社会工作者提供咨询。

在老年人社会服务事业方面，特别值得注意的还有以下几种形式。

1. 上门服务

在美国，为老年人提供的社会服务有许多形式。最普遍的是上门送饭（meal on wheels），其中有减费与免费两种。付费的按菜单预定，服务处派车准时把热饭菜用保暖箱送来；免费的大都是大锅菜，送什么吃什么。上门护理，对疾病恶化、行动困难的老年人是"救星"，但得到这种护理并不容易，有时也不能完全解决问题。此外，还有上门家务服务，如打扫卫生、采购、做饭、陪伴等。这种服务由各种公共计划项目提供资助，服务人员可以得到工资收入。

2. 老年人就业与培训中心

老年人在退休后，为补贴个人收入，以及使身心有所寄托，或热心公益事业，常有再就业或利用闲暇时间做轻微劳动的要求。老年人就业培训中心与各类企业及社会服务机构保持密切联系，他们在了解退休者的才能、愿望和健康状况后，可代老年人寻找适当的工作，还可代雇主培训以适应就业要求。

3. 老年人支援小组

据美国社会统计署报道，体衰老年人的服侍任务主要由其家庭承担，其中包括80%的护理工作和90%的生活照料。这种照料有的需要数年以至数十年，直到老人去世。这样，就使家庭成员十分疲惫和厌倦。为解决这个问题，所在社区内的社会工作积极分子，定期地无报酬或少取酬为这些家庭承担起服侍老年人的事务，使他们有喘息和休整时间。

4. 老年人问题咨询处

一些专门机构或社区组织，把社会上的专家，如律师、生理学家、心理学家、医生、教育家、社会学家组织起来，定期为老年人提供咨询，以解决他们遇到的各种问题。

近年来，美国有越来越多的退休者迁居到老年人聚居的退休区，这些退休区大多数是营利性质的服务事业，也有慈善或宗教团体举办的非营利事业。1984 年，约有 150 万名美国老年人住在近 2400 个这类社区中，其中约有 60% 居住在佛罗里达州至加利福尼亚州的美国南部"阳光地带"。居住在退休区中的老年人约占退休者的 5%。这类老年人退休区禁止 55 岁以下或某个特定年限以下的人迁入居住。

退休区的种类千差万别，各有特色。有的主要为居民提供周到的生活服务，包括清洁卫生、供餐和医疗护理；有的则主要面向文娱体育锻炼；有的附设轻体力劳动小作坊。参加退休区的新居民一般须缴纳一大笔"基金费"或"会费"，然后每月再缴纳房屋租金和服务费，如在那里买下地皮和房屋，只需付少量服务费就行了。据统计，入退休区的居民每年约有 10% 的老年人死亡，住所退回管区重新出售。在佛罗里达州，现有 33 个这样的社区。

为什么愿意搬入老年人居住区的老年人越来越多了呢？过去，许多人认为老年人聚居区由于举目不见年轻人会感到缺乏生气，老年人会更感寂寞和了无生趣。其实并非完全如此。关键问题在于对退休区的组织和管理。据有关人员介绍和我们自己参观所得印象，如果老年人有退休金并愿卖掉旧居迁到退休老年人区来住，生活是有保证的，因为退休老年人区房地价较便宜，服务费也只占退休费的一部分。住进退休老年人区后，老年人生活上就很省心了。实际上，老年人们就是把自己在经济方面的"后事"统包交给退休区了。一般来说，退休区把老年人的生活安排得很紧凑，因而老年人"简直意识不到还有其他年龄的人"，"忙得顾不上想自己已经年老"。亚利桑那州老年人医学中心的迈克尔·贝克发表对老年人退休区"太阳城"的研究报告称：太阳城的居民丧失生活自理能力及健康下降的人极少，而且普遍都很健康。年过花甲的人中有 78% 健康良好，比率大大超过全国同龄人，因为后者的比率只有 69%。

经营退休区的企业家的营利情况如何呢？据反映，这是一个富有前途并可以获利的事业，因为老年人口在美国的增长率很快；而在老年人死亡后，他们的子女亲属对于退休区的住所并没有继承权，因此可以再出售。他们之中有些人，因经营退休区得当，因而成为老年人服务业中的富翁。

有些人从经营退休区的事业中得到启发，在自己家中也办起了养老院事业，一般接纳 5 ~ 10 名生活难以自理的老年人，每月平均收费 500 美元，这比老年人住退休区疗养院要便宜得多，当然，其条件和服务也比退休区差得多。

总之，美国老年人服务的内容和形式，还正在向多样化发展。经营这类事业的企业家和从事这方面工作的专家告诉我们，多样化的趋势是为了适应不同的收入水平和不同需求。既然人口老龄化的趋势不可避免，社会对于老年人服务事业的需求只会增大；经营老年人服务企业如果赔钱，那只是经营不善的结果。

三

经过约半个世纪的实践，在美国老年人社会服务事业的发展过程中，积累了若干基本经验并可归纳出几个原则，这一点特别值得刚刚发展的老年人服务事业国家注意。

1. 为老年人服务，不宜挫伤或抑制老年人独立自主、自力更生的精神。

美国人有着独立自主、自力更生精神，这一传统到老也保持着。在进入老年前，他们都尽量为自己未来维持退休生活而积蓄，尽管也有少数人心甘情愿"躺在社会福利和救济上"，但绝大多数人认为这是万不得已和可耻的事。老年人遇到暂时的生活困难，一般是求助于家庭和亲属，再就是朋友、邻居和宗教组织，只有长期的困难，才求助于政府。

美国政府在发展社会服务事业的同时，十分鼓励老年人的独立自主精神。美国国会在 1974 年制定的公共福利服务规定时，明确说明新的福利法鼓励老年人自力更生和自给自足。否则势必使政府负担不断加重。

许多人认为，只有坚持自力更生精神的老年人，才可能始终具有充沛的活力并长寿。许多老人院都是鼓励老年人和残疾人尽可能地由自己料理个人生活，尽可能地不要依赖别人的帮助，即使坐在轮椅上的病人，也要求他们尽可能地自己穿衣、进食和做力所能及的活动。

2. 发展老年人服务事业，要尽可能提供老年人与社会接触的机会。

在美国，绝大多数父母不与成年子女居住在一起，独居老人占老年人中的 29%，丧偶老人占老年人中的 41%。据统计，有 27% 的老年人经常感到寂寞苦闷，其原因有自感年老、健康恶化、离死亡越来越近、独身、子女远离、与邻居不睦、事事不如意等。因此解除老年人的寂寞苦闷，多提供他们与社会接触的机会，成为老年社会服务事业的重要任务之一。

如何通过社会服务事业使老年人生活富于生气和增加生活情趣呢？有些人愿意继续工作以便精神有所寄托，有些人愿意从事义务工作（占退休者的 32%），有些人只愿为亲属做事，有些人愿意学新知识，有些人从事政治与社会事务活动，不少人笃信宗教并愿意从事宗教性活动，有些人愿意参加文娱体育和旅游活动。

无论通过以上哪一种或几种活动与社会接触，社区组织都是最理想的场所，而老年俱乐部常成为组织老年人与社会接触的真正的中心。例如，在华盛顿特区的"马里兰老年人综合服务中心"，每天有 200 名老年人聚集在那里，开展舞蹈、讲座、手工艺和其进午餐等活动。

3. 发展老年人社会服务事业，要鼓励老年人有学习新事物、更新知识的愿望。

在美国，许多人相信，如果退休老人能经常学习新事物，不断更新自己的知识，甚至选择与自己长期从事职业不同但有兴趣的事物进行学习，不仅有可能获得成就，而且可以促使生命重新获得活力，有益于健康。在 1975 年以前，美国教育机构并不重视老年教育，此后逐渐认识到这一点，到 1977 年，16~44 岁的青年和中年人入学人数减少，而 45~65 岁的中老年人入学人数开始增加；1978~1981 年，65 岁以上老年人参加成人教育的人数增加了 39%；1982 年，50 万~60 万老年人在各类学校学习，这些学校为老

年人开设了900门课程。

老年人学习后，大多数人又把知识贡献于社会，他们学习不仅是寻找精神寄托，而且是愿为社会尽一点力，如他们最常从事的工作有教课（教授语言、为学生补习功课、开导顽皮学生、培训青年职工等）、社会工作、担任各业的顾问。也有人发挥专长当起医生、护士、人口统计员、旅游陪同、信息提供者、博物馆和图书馆管理员、书店业务员、宿舍管家等。这些职业或义务劳动大都是青年人不愿做或做不了的。因此，与青年人就业并未发生很大的矛盾。

除正式入学学习的老年人外，社区组织创办的各类老年人活动中心、俱乐部、养老院、老年人服务所等，实际上也都是提供老年人学习新事物和更新知识的场所，他们教会老年人制作和提高手工艺、烹饪、缝纫等技能，学习他们感兴趣的各种知识。

4. 发展老年人服务事业，必须动员大量志愿工作者参加。

从历史上看，社会福利原产生于志愿者的组织，社会服务事业更是如此。后来只是志愿者无法担负起日益增多的财政负担，才在60年代后美国政府才为老年人服务事业提供财源并建立相应的政府机构，在之后老龄人口特别是高龄人口大量增长的情况下，美国政府和社会舆论都越来越意识到，单凭政府或企业的工作人员，是无法负起这一重任的。因此，无论政府或社会舆论都积极鼓励志愿人员（无报酬或低报酬）特别是那些已退休但身体健康的老年人参加这项工作。

美国政府在所属各地区设有老年人局，专管老年人的社会福利和服务工作。1981年，各地老年人局共有工作人员9400名，其中老年人有2350名。而领取低工资的志愿老年服务工作者有3700名，是老年人局工作人员的4倍（完全不领取报酬的志愿人员尚未计算在内）。他们不仅在政府、企业、社区办的老年人社会服务机构中工作，还在完全由志愿人员自己办的社会服务事业中工作。

5. 发展老年人社会服务事业，是作为家庭保障的补充，绝非取代。

在美国，有些学者主张，赡养和照顾老年人的任务，应该更多地由政府和社会担负起来，因为美国的家庭结构已不能再承担这样的职责，而现代社会却是有可能承担这样的任务的。但更多的学者持与此不同的观点。他们认为："即使在当今的美国，尽管城市化和工业化的程度很高，家庭仍然是老年人的重要社会和经济依靠，对已进入暮年的老年人来说更是如此。"他们说，美国已有的教训是，"由于30年代经济危机的影响，美国没有像其他发展中国家那样地依靠家庭，而把国家作为向老年人口提供收入的机构"。他们指出："如果社会能为老年人提供更多的家庭和社会服务，住在慈善机构里的老年人就不会像过去增长得那样快"，"如果国家为家庭提供援助和增加户外老年人服务设施，老年人还是愿意同子女住在一起的"。他们主张"社会要多为住在家里的老年人提供服务设施"。政府要"鼓励愿意和能够照顾老年人的家庭照顾自家老年人，并使这些家庭能够得到社会服务设施辅助"。换句话说，他们提倡发展社会服务特别是社区老年人社会服务事业，但其目标是尽可能保持家庭结构；并以社会的保障和服务作为弱化了的家庭职能的补充。因为家庭作为社会结构的细胞，是没有其他东西能完全代替的。正确的做法可能是"在社会和家庭共同负责照顾老年人方面要有恰当的配合"，这是因为，如果"政府过于热心地组织照顾老年人的服务，会产生逐渐削弱家庭作用和责任心的危险"。

四

在美国，老年人社会服务事业近年来得到一定的发展；但无论在数量和质量方面都不能满足老年人的需要，这与美国经济与社会发展存在着严重的不协调状态有关。近几年来，美国政府的财政赤字十分惊人，其中社会福利开支占着很大部分，为了改变这一状况，每年几乎都提出削减社会福利的计划。里根在1985年的《国情咨文》中提出"整顿福利体制"的号召，由于已立法的社会保障无法削减，被削减的经常是社会服务事业。

从政府措施与公共舆论看，他们都一再强调，人们在年轻而身体健康的年代，曾尽力工作，他们应该有权利在年老体衰、多病或遭遇到困难时，得到社会包括社会服务事业的关怀、支持与帮助。但实际上，能享受到福利服

务的，大都仍然是中产阶级以上的老年人，贫困和处境艰难的老年人常不能或很少能获得起码的服务，尽管年轻时代他们同样做出了贡献。旅行在美国偏僻农村地区以及城镇的贫民窟时，这种情况特别明显。对老年人的生活调查说明，高龄老人、单身老人、鳏寡和无配偶老人、居住条件差的老年人本该是社会服务的主要对象，但事实上，正是未能解决对他们的起码和必要服务问题。

值得注意的是，由社区通过企业、宗教团体、慈善机构等营利或非营利组织兴办的社会服务事业，在美国非常普遍，他们为老年人做的工作不容忽视。从理论上说，通过政府计划、企业项目与志愿组织的协调与配合，有可能大大扩大与提高为老年人提供社会服务的范围和能力。目前这类社会服务事业也大都受资金来源的限制。常见的情况是并非从实际需要而是在相当程度上取决于资金的数目和按捐款人的意图办事。白人、属于某些教会的信徒、与捐款人有关系的亲友所能享受的服务常常远为优先和优厚。

发展老年人社会服务事业，在今天，已被普遍认为朝向现代化国家前进的社会所必不可少的工作。有了老年人社会服务事业，就有可能帮助与促进他们积极参与社会生活。而且，这一事业并非单纯是为老年人这一群体服务；从整个社会角度看，也必须保障越来越老龄化的这部分人口的基本生活稳定，否则，年轻人的工作与生活也难以稳定。

参考文献

1. 《21 世纪的社会保障》，国际劳工组织出版，1985 年。
2. 《美国的老龄化——趋势与预测》，1985～1986 年，美同健康与人类服务部出版。
3. 《美国统计摘要》，1987 年，美国商业部出版。
4. 詹姆斯·舒尔茨：《美国对老年人的社会保障》，1986 年 5 月 18 日在中国的演讲。
5. 《美国的老年人与老年福利事业》（在老龄问题世界大会上美国政府的报告），1982 年 8 月。

6. 美国经济顾问委员会:《美国老年人的经济状况》,《交流》杂志,美国驻华大使馆新闻文化处出版,1986 年。

7. 蒂莫西·詹姆斯:《美国的老年人》《威尔逊季刊》1985 年新年号。

8. 《美国老年人法》,1965 年 7 月 14 日批准,第 89~73 号公法。

9. 《美国的伟大社会计划给老年人带来的益处》,美国驻华大使馆《新闻公报》1987 年 11 月 6 日。

10. 美国《华尔街日报》1987 年 12 月 8 日。

11. 《退休村》,《交流》杂志,美国驻华大使馆新闻文化处出版,1986 年。

12. 《世界上最大的老年人区》,美国合众国际社报道,新华社《参考资料》1985 年 3 月 2 日。

13. 《美国佛罗里达州为老人提供方便安享晚年》,合众国际社,1985 年 1 月 20 日,新华社《参考资料》1985 年 3 月 2 日。

14. 美国"老年学之父"蒂比茨对中国劳动学会代表团介绍美国老年人,1984 年。

15. 约登·考斯伯格:《美国对老年人的家庭赡养:从国际观点看政策问题》,老年学国际交流中心出版,1985 年。

16. 吉姆斯·舒尔茨:《老年人的经济保障》,1985 年 6 月 29 日在中国老龄问题全国委员会座谈会上的讲话。

17. 《老龄问题研究》,老龄问题世界大会文件,1982 年 7 月维也纳,1983 年在中国出版。

中国人口老龄化与家庭养老制度的变迁[*]

中国现有 11 亿人口，60 岁及以上的老年人口已近 1 亿人，约占世界老年人口的 1/5。预计在今后半个世纪内，中国老年人口将以约每年 3% 的速度增长，大大超过总人口约 1% 的增长速度。到 20 世纪末，中国老年人口将达 1.3 亿人，超过了总人口比重的 10%，人口进入老龄化阶段。面临人口老龄化，如何从传统的家庭养老制度逐步过渡并建立起现代化的社会养老保险体制，是中国亟须解决的重大社会问题之一。

一

家庭，对中国老年人口的晚年生活，具有突出的作用。在长期历史发展过程中，中国一直以自给自足的农业经济为主，家长特别是老年家长在家庭中占有统治地位，他们在家庭中拥有最高权力，控制了最重要的生产资料——土地。这种情况一直延续至 20 世纪中叶。

20 世纪 50 年代以来，中国经历政治、经济与社会的重大变革，老年人在社会和家庭中的地位与作用，在不同时期经历了重大的变化。

50 年代初期，在中国城市中，政府与企业单位实施了"劳动保险条例"，其人员可享受养老、医疗与其他福利保险待遇。老年人的经济与社会地位相

---

* 在东京—北京都市问题研讨会上的发言，1993 年 3 月 13 日。

应提高。在农村中，中国实行了土地改革，使家庭中的各代人分别获得对生产资料的控制权，使他们在家庭生产与消费中的权力与地位趋于平等。

50 年代中期发生的合作化运动使土地归于集体所有。当时，农村家庭成员失去对生产资料的控制，但由于历史传统以及老年人的劳动经验在不发达农业生产中具有相当的作用，他们仍受到子辈们的尊敬。年终分红时，往往是老年人代表全家去领取其全家收入。

60 年代中期，中国爆发了"文化大革命"，它鼓励"批评一切，怀疑一切"，青年成为社会的主宰和家庭中的新"权威"，父辈和老年人在失去对生产资料的控制权后，又失去了家长权威，尊敬老人和家庭赡养老人的传统遭到破坏。

80 年代后，社会生活恢复正常。政府重申宪法中子女应该赡养和尊重老年父母的责任与义务。老年人在家庭中的地位重新得到尊重，家庭养老的功能再次得到承认，不尊重和不愿赡养老年父母的现象受到社会的谴责。

在现阶段，在中国有老人的家庭中，虽然存在经济、生活服务和心理方面的不少问题，但从总的方面看，多数老年人的生活还是较为美满的。80%以上的老年人在家庭中受到子女的尊敬和必要的支持；但也有一部分老年人在家庭中得不到子女和下一辈的尊重与赡养；虐待老人的家庭很少。据统计，后两者仅占有老年人家庭总数的 4% 以下。

二

中国自古以来的传统是：每一代人既有抚养下一代的责任，也有对上一代赡养的责任。这与西方只有对下一代抚养责任的"接力"模式有所不同。然而，近数十年来，由于中国经济与社会结构处于巨大变革时期，赡养老年人的传统受到来自不同方面的冲击，在一定程度上还是有所削弱和损害，它存在着客观和主观方面的原因。

（一）工业化、城市化和现代化的影响

70 年代末以来，中国推行改革与开放的政策，这极大地促进了生产力水平的提高。产业结构在变革中不断调整，第二、第三产业在国民经济结构中比重扩大，许多新的城镇兴起。市场经济和城乡交流的发展，使青年农民纷纷涌入城镇，他们在外经营工、商、服务业或充当雇工，更有一部分迁入城镇定居，难以照顾在农村中的年迈父母。

家庭规模的日益缩小，核心家庭的比重日趋上升，这种家庭结构的变化导致家庭赡养功能的不断弱化，有些省份如黑龙江，1947～1987 年，家庭平均规模从 9.43 人降至 4.17 人，缩减竟达一半以上。大城市如北京、天津、上海，其家庭户人口的平均规模也从 1947 年的 5.03 人降至 1987 年的 3.89 人。

生活社会化、城乡家庭的生产消费功能的外移以及文化的多元化发展等各种因素，促进中国家庭的演变。随着城乡住房条件的改善和老年社会保障体制的改革，这一趋势还将进一步发展。这些变化无疑还会继续削弱家庭赡养老年人的功能。

（二）生活方式和价值观念的改变

经济发展的结果之一是人们生活方式和价值观念的改变，这就促使家庭内部两代人之间的离心力增大。子女经济独立后，不再依赖于老人，也不愿按老人的生活方式和意愿生活；有退休金和福利待遇的老人，在经济上不依赖子女，有个人对生活方式的追求，也希望与子女分居。一旦有可能获得新的居室，便成为两代人分居的时机与理由。

市场经济的发展，引起农村养老方式的变化。传统上，农村青年以实物形式供养老人；目前，在市场经济发达的地区，农村青年已采用货币形式补贴供养老年父母。

90 年代以来，经济富裕的农村和城市郊区，已较大规模实行各类农村养老保险和补贴养老金制度，依赖家庭养老的传统意识开始减弱，将晚年生活寄希望于社会保障制度的思想已大大扩展。

（三）计划生育政策对家庭养老产生了重大影响

50～60年代中国人口持续增长，使经济与社会发展遭受巨大压力，严重抑制了人民生活水平的提高。中国不得不选择严格控制人口增长的生育政策，以寻求人口与经济发展的良性循环。十几年来，中国的计划生育工作取得了很大成效，但也同时带来了新的社会问题，即独生子女的大量增加。由独生子女夫妇组成的家庭，面临一对夫妇要抚养一个孩子和支持两家双方年迈父母的困难局面，这种困难既有经济也有生活服务方面的问题。这种情况在农村更为突出，这是由于农村生活需要更多的劳动，老年人对子女在生活服务方面的依赖比城市更强；而在中国农村，社会保障和社区服务制度还有待于普遍建立。

（四）老年人口的高龄化问题

死亡率的下降是经济发展的直接后果。随着中国人口平均预期寿命的增长，高龄老年人的比重也在提高，1953年，在中国60岁以上人口中，80岁以上人口只有4.46%；到1987年，这一比重上升到7.62%。在上海，每4位老人中就有一位高龄老人。他们之中体弱多病、残疾、卧床和行动不便者不少，对他们的照料困难极大。在有的家庭中，成年子女要照顾两代老人，他们无法承担实际存在的照料责任。

中国宪法中规定："中华人民共和国公民在年老、疾病或丧失劳动能力的情况下，有从国家和社会获得物质帮助的权利"。婚姻法中规定："子女对父母有赡养扶助的义务""禁止家庭成员之间的虐待和遗弃"。在继承法和刑法中，也有关于照顾老人、保护老人权益的内容。

在实际生活中，子女是否真正尊重与赡养老年父母，在中国也还存在着不少问题。这包括在"文化大革命"中遭到破坏的家庭关系，仍然在一小部分人中间存在着遗迹。近年来，一些人对市场经济体制存在着错误的认识，他们一心追逐金钱和享乐，置家庭与年迈父母的生活困难于不顾。当从老年人身上感到无利可图，如无遗产、住房和劳动力时，就不再尊重和不愿赡养老人。当然，有一些人确实存在实际困难，如就业妇女无时间和精力照料老人，

贫困地区成年子女本人家庭生活困难，老年人长年久病使子女无法照料等。事实说明，单纯由家庭赡养老人在现代生活条件下，具有很大的历史局限性。

三

近年来，中国有越来越多的人认为，解决中国的养老问题，必须根据现阶段中国经济与社会发展的具体情况与可能，依照各不同地区的条件，进行家庭养老与社会养老相结合的各种不同模式探索。

（一）养老基金的合理负担

中国是在经济发展中的条件下迎来人口老龄化的。克服资金困难的途径就是开辟多种渠道筹集养老基金。当前，中国政府正在实行社会保障制度的改革，其基本思路是：按照国家、企业、集体和个人共同负担的原则建立社会保障制度。在城镇，除国营企事业单位外，在集体、合资和私营企业中，已逐步建立起不同水平、多层次的社会养老保险制度。在农村，正在积极推广老年社会保障和补贴的各种办法：①目前，经济比较发达的农村已试行个人和家庭合理负担，国家与集体给予补助的养老保险制度。②保险公司鼓励和推广商业性的养老储蓄办法。③在农村，专门拨出一定的土地、林场、牧场用于老年人的生活保障，其经济所得用于补助生活困难的老人。④将对计划生育家庭的补助转为"女儿基金"，其家庭本身也拿出一部分资金，一并存入银行待老年时使用。⑤根据承包土地的多少，从每单位土地中抽取养老税以供养本地的老年人口。⑥以劳动积累为原则，使人们在年轻有劳动能力时对集体事业每年支付一定的劳动日，用以缴纳社会保障金。他们在年老时，即可享受本村实行的老年补助金、医疗补助金和其他福利。

（二）在新形势下，继续实行行之有效的"五保"与合作医疗制度

长期以来，中国对城乡鳏寡无依靠的老人实行"五保"，即保证他们的食、穿、住、医、葬的最低水平。在城市，由国家民政部门负责妥善安排。

在农村，由集体经济组织供养。目前，在符合"五保"条件的人口中，有90%以上的人生活得到基本保证。至1992年，农村敬老院发展到近万个，收养"五保"老人55万人，此外，基层自治组织组织了志愿人员和亲友邻里，共同妥善安排散居的"五保"老人。

对中国老年人口，现存在多种医疗保障的形式：国家机关、事业单位的工作人员及其退休者享受公费医疗。企业职工及其退休者享受劳动保险医疗。农村老年人大部分由个人或子女支付医疗费用，一部分农村则实行合作医疗制度。根据1988年的一次调查：在农村居民中，自费医疗占66%，参加合作医疗、医疗保险、统筹医疗者为30%，公费和劳保医疗者为1.8%。

（三）老年人法以及维护老年人利益的乡规民约

为维护老年人合法权益，全国各地正在积极制定老年人法，并把尊老敬老列入乡规民约，作为居民的共同守则。目前，全国已有23个省、自治区、直辖市制定了保护老年人权益的法律或条例。如天津市明确规定："成年子女应保障没有经济收入或收入低微的父母的生活水平，使其不低于成年子女的平均生活水平""成年子女无论是否与父母共同生活，都应当承担保障父母生活的家庭义务""成年子女或其他亲属不得侵占老年人的住房，不得强行改变老年人的居住条件"。

在农村，全国已有19个省、自治区、直辖市颁布了《农村"五保"户供养暂行规定》和《农村敬老院暂行办法》，使符合"五保"条件的老人切实得到供养。

在中国农村实行承包责任制后，收入分配权由生产队转入家庭，致使家庭赡养纠纷有所增加。从1985年开始，一些市县创始签订"养老协议书"办法，即子女们向村公证处签订协议，分别明确各自的养老责任、方式和经济供养的数量，使家庭养老落到实处并保持有效的社会监督。这是具有中国特色的巩固家庭养老的新途径。

（四）社区服务计划

中国城镇的社区服务项目主要依托于街道和居民委员会，农村主要依托

于乡镇和村委员会。它们利用本社区可利用的资源和条件，进行自助、互助以及开展各种社会服务活动。"包护服务""便民服务"以及提供社区服务设施是三种主要的服务形式。"包护服务"是以"户"为单位，动员社区内的企业、单位、退休者、学生、军人和家庭妇女等，对孤寡老人、残疾病人、优抚对象以及各类生活困难者进行包护服务。实践证明，开展社区服务，是对家庭养老形式的扩大和补充，是一条适合中国传统而投资少、效益大的社会保障道路。

四

国家、企业、社区和家庭（包括个人自助）是中国赡养老年人的四根支柱。解决中国养老问题的重要思路是形成四个方面的合理结合。历史发展证明，四根支柱各自的作用和侧重点，将会随同经济、社会、文化以及其他方面的发展而不断有所变化。

在中国，长期以来，国家曾在城市中负担了老年人退休、医疗和其他福利费用与服务工作的主要职责，但在人口老龄化以及其他经济与社会原因的情况下，担负这种职责已越来越有困难。在社会主义市场经济体系不断发展情况下，企业在今后的实力不断壮大，它有可能担负起更大的责任。社区社会工作，目前在中国已有较大的开展，它补充了家庭结构变化带来的养老功能的不足，社区群众和老年人正期待它有更大的发展。由于经济发展和社会结构的变化，对趋于弱化的家庭，则亟须巩固与继续发挥其应有的积极作用，特别在中国农村与边远地区，对于老年人，家庭始终仍扮演着主要的赡养与扶助的角色。

在探索与形成更合理与有效的国家、企业、社区与家庭共同负担养老职责的老年保障体系中，政府负有不可推卸的主要责任。凡规划、管理、调查研究、财力、物力与人力的支持、监督检查、经验与教训的总结，都应该由政府主动予以倡导和实施。

在如何继续巩固与发挥家庭对于养老的作用方面，中国有丰富的历史经验。目前还应积极借鉴国外已行之有效的政策措施，如下。

（1）确认家庭仍是赡养与扶助老年人的主要来源，在农村特别如此。

中国在 2500 年前的孔孟时代，早已提出尊老、爱老和孝道的训教，"老吾老以及人之老"是当时的社会的行为规范。秦朝（公元前 221 ~ 公元前 207 年）在法律上也有"父慈子孝，政之本也"的规定。

当前，亚洲各国如韩国、新加坡和其他地区存在类似的行为规范。

（2）对奉养父母克尽孝道的子女、给予精神与物质上的奖励。

在中国历史上，如明朝（公元 1368 ~ 1644 年）洪武年间诏："民事七十以上者，许一子侍奉，免其差徭"。清（公元 1616 ~ 1912 年）对有赡养老人责任的家庭，给予减免田赋和徭役的优待。

在一些发展中国家，如巴基斯坦、阿尔及利亚、莱索托、肯尼亚、博茨瓦纳等国，或立法规定，或在实际措施中实行：凡子女奉养父母者，有权申请生活补助费；可减免税收，给予小额贷款或救济；给予住房补贴；在农村提供生活优惠如电、清洁水源、初级保健和教育方面的优待等。

（3）对于有能力供养老年父母而拒绝供养甚至有虐待行为者，给予社会谴责和严格的法律惩罚。

在中国汉宣帝时代（公元前 74 ~ 公元前 49 年）和唐朝（公元 618 ~ 907 年）都把不孝列为"十恶之罪"。清朝则在法律上规定："奉养有缺者，杖一百"。

当前，在一些伊斯兰国家，把不敬重和不赡养父母者，列为违反伊斯兰宗教教义，给予严厉的惩罚。

（4）在社区范围内，发展各类支持性服务，如建立社区服务中心和上门服务等项目，增加家庭照顾老年人的能力和作用。

总之，在中国当前正值经济与社会的大转变时期，建立老年社会保障项目与巩固、发挥家庭保障的传统作用和功能不可偏废，应使之尽可能按不同地区的不同发展程度与特征，从实际情况出发，逐步建立与健全具有中国特色的对老年人的保障体系，以切实满足老年人在经济、服务和心理各方面的迫切需求。

开拓互助组合养老的新模式[*]

一

一般认为，适合于中国经济与社会发展现阶段的养老模式有三种，即家庭养老、机构养老与社区服务养老。

家庭养老，无疑是当前绝大多数老年人最主要的养老模式。尽管这种模式在市场经济冲击下有弱化趋势，许多家庭特别是独生子女的家庭常感到难以承担家庭养老的重担；但事实上，由于经济、住房、老年人心理及其他因素的影响，家庭养老今后在中国仍将是最主要的养老模式。目前的迫切需要是采取适当政策措施，鼓励和扶持这种传统模式，使其尽可能长期、顺利地延续下去。

机构养老，近年来在国内有重要的发展。50 年代开始，我国即对社会孤老实行了敬老院赡养制度；以后，建立了日托、全托的各类养老院、托老所、老年人服务中心等，还有照顾因病、因事需要暂离家庭居住的老年人疗养院、老年人休养所、老年人护理院、老年人庇护所、老年人（临终）关怀所，并兴建了一些为老年人聚居的老年人公寓、老年人干休所等。由于机构养老特别是兴建住房和聘请专业服务人员的高昂费用，机构养老不能不有

---

* 原载《中国社会工作》1997 年第 1 期。

很大的局限性。目前即使在许多经济发达国家,机构养老能容纳老年的人数也只限于 5% 或稍多些的比率。在中国这样的发展中国家,机构养老还只能局限在具备条件的极少数老年人之中。

社区服务养老,在中国城镇已有很大发展。老年人生活在家中和自己熟悉的社区环境里,受到基层政府和社区服务机构在生活福利、服务和心理方面的关怀。近年来,进一步发展为具有一定规范的如"包护服务"、老年人与服务机构签订提供各种服务的协议书等办法,使服务养老这种模式得以更有保证的发展。另外,也应看到服务养老的局限性和发展不平衡性,在市场经济的冲击下,基层政府和社区服务机构常感到难以承担各类困难群体需求的沉重负担,服务人员本身需要的经济支撑常使他们感到难以兼顾经济与社会效益。种种迹象显示,社区服务养老同样具有一定的局限性。

二

90 年代开始,在天津、杭州以及其他城市中,出现了具有自发性质的老年人互助组合养老模式。这里的老年人,大都生活在老年人聚居区,60 岁以上的人数都超过人口总数的 10%,甚至达到 12% ~ 14%。独居老人(老夫妻或单独老人)又在其中占了相当大比例,在有的社区,独居老人竟占老年人总数的 30% ~ 40%。在这类社区,部分老年人具有知识和技术专长,有奉献精神和组织起来解决老年人自己需求的愿望,在得到当地居委会支持的情况下,他们带头组织起"老年人互助组""老年人互助小分队""老年人家庭组合公寓"等各种名目的互助性组织,尽管方式各具特色,服务项目有所不同,但其共同特征是具有很强的自治性。他们运用"老年人自己的力量和才智",以"自己管理自己、自己服务自己、自己教育自己"的精神,解决自身各种困难问题。办法如由少老人、健康老人、有才智的老年人帮助老老人、病老人、贫困和有各类困难问题的老年人。他们还制定出一些服务项目的收费办法,或统一雇佣服务人员,或聘请医生护士照顾有病和需要帮助的老年人;或汇集老年人的要求,反映给政府和服务机构争取予

以解决。他们利用"定人服务与定时服务结合、重点服务与普遍服务结合、集中服务与分散服务结合、义务服务与低偿服务结合"的办法，为有困难的老年人做饭送饭、拆洗被褥、打扫卫生、护理病人、代买用品、调解纠纷、心理咨询、代理法律诉讼，等等，获得老年人衷心的欢迎。"互助互爱"是他们之间最基本的守则。

在天津，新村街的"老年人互助小分队"拥有 42 位队员，1991～1994年为本社区 27.9% 的困难老人服务 2347 次。杭州花园新村北村大院的"老年人组合公寓"中有 20% 老年人生活难以自理，有 48% 的老年人在 70 岁以上，这里的老年人组织起来为有困难的同伴们进行了生活照顾、医疗护理、心理咨询等各种服务工作；同时，也较好地解决了老年人间的相互精神慰藉问题。

三

能否把这种具有鲜明自治性质，发扬互助互爱精神的组合养老办法称为"第四种养老模式"？还值得研究与探讨，但它确有不同于以上提到的三种养老模式的特征，也可以说是组合了前三种模式的优势。即不离开原来的家庭和老年人们熟悉的环境与友邻，不耗费昂贵的机构养老费用；依靠社区集体力量解决老年人面临的各种问题。而且，这种模式增添了老年人自治和相互服务的因素；丰富了老年人相互间的友情和精神世界；老年人们在服务过程中学习到护理他人也包括护理自己的知识，同时增强了老年人自身的独立生活意识。但从目前情况看，这种模式只是在独居老人较多、知识与专业阶层聚居、具有奉献精神的带头人的社区中开始拓展起来，还有待于不断探索和推广。

比较上述四种养老模式，可以认为，目前对中国最为有利的选择，是使家庭养老模式尽可能地长期延续下去，而今后的情况发展不可能完全如此。机构养老在短期内也不可能大规模地推广，这是存在的现实。因此，积极研究并创造条件，使处于以上两者之间的养老模式得以更大发展便成为我们的迫切任务。应该说，社区服务养老这种模式已经证明了它对中国人的养老具有重要作用；互助组织养老模式还处于初始和有待发展状态中，关键问题似乎在于能否培育和涌现出一批推动这一养老模式发展的带头人。目前，无论城乡，客观上都存在着一大批从工作岗位上退下来的各类专业和行政人才，值得珍惜的是，他们中大多数人曾经过昔日"为人民服务"的深刻思想教育，具有潜在的奉献精神和知识力量可供挖掘。

因此，从政策和宣传上鼓励互助组合式养老，为其发展创造有利条件，可能时举办经验交流会和培训班培训干部，是推广这种养老模式的当务之急，中国慈善组织以推动人与人之间"互助互爱"为主要宗旨，可在这方面起一定的促进作用。

附录2：中国老年社会学需要研究些什么课题？[*]

在我国人口老龄化的趋势日益明显、老年人的寿命日益延长、退休与离休人员不断增加、老年人的一些社会与经济问题逐渐突出的情况下，如何更好地发挥老年人对四化建设的积极作用，如何更好地为老年人的物质文化生活需要服务，如何及早对老龄化带来的社会、经济问题提出对策，这些都向从事中国老年学研究的学者们和有关部门工作人员提出，亟须进行具有中国特色的老年学研究。

近年来，一些学校、机关单位、社会组织的有关人员以及一部分退休干部很关心中国老年学的研究及其发展，一些有志青年有组织地甚至自发地在进行老年学的调查研究。他们在课堂、会议、培训班等场合中，发言强调研究中国老龄问题的迫切性并提出了积极的建议。

老年学，是自然科学与社会科学的边缘科学，可分为研究老年人自然与社会两大方面的问题。自然科学方面有老年生物学与老年医学；社会科学方面有老年人本身问题的研究和人口老龄化对社会影响方面的研究。以上各方面的研究各有其独立性，但相互间有密切的联系。因此，又需要从整体上考虑老龄化过程及其社会经济现状的相互作用。本文着重谈谈老年社会学要研究哪些课题。

---

  * 原载《老龄问题研究资料》，中国老龄问题全国委员会，1984 年第 14 期。

美国密歇根大学在 1982 年把老年社会学方面研究的主要课题列举为：老年学史、老年经济学、老年心理学、老年人口学、老年教育学、老年就业问题、老年保健问题、老年社会保障与养老制度、老年人的社会工作、老年立法、老年生活质量问题、老年退休与娱乐、对老年人的服务计划、老年社会、老年人培训问题，老年人宗教与信仰、老年居住环境、老年人政治与政策展望等。

世界各国的老年社会学研究，都强调根据自己国家社会经济发展的不同阶段和特点，确定其研究的重点课题。

根据我国社会主义国家性质，现阶段社会经济发展特点及老年社会学处于初始阶段的具体情况，试列举我国老年社会学方面需要了解和研究的一些课题，内容谈不到完整只是提出供大家选题时参考。

一　老年学史与国外老年社会学主要成就

中国老年人问题史料及特点

世界主要国家（西方、苏联东欧和发展中国家）老年学发展史

老年社会学的国际流派及其主要主张

国际老年学会组织及其历史

老年社会学的比较研究

建立具有中国特色的老年学

二　老年人与中国社会

中国老年人的范围——老龄标准问题

中国人口老龄化趋势预测

用于老年人的保险福利费用占国民收入及劳动报酬的比重的估算

工业化、城市化、现代化与老龄问题

人口老化对当前我国生产、消费及经济发展的影响

老年人在家庭中的地位与作用

关于代际关系问题

老年人在社团、居民组织中的作用

老年人的权利、义务与立法

中国各不同地区、城乡老龄问题调查研究

中国各阶段、行业老龄问题调查研究

三　"老有所为"问题

老年人劳动能力及其发挥状况的调查（包括体力、智力、道德、文化修养……）

"余热"对老年人的意义

老年人在建设我国物质与精神文明的地位作用

当前退休人员的政治、经济、社会活动及影响

科学技术发展与老年人

老年就业、半就业与再就业问题

四　"老有所养"问题

老年人收入与实际消费状况的调查

国营、集体与个体劳动的老年退休与养老金制度

老年人的其他社会福利待遇

家庭、亲友与邻里对扶养老年人的责任与义务

农村敬老院与孤寡老人的生活问题

城镇敬老院与孤寡老人的生活问题

退休职工管理制度

如何提高老年人的生活素质

五　"老有所学"及其他

老年教育与知识更新

老年文化娱乐与体育活动

论老年人的社会活动与社会关系

老年人的群众组织

六　如何发展老年社会服务事业

老年人问题咨询公司，老人知识讲座，电视、广播为老年人服务节目，老人进修学院，老人俱乐部与老人活动中心，老人用品商店，老人公寓，老干部休养所，托老所，老年家庭病床，老年病医院，老人门诊，老人医疗顾问处，等等。

推动社区发展实验

国外社区发展实验的进展和我国
社区发展的前景[*]

一　国外社区发展实验的进展

把"发展观"引入社区，在一定地区范围内进行社区发展实验，无论在发展中国家或发达国家，无论在农村或城市，迄今都获得了一定的成果。

第二次世界大战以后，联合国开始在许多发展中国家推广社区发展工作，50 年代初，曾通过了一个"把建立社区福利中心作为提高世界各国经济与社会进步的有效途径"的决议。1955 年，联合国出版了《自由社区发展的社会进步》一书。最初，联合国主要是在发展中国家，特别是在农村地区推行社区发展工作，主要的方法是依靠经济与技术援助，以社区的自助和互相力量发展生产、改善当地的人民生活。此后，随着城市化的发展，在城市地区推行社区发展也被认为是有效解决城市社区问题的方法。经联合国支持与资助的社区发展项目，有以水利工程、土地改革、垦殖为中心的农村社区发展计划，有以社会福利和社会保障为中心的项目，有以教育培训为目标的方案，有以建设城市住宅和改造贫民区的计划。60 年代，他们意识到社区发展工作应重视经济与社会发展的协调方面。1963 年联合国出版的

---

[*]　原载于《社会发展与社会指标》，时间与期数不详。

《社区发展与国家发展》中，主要探讨了社区发展计划与国家发展计划的关系；加深这些计划对经济和社会影响的方法以及在不同经济和管理制度的国家推行计划的有效组织和管理方式。进入 70 年代，这种研究开始深入到社区发展同国家、地区的其他经济社会发展计划的关系方面，进一步强调了"社区参与"的概念以及城市中的社区发展工作。

在发展中国家，一种类型为地方性计划：如泰国、香港改造旧有的公益设施；韩国、希腊、缅甸将筑路和公共工程作为计划重点；菲律宾将学校教育作为社区发展的主体；印度、巴基斯坦以农业推广为中心；南美和非洲一些国家以土地经营、水利灌溉为社区发展项目的重点；又如印度等国以救济难民为主的社区发展计划等。另一种类型为全国性社区发展方式，如埃及在全国各地设置社区福利中心以推行社区发展；非洲与拉丁美洲一些国家以大规模水利工程、土地改革与垦殖计划推行社区发展；波多黎各、缅甸、印度尼西亚、加纳配合国家教育计划通过学校教育推行社区发展等。

美国和英国推行社区发展的组织是分散的，地方政府可自行制定发展计划，群众团体也可以参与计划，美国在 50 年代开始推行社区发展，在一些城市成立了社会发展部，拟定了城市社会发展计划，组成社区组织委员会，在农村成立了农村发展委员会等。1960 年，美国制定了一个"反贫穷作战计划"，其中包括"社区行动方案"，采用了社区发展的基本原则和方法。美国的社区发展方案，分别包括了社会福利、医疗卫生、治理或预防犯罪、都市更新、贫困地区复兴、民众教育、廉价住宅建设、使移民适应新环境等各类项目，一直延续至今。

在 60 年代，苏联的社区发展实验理论和实践得到了相应的发展。苏联的一些社会学家指出：在社会主义制度下，进行社区发展实验不仅是可能的，而且在客观上是必要的。社区发展实验不仅是科学研究的方法，同时具有执行和完善社会体系的功能。要形成社会主义的社会关系，就必须以运用社区实验为前提。在南斯拉夫，社区发展计划是国家经济与社会发展计划中的一部分，同时也是地方政府的一项重要工作，国家设有"社区发展永久委员会"，以咨询形式协助政府开展活动，计划以某些落后地区为重心，内容涉及儿童教育、社会福利事业、农村合作事业的发展等。此外，许多地方设有"合作之家"作为社区的经济、教育及政治活动中心。

我国早已存在进行社区发展实验的先例。至今还常为人们所提及的有20年代初开始的由晏阳初先生倡导的平民教育运动，有从20年代末至30年代由梁漱溟先生创办的乡村建设运动，它们一直延续到1937年全面抗战为止。这些事业实质上都是社区发展实验的先例。

当前，世界上约有70多个国家在推行或试图推行社区发展实验。这种实验是国家在朝向现代化进程中所必不可少的措施，是社会发展的必然趋势。

二　社区发展及其工作的基本准则

社区发展的定义是什么？什么是社区发展工作？综合各学派对社区发展的解释，这种学说大体可分为四类。

（1）过程说。联合国社会事务局认为，社区发展，乃是经由社区居民自觉、自动参加，以其进取精神促进全社区经济与社会进步的工作过程。周永新在《香港社会福利政策评析》一书中说："社区发展是一种提高社会意识的过程，透过市民群体的参与，进而察觉本身的需要，并采取积极的改善行动。"我国的一些学者也同意这种看法，他们指出："社区发展，是社区居民在政府机构支持下，依靠自己力量改善社区经济、文化状况的一个过程。"

（2）方法说。强调社区发展是达到某种目的的一种方式和手段。如彼得·昆斯特勒（Peter Kuenstler）在《英国社区组织工作》一文中说："社区发展常被用来描述一种广泛提高生活水准的方法，重点在人民自身的参加及公私机构的协助。"

（3）工作方案说。强调社区发展是某种实务项目，如卫生、福利、农业、工业或文娱活动等，并为此开展一系列有秩序的活动。我国学者也有人提出类似的主张，认为社区组织与发展，是以一个社区为对象的社会工作方

式，旨在通过外界的一定协助，动员社区内的一切资源，解决社区本身的各种福利问题，以提高全体社区居民的生活质量。

（4）运动说。强调社区发展是一种浪潮式的群众行动。我国台湾地区出版的《社会福利行政》一书认为，社区发展工作，是居民自助、自觉、自发参与、自治的一种社会运动。

对社区发展从不同角度阐述它的含义的提法虽各有不同，但也有其内容的共同点，较普遍的提法是，社区发展是一种有目标、有计划引导社会变迁的行动过程。

社区发展应有其基本的工作准则，各国推行社区发展的部门和专家根据他们的经验，概括其工作准则为若干点。根据我国的具体情况和条件，大致可归纳为如下五点。

（1）根据迫切需要，与经济发展相适应的原则。

社区发展的各种计划，都应从社区居民的迫切需要，经费耗费不大而收效显著的项目开始，对于一个发展中的国家如中国特别应该如此。它的水平应与社区和有关方面所能提供的人力、物力、财力相适应，由于社区的条件各异、计划的目标不同、自然互有差别，不能强求一律和攀比。

（2）大众参与和自治原则。

社区发展，本身就意味着社区居民的自觉、自助、互助与主动精神，只有群众的直接参与和自治，才能培养起普遍的社区意识，社区也才能获得真正的发展。然而，这并不是不需政府的支持与帮助。特别在发动之初，政府常常起到决定作用，需要政府和主管单位对居民的宣传、鼓励、教育并提供一定的经费。在一些发展中国家和地区，由于居民的素质较差、自治能力薄弱，开始时常由政府从上而下推动。应该明确的是，社区发展不能是政府的一项行政措施，而是群众的社会行动。因此，政府最好采取间接推行方式，发动社区居民自己动手，然后再予协助。在社区发展工作已开展起来的情况下，政府也还是有确定政策、审核、考评、立法与协调各方面关系的责任。

（3）全面规划、各方协调的原则。

由于社区发展是以一定地域范围为活动的中心，必然涉及多方面的工作与关系。在我国可能包括民政、统计、教育、计划、工业、农业、卫生、公安、劳动、工会等各部门。如果各方面不能相互协调、密切配合、群策群力，就无法联合行动实现社区的发展，更谈不上全面的、综合的发展。

联合国对社区发展的文件曾指出，社区的全面发展，必须建立多目标的计划，组织各方面、各部门的联合行动。

（4）与传统文化、习惯、风尚相结合的原则。

促进社区发展，必须与本社区固有传统文化、习惯与风尚结合起来，才易于被居民所接受，这一点在中国农村地区更具有特殊重要的意义。

（5）持续工作与长期坚持的原则。

社区发展是针对地区的整体目标以及人的全面发展进行工作的。每一个短期目标又是长期目标的组成部分。其工作固然包括了生产和福利方面，但同时也是精神和伦理建设的过程。就其本质来说，绝不是一个短期行为。

三 社区发展工作的内容与方法

一般认为，社区发展工作的内容与方法包括如下几点。

（1）进行社区社会调查。其重点是社区历史文化背景、资源状况、内容关系、居民成分、知识程度、收入水平、存在的主要社会问题等。

（2）制定发展计划。其中包括单项与多项综合计划、短期与长期规划。计划应有居民代表参加制订、提出意见和建议，以便尽可能满足他们的要求并能为他们所接受。

（3）社区内部力量的动员与协调。包括宣传，培训骨干力量，贯彻到居民群众思想中去的工作方法，协调人际、阶层、团体中的关系。其目标是促使社区居民通力合作，启发其社会责任感、社区认同感，使其尽可能积极参与社区发展的各项工作。

（4）基金筹集。

（5）运用社会指标及其他科学化、系统化与综合性的方法，对社区社会发展进行描述、监测、比较、预测，促进本社区社会的健康发展。

（6）方案论证与评价。计划付诸实施后，经过一定时期评估其效果、效率、完备程度，衡量方案是否取得居民与各界的支持，以便今后不断改进工作。

推进社区发展工作，不断充实其内容，实际上就是重建社区的一个过程，也是社区功能的重新协调和组合，从而形成一个合力体系，以促进社区发展的进程。

倡导与推行社区服务工作，常是社区发展的基础。近年来，社区服务工作在我国有较大发展，群众逐渐熟悉了社区服务的含义和内容。在我国城镇和少数农村地区已开展了生产与合作服务、社会福利服务、便民利民服务、卫生医疗服务、教育服务、科技服务、就业服务、咨询服务、文娱服务等项目。

现比较一下社区发展与社区服务工作的异同。

两者的共同点有四方面：一是以一定范围地区的社会作为进行工作的对象；二是从满足本社区居民的需要，从他们的共同利益、共同意见出发的一种社会行动；三是一种有组织、有计划的社会工作过程；四是为了促进社区居民的认同感，增加居民对社区事务的关怀与参与，以提高他们的生活质量、改进生活环境为目标。

其不同点也有四方面：一是社区服务的目标局限在生活服务方面，比较狭窄；而社区发展则着眼于促使社区的经济、社会、政治、科技与文化的协调进行，全面改进社区的环境，促使社区的整体进步，有更加宽阔与宏远的目标；二是社区服务工作可以较单纯依靠政府、企业、群众团体或来自外界提供的生活服务；而社区发展的工作方式则着重强调居民的自觉、自助、互助和自治，是社区力量的总体开发，其中包括政府和社区工作专家的协助、训练、技术咨询以及计划的制定、实施和评估等；三是社区服务主要是通过服务满足人们的物质与精神需求；社区发展的最终目标则是促进社区居民的全面发展，其中包括人的素质的提高以及尽可能发挥其潜力，这就是说，有计划地引导人在社会变迁中不断转变；四是社区服务可以利用比较简单的传统工作方法，在一定程度上满足人们的迫切需求，而社区发展则必须尽可能地运用现代的、科学的、综合的测量社会发展的方法，如社会发展指标方法，使之成为测定发展水平、衡量工作成就、推动社区发展的动力。

两者比较，可以看出，社区发展是从战略观点上、从客观上对待社区问题，它以较为完备的理论、方式与方法开展社区固有的功能。可以说，它包括了社区服务的内容，使社区服务进入了一个新的、更丰富的层次。

把"发展观"引入社区，也丰富了社会福利和社会保障工作的内容。这是随着社会结构变化需要，重心不断转移，即从救济型向治疗型、预防型、发展型转变的一种表现。

四 我国社区发展工作的前景

80 年代以来，随着现代化以及改革开放的发展，我国许多职能部门的工作发生了重大的变化，如民政部，社区服务、社会保障、社团工作、基层政权建设等各方面工作的提出与不断加强，标志着以社区为单位发动群众自助、互助、自治，解决自身存在的问题的做法，越来越在工作中占据重要的位置。应该认为，把"发展"观念引入社区范围，在我国当前已具备了一定的条件。经济与社会发展必须相互协调以及以人的全面发展为中心的思想，得到愈来愈多的人的支持，反映了经济与社会结构变化的客观需要。如湖南省益阳市、山东省莱芜市、黑龙江省肇东市等，先后建立了社会发展实验区，并相继开展了工作；江苏和天津市也提出建立实验区的构想。

实验区的地方领导人特别强调实验要密切结合本地区居民的迫切需要，配合地区的中心任务，广泛发动群众，从群众最能接受的较容易办的事情着手。

在初始阶段，益阳市确定分区开展环境卫生、社会心理导向、教育、老年服务、残疾人服务、便民利民服务、青少年问题等实验项目。莱芜市确定总的指导思想是以提高全市人民的素质为根本目标，抓好教育、加强管理、强化服务、净化环境。肇东市经济与社会协调发展实验区准备从农村入手，切实提高农民素质，逐步全面推开，解决社会治安、社会保障和公益事业，

发展文化、教育、卫生事业，加强基层政权和党的建设，进行法制和道德教育。由于各地都有自己的具体问题和条件，因此各有不同的发展目标。

根据我国存在的地区差异特征，经济与社会发展的不平衡性，当前要做好"社区发展"实验的准备工作，可采取以下步骤。

（1）鼓励各部门、各地区根据社区居民的迫切需要，分散地尝试不同类别、不同形式、不同规模的"社区发展"实验。

（2）在加强基层政权建设的同时，有计划、有步骤地发展与巩固社区自治性组织，发挥其积极性与主动性，团结全体居民，进行社区建设与社区服务工作。

（3）加强有关学术机构对"社区发展"的研究工作，在适当时机考虑在民政部门增设"社区发展"处或局级机构。

（4）争取将"社区发展"和"社区服务"列入经济社会发展的计划中。

（5）近年内，由各部门联合召开"社区发展"经验与技术交流会议。

此外，不断健全与发展我国的社会发展指标体系，具有重大的意义。要根据每一类型的社区特征，确定具有浓缩和指导意义的若干指标进行测算、评价和比较分析，要使领导部门和群众了解社会发展薄弱环节，找出克服的方法。实验区可以从本地区的实际情况出发，对本地的社区发展作出定量描述和比较评估。

社区服务与建立社区发展指标体系*

自 1987 年民政部武汉会议着重研究社区服务问题以来，社区服务已在各地生根开花。在上海，不但有了许多社区服务实体，而且理论研究和设想也大大迈进了一步。但是，如何更加紧密地把理论和社区服务实践结合起来，走出一条有中国特色的社区服务和社区发展的道路，还有待于我们的努力。当然，上海对社区服务和社会工作的理论研讨是很令人欣喜的，同时我们要看到，还有些方面的结合尚不足，一些问题的探讨还不够深入。认识到这点，我们前进更有方向。这里，我想介绍国外社区服务或社会发展的比较新的趋势，供大家参考。

第二次世界大战以后，有些国家在实践中摸索出一套社区发展的形式，我们现在称它为社区发展实验，在国外也叫作城市复兴运动、社区建设运动、社区发展，这都是同一种形式，主要目标是解决经济发展和社会发展之间相互协调的问题，同时也是解决理论工作者和实际工作者如何在某一社区进行社区服务实践的问题。这种实验是由社区理论工作者、实际工作者、企业家、教育工作者和心理学专家共同进行的。因为社会发展是一项综合性的工作，需要各方面的力量相互配合、综合治理。社区建设方面的综合治理是社区服务的一种特征。我们的经济发展和社会发展应该更加协调。社会发展一般主要以人的全面发展作为标志，国外就从增长第一走向发展第一，

---

* 在上海市社区服务和社会工作理论研讨会上的发言，1991 年（此年份可能不准确）。

不再单纯以经济增长作为唯一标志。几年前，我去国外考察，去年主要在美国社会发展实验区参观考察。下面简单地介绍一下参观访问的情况和自己的感想。

美国的社会发展实验是社区发展运动的一个组成部分，它有自己独特的做法。有些国家采取整体发展的方式，由政府来推行；有些国家采取代办的形式，委托某些机构来代办。美国的社会发展实验是分散的，由各个州、市、区自己来搞，采取百花齐放的方法，这已经实践了二三十年了。我们和美国社会科学家、社会工作者进行讨论，他们认为，回顾以往的实践，一部分被证明是有成效的，推动了社会发展，而有一些项目失败了。我看到的一些美国社会发展实验的情况可分为四类。

第一类是以社会福利为核心的社区发展计划。这些福利包括社区服务、社区救济、社区住宅建设等计划和项目。我介绍三个地方。

（1）纽约南布朗区。这个地方是美国南部的一个贫民区，70年代后期几乎成为美国贫困区的一个象征，有1/3居民靠救济生活，20000～25000人没有任何职业和技术。当时南布朗区社会发展实验计划的倡导者爱德华·洛格，原是一个城市发展公司的房地产经营商人，他感到南布朗区不能再那样继续下去了，于是开始倡导进行社区发展实验。他所实验的是一个没有政府拨款的规模较大的城市发展工程，这个工程也是他实践理论的试验场。他强调经济发展应由地方来决定，聚合地方的一些资金，实行自助或劳动入股，就是说没有钱的可以付出劳动力来入股，这使该地区的一些低收入的居民享受了一些社区服务项目和社区福利。他还逐步发展了市区的一些企业（类似于我们的福利企业）。他购买了一些廉价土地，有计划地吸引一些企业到该地区投资，并给投资者一些优惠条件。对招收的本地区贫困者、失业者和残疾人，进厂前都经过职业培训。我参观的一家手套工厂便是其中的一个。看了以后确有许多感想，他们的工作对贫民窟的复兴是做出一定成绩的。

（2）波士顿的南道切斯特区。这是波士顿地区的贫民窟。这里搞的重点是社区服务中的医疗项目，给贫困者、残疾人、老年人治病。我和当地社区医疗中心的主治医生交了朋友，曾多次到该地访问。这里的社区服务以医院为核心，社区服务中心设在医院，从解决医疗问题开始，同时进行救济、福利服务。主治医生虽是贵族出身，却很有献身精神，到南道切斯特区社区服务中心为当地人服务，得到当地人的好评。该地区遭劫者很多，可我去过六七次从未遇上。为什么呢？就是因为和他在一起。他和当地贫民打成一片，抢劫者从不抢劫他和他的朋友。我曾邀我们社科院的同志一起去访问贫民窟，他们害怕被抢劫不敢去。我告诉他们，只要跟这位医生一同前去，就用不着担心。

（3）芝加哥的自建住宅计划，这是由一个团体主持的社区发展计划的一个部分。参加该自建住宅计划的，一部分是慈善工作者，一部分是工程人员，还有当地一部分劳动力。居民缺乏住宅，通过汗水入股自建住宅而获得一两间住房。这类似于我们的"自建公助"，但所不同的是他们纯粹是群众性的。

第二类是以经济复兴为中心目标的社区发展计划。这一般可叫作城市复兴计划或乡村复兴计划。现代化的城市都由旧城市发展而成，比如原来的纺织城，由于新兴的电子工业取代了衰退的纺织工业而使纺织城衰落，不少人尤其是很多老工人遭受到失业和贫困。城市复兴计划以城市复兴为中心，同时要解决人们的失业、贫困和迫切需要服务等问题，解决老年人问题。所以，这个计划不单是经济计划，也是一个社会福利方面的计划。关于这类计划，我介绍两个情况。

（1）劳威尔。大家知道王安公司原来在一个纺织城，他低价买下了这个城市中的纺织业、地皮、房子，改造成一个电子城，他是以经济复兴促进社会发展，使人们适应从传统工业的衰落到现代工业兴起的转变。劳威尔地区非常重视人们的职业再教育和培训。这里有王安教育学院，有许多教育和培训机构；同时，电子业的许多附属工业和制造业也得到改造，以适应新技术的发展。市政计划发展部负责人和我交谈时认为，经济复兴是要解决人们的职业问题，但人们的需求决不仅是有一点钱，能吃上饭，同时也有教育培训的要求，以便适应新职业，还要有文娱设施，需要提高生活质量。劳威尔

这个地方的城市复兴计划仍然是经济和社会相结合的。

（2）波士顿的南端区。这里有个城区中心计划或叫社区再造计划，重点是老社区的改造。老社区原来比较贫困，居民受教育的水平低，没有娱乐设施，犯罪率很高，房屋很破旧。把这样的老社区改造成现代化的新社区，需要制定一个计划，由工程人员、社会科学工作者、教育工作者、医疗工作者、教会人员联合进行社区改造。这实际是对社区环境的再造，即把原来恶劣的环境改造成一个比较适合居住、工作和生活的良好环境。现在这里开设了很多商店、图书馆、医院、公园和各类社会服务设施。读者要借书，图书馆可以送书上门；对于小孩入托和老人吃饭等问题，服务机构都可以帮助安排解决，因而把社区服务和社区改造紧密结合在一起。这个地区的犯罪率原先很高，现在逐步下降，人们的就业率大大提高，安全感也大大增加了。通过环境的改造来解决人的健康成长问题是他们的目标。

第三类是以解决青年问题，特别是以解决青年犯罪问题为中心的社会指标运动。美国佛罗里达州有个潘达勒斯县，该县邻近加勒比海，本来这里的色情和犯罪就很严重，再加上毒品进入美国首先经过佛罗里达州，所以毒品泛滥，使这个地区成为犯罪的渊薮。其中，青年犯罪占犯罪的80%。当地政府设立了青年社会福利部，专门围绕青年犯罪问题开展社会服务工作。他们进行大量的社会指标统计。通过统计，他们感到青年犯罪主要有四个原因：（1）外界团伙吸引了一些青年进行抢劫等犯罪活动，因而消灭团伙便成为他们要解决的问题之一；（2）学校较差，特别是教师素质较差；（3）家庭因素，父母不尽教育子女的职责，离婚率不断上升，很多单亲家庭丧失了对儿童的引导，青年人从小感到孤独，没有家庭温暖；（4）社区组织没有起到应有的作用，社区没有帮助教育。他们对所谓流失生（辍学、逃学者）问题做了大量研究。我去访问时，他们说如果中国方面对此有兴趣，可以送给我们十年来他们在这方面工作的材料（我请了南开大学我的一位研究生在当地进行细致的调查和研究，了解他们如何开展工作）。他们告诉我，最近两年通过社会指标体系的运用和比较研究，动员全社会关心青少年问题，犯罪率下降了10%。照我看，做了这么多努力才下降10%，成绩并不显著。可大家知道，美国的犯罪率之高是惊人的，能在吸毒、色情日益上升的社会背景下使犯罪率下降10%，已经是了不起的成绩了。

第四类是以成人教育培训为中心的社区教育服务计划。我看过亚特兰大的提高社区群众教育水平的一个计划，他们举办大量教育知识培训班，引导人们求知，通过培训提高就业率，减少了失业人员也就减少了犯罪和社会治安问题，使社区经济再度繁荣。我还参观了万宝路，这里是电子业的一个中心。当地的负责人认为，肢残、聋哑残疾人是电子业最佳劳动力。美国的青年人往往好动好玩，而这类残疾人在工作上的专心胜过正常人，他们从事电子业比较适合，谁介绍一个残疾人可获得400美元的介绍费。我还参观了沃芬姆的成人教育中心，这是马萨诸塞州的高技术培训计划的产物，是由钟表业为主的旧企业改造成的现代化国防工业，特别是电子业为中心的地区。原先在经济危机时期，这里的就业率常常很低，现在经过社区发展，当地就业率大大提高。

参观访问了这些社会发展实验区，我得到的启示或得出的结论如下。

（1）美国社会发展实验是以社区范围的地域为核心而不是以哪一个产业为中心的。它针对本地区迫切需要解决的具体问题即居民的要求，来动员居民自我建设。政府不采取直接、完全包办的形式，而是采取间接推行的形式，由辐射区的成员发动当地居民，使他们自己动手，再由政府和社会工作者、教育工作者、心理学家、经济学家、老年学家、社会学家等各方面支持协助，进行综合治理。这里的关键是动员居民自己解决迫切需要解决的问题。同时，政府作为强有力的组织者、监督者，在实施过程中，把社会工作者和各方面的专家聚集起来，根据需要统一规划来创造一个比较好的环境。由于各方面的支持协助，也鼓舞了当地居民自己建设的决心。在兴办每一个实验区时，政府是给它以诸如廉价土地、减免税等优惠，甚至也协助搞一部分投资，然后再来安置当地迫切需要就业的贫困者、残疾人、失业者等，就类似我们的福利企业。政府起核心作用，动员居民而不包办，并由政府组织社会各界一齐来搞。我感到这样做进一步密切了学术研究和社会工作者及当地居民的联系，社会工作者、学术工作者不再是仅仅停留在发表论文或蜻蜓

点水式地点一下社区问题，而是介入整个社会工作和社区服务。他们的论文是学术研究部门和当地的社会工作者、当地社区负责人合写的。这种结合使实践工作者得到了理论工作者和学术工作者的直接指导，同时也使理论工作者在社区建设的实践中得到充实，对双方都是有利的。他们认为，如果社区发展计划不是来自居民本身，就难以持久，并会产生各种弊端。如果说经济发展主要应由政府和企业来办的话，那么，社会发展则一定要动员群众。动员和组织群众是社区发展的一个必要条件。社区建设增强了群众的社区意识，这种社区意识又产生了一定的凝聚力，进而推动经济和社会发展向良性循环转轨。

（2）塑造一个社会发展实验区的目标，不仅仅是物质财富的增加。虽然经济和生产的发展是一个必要条件，但有钱不一定能办成好事。社会发展实践常常从经济方面入手，以解决温饱问题为开始，这样往往引导人们只注意钱，产生一个错觉，以为钱越多社会就越发展，甚至认为钱多了社会就自然而然地发展了。事实并非如此。比如，美国有些社区社会治安比较好，环境比较优化，人们生活在这种社区里有安全感，还有文娱场所，大家就愿意来。所以，提高本地人的素质问题就提到日程上来了。人的素质是在不断改造社会环境的过程中得以提高的。当人们在生活中不再以温饱、钱等物质的满足为目的时，就改善了社区里的人际关系。当然我也参观了解了美国某些搞失败了的社会实验区，失败的原因就在于他们只注意了物质方面的追求，而忽视了精神和社会方面的发展。所以，经济发展不能自然而然地带来社会发展。这种例子在其他国家也有，比如有的搞济贫计划，采取撒钱的办法，给贫困者金钱，这样做不但花了钱，还培养了懒惰。我听有人说过，反正社会主义饿不死人，就躺靠在社会主义制度上，这不行。这种现象在资本主义国家也有，而且更为严重。因此，社会实验区的工作不单是钱的问题，也不单是提高文化水平的问题，还是一个人口素质提高和社区再造的过程。前两年我们在湖南省益阳市就提出进行社区再造工程。

（3）改造人的问题。如何使一个社区的居民对自己居住的这个社区具有感情，这是一件大事。我们常常议论说，当前我国社区缺乏凝聚力。那么，中华民族的凝聚力是什么？有人说是振兴中华。这是对的，但还必须具体化。如何具体化？我的感想是，社区的凝聚力是振兴中华的基本。振兴中华是句口号，它希望全国人民为振兴中华而奋斗，但这比较空。而如果这种凝聚力落实到社区，通过社区服务、社会福利，使广大居民感到自己的生活和社区的命运密切相关，那么社区就产生了凝聚力。这便是振兴中华的基础。能否这样提请大家考虑。说社区再造、社区复兴的意义是我们振兴中华的基础，这会不会产生狭隘的地区观念呢？当然有可能，但这是次要的方面，重要的问题是使社区和社区居民的命运联系在一起，使振兴中华的口号得到落实。在美国，我住在一个叫沃芬的小城，那里有个小小的碑。有一天我看到好几个人向碑献花圈，走向前看见碑上记载着两个十八九岁的青年在第二次世界大战时牺牲了。当地人告诉我，社区居民都为自己所在的社区有人为反法西斯献出了自己的生命而引以为荣，这个碑对社区产生了强大的凝聚力。所以它不是一个碑和两个人的问题，而是产生凝聚力作用的问题。从一点一滴的小事做起，这是社区服务中最艰苦的工作。社会工作者必须有一定的奉献精神，这类小小的事业深刻地印在人们的心里，是难以磨灭的。大家说要有爱国心，爱国心从何而来？我认为，它的基础在于每个居民将自己的命运和社区联系起来，而社区服务恰在这方面起很大的推动作用。

（4）社会发展实验区的建设是长期的发展目标，国外试验了20多年，它不是一哄而起，也不是短期行为。改变一个地区的物质面貌看来还比较容易，如吸收外资、盖高楼旅馆、修筑道路，当然也要花几年时间。但要改变人们的精神面貌、提高人的素质和改善整个社会环境，造成一个健康向上的社区环境就不是一件简单的事了。改变人的思想气质不是一蹴而就的事。如果我们能尝试这样的社区建设，那么我们的社区建设就是成功的。

下面我谈谈几个想法，特别是听了大家发言和看了大家论文以后给我的启发。

第一，怎样把社区服务提到更高层次？我们怎么搞社会发展实验区？怎样才能纳入科学的体系，促使当地的居民、社会工作者、学术工作者都来参加？这需要一个方案，即建立一个社会指标体系。我和上海的同志交换了意

见并专门商量了一下，觉得建立社区福利体系或社区服务指标体系是可能的。这种做法就是从宏观着眼，把很多社区内的社会保障情况指标化或数量化。比如对本社区享受社会福利的覆盖面的比例，大体有多少个服务项目，对投入的资金、人力和产生的效益进行计算；还有对人们的主观方面的满意度、参与度，居民投入多少服务时间，这次参加了下次是否还愿参加等方面进行测量。这样把每一个社区或每一个街道、居委会进行比较研究，使我们心中有数，而不再是一个抽象的概念。数量化可以起到督促作用，可以把原先经济指标是硬的、社会指标是软的这一状况加以改变，使社会指标也成为硬指标，这样做才能促进社会发展，从"六五"到"七五"，社会发展提了多年，事实上总是落空，中心还是经济发展。如果我们建立了社会发展指标体系，社会发展就可以变成实在的东西。我们深入区、县、乡、镇时，常常发现那里的负责同志一脑袋的经济指标数字，而问到社会指标的数字却不知道，甚至连基本统计都没有。我不知道各街道、居委干部能否对答如流地向参观者详述社会指标。我们搞社会指标体系一定要使之促进社会发展。山东省在这方面做了些努力，他们利用我们原先设立的社会指标体系，根据本省的情况定了七条措施，省委、省长批准同意后提出了实施方案，准备加强山东省的社会发展，因为他们的弱项比较清楚，社会结构很差，这只要把山东省和全国 28 个省份一比较就能看出来。所以，他们决心从社会发展方面促进地区发展，利用社会指标来衡量。社会指标体系涉及社会学知识和统计方面的知识，吸引社会工作者参加指标的设计、落实工作，能加强社会工作者和街道、居民委员会实际工作者的联系。希望上海在这方面进行一些尝试。

第二，关于新老社区的研究。新社区和老社区的社会结构、收入水平、知识结构、人际关系、家庭结构、服务需求等方面有很大不同。不久前我和民政部崔乃夫部长商量过，新老社区有很多问题值得研究。我们能不能认为，应该把社区服务的重点放在老社区，把人力、物力、财力集中在居住条件差的老社区？我觉得应该讨论。因为老社区居住的一般是收入比较低、社会地位不高的居民，而新社区里知识分子阶层、干部比较集中。上海同志的文章给我一个启发，能不能搞一个新老社区的比较研究，把整个社区组织分成若干类别，在若干类别中找出社会服务的重点，包括心理状态、需求，有目标地使社区服务更上一层楼，进入一个新的层次。上海市社会保障研究课题组的文章比较了吉安街道和曲阳街道的情况，其中有一句话很有意思，说在调查中发现了一种令人深思的现象，吉安街道的居住条件虽差，但60%的老人对离开社区和邻居去住老年公寓和敬老院持否定态度。现在很多地区要求盖老年公寓，老年公寓的花费大家都知道，很少有人愿意去住。这是一个发展方向问题，很多老年学研究者有争论；相反，曲阳街道被调查的老年人中，却有70%愿意离开新工房去住敬老院，这使我很吃惊。这么多老人愿意住敬老院，了不起，说明这里的基础事业确实办得好。我很希望新老社区模式研究更进一层，把为什么会出这种情况的原因在原来的基础上更深一步展开，做更细致的分析。

第三，建立社区服务档案的必要性。我在美国访问一个社区时，他们介绍我去看他们的档案，他们的档案确实比较细致，对推动整个社区工作起很大作用。前些天，我在张家港市介绍了我最近参观的一个劳模办的敬老院，该院院长为老年人服务真是全心全意，真有奉献精神，也有很多经验。我说："全国劳模同志，请你把档案给我看看。"我看到档案里只有老年人的姓名、住址、亲属的记录。我问，这档案起什么作用呢？他回答说，一旦老人死亡，可通知其家属料理后事。我说这个档案远远不够完整。一套档案应该给我们很多总结经验和进行比较研究的资料，有居民个人的，也有我们工作发展历史的。我在想，如果这个院长哪一天离开了敬老院，由另一院长接替，新来的院长就不知道前任是怎样工作的，是经过怎样的过程发展到现在这个水平的。到现在为止，我在国内还没有发现一套比较完整的档案。我希望在这个方面有所突破和进展。

关于社区服务的发展趋势问题[*]

据国际一些专家在《21 世纪社会保障展望》（Into the Twenty-first Century——The Development of Social Security）一书中预测：在今后 20 年内（20 世纪末至 21 世纪初），社会服务事业在世界各国需要有一个较大的发展。中国的情况正是如此。当前，我国的一些城镇，社区服务工作已有一定普及，亟须进一步提高；另一些城镇和地区，社区服务工作正在起步。认真总结近年来各地社区服务工作的经验，进一步探索社区服务工作的理论及发展趋势，是当前迫切的任务。

一

随同经济与社会的发展，社区居民物质与精神的需求不断增长，质量要求不断提高。推进社区服务工作，固然需要社区具有一定的经济实力，需要社区居民的积极参与和一定的承受能力，但当这些条件具备后，管理水平就是关键性问题了。

怎样提高管理水平？管理人员的素质与知识、能力需要不断提高，管理设施需要不断完善，效益应该日益明显；管理方法和制度应是科学和切实可行的。在此前提下，运用科学的计量方法评估和规划社区服务的发展是必要

---

* 原载《社会工作研究杂志》1992 年第 2 期。

的，因为社区服务工作正是综合反映社会发展水平的一个标志。一方面，社区服务的需求和兴办，离不开社区经济与社会发展的条件与水平；另一方面，社区服务各项工作的目标就是提高社区居民的生活质量，最大限度调动各种经济与社会的资源，来推动这一地区的全面发展。做好社区服务工作，不仅是街道、居委会和民政部门的工作职责，也是社区各有关部门和全体居民的责任。

一般说来，规划和评估社区服务工作应体现在：一是在现有资源和条件下，尽可能使社区居民在物质和精神方面的需求得到满足；二是充分利用社区居民自助、助人的积极性，提高人们关心和参与本社区社会生活的主动性。这样，就需要确定若干指标，进行调查统计，最好是定期发布这种调查统计的结果，使领导和社区居民都能了解并促进社区服务工作的进展。

当前，我国一些城市或其属下的某些区或街道，已开始进行如下的工作。

（1）调查研究街道社区的经济与社会状况，从环境与资源的角度，区分不同类型的街区，分类进行研究，确定其不同的发展目标。

（2）分析当地社区服务可能面对的社会需求，按照社区的特征来筹划服务项目，并确定满足居民各种服务要求的紧迫顺序。

（3）针对全市性关注的社会问题和需求，结合本社区的实际情况和资源条件，做出相应的措施和相对确切的效益评价。

（4）社会统计指标作为社区社会统计的一部分，对社区服务的规则与评价指标本身，以及对社区的社会发展前景具有指示作用，在基层如街道设立社会统计指标，可以比较准确地监测社区的社会问题，使社区服务更有针对性地进行工作，充分发挥它对社区社会稳定的作用。例如，一些同志认为，在提高社区服务的质量方面，可用如下方面的比率作为衡量的标准。

第一，社区居民和辖区单位的参与率：社区居民和单位的自我服务、相互服务是衡量服务工作成就的最关键因素，要在工作中确立其核心地位，社区居民参与率，等于参与服务居民数被社区有服务能力的居民总数除。辖区单位的参与率则包括人力参与、物力参与、场地支援单位设施对社区居民的

开放程度等。

第二，设施服务工作的良好率：其衡量标准包括设备的完好率、设备的使用率和服务的补偿率。

第三，社区服务受益率：包括居民受益率和单位受益率（直接受益如安全保卫、环境治理、劳力提供、法律咨询，间接受益如成员个人和家庭得到社区服务的支持和帮助）。

第四，服务需求的客观满足率和居民对服务的主观满足率：满足率的测定完全有可能促进社区居民的认同感和归属感。

把社区服务工作数量化、指标化的好处是，能使我们以科学、系统和综合的手段衡量社区服务工作的进展，清楚地了解服务的水平和存在的问题，从而不断推动我们对服务水平的调查研究、培养专业人才、立法以及确定今后的工作规划。这样，就能使我们把传统式的社区服务逐步推向现代化的社区服务。

当前，如美国的社区服务工作近年来有很大的发展，一些地区的社区服务充分利用了社会指标来推动他们的工作。应该说，他们的社会问题十分严重，有些如犯罪问题也许是世界上最严重的，但由于社区服务工作的开展，大大缓解了社会矛盾的爆发及其剧烈程度。据美国新闻处报道，美国参加社区服务工作的人员，1988年为8000万人，1990年增长为9840万人，占成年人口的54%，在两年内增长了20%之多。他们社区服务志愿人员活动的标准是：每周无偿为社区服务工作4小时。志愿人员中绝大部分是有职业的成年人，有50%的人全天工作，他们早已不是传统式的无工作负担的家庭妇女。志愿活动的领域包括照顾老年人、儿童、残疾人、病人和单亲母亲及其家属。内容包括：为免费午餐服务、上门服务、健康保健服务、咨询服务、提供临时居住场所、安慰电话等，他们大力发动居民志愿参与社区服务，同时利用服务指标体系不断提高社区服务的管理水平。据报道，其效果是：①提高了家庭和社区居民的生活质量；②增进了人们的满足感、社会感和成就感，居民对社区的主人翁意识大大增强；③节省了大量的社会管理资金，提高了社区工作的效率和效益；④改善了社区的人际关系，居民主动承担社区内部的事务，促进了社区变革，推动了城市的社会改革进程。

社区的志愿活动虽不可能解决所有的社会问题，但确实培养了人们对自己所在社区的高度责任感，使人们愿意携手合作，这也是促进社会稳定最有效的办法之一。

二

明确和理顺社区服务与其他方面工作之间的关系，是社区服务能否获得重要发展的关键问题。目前，需要探讨的主要有如下四个方面的问题。

1. 社区服务与家庭服务的关系

在经济与社会发展的过程中，家庭的小型化和保障功能在一定程度上的弱化趋势难以避免，但这是一个长期的历史发展过程。在这个过程中，如人口的老龄化、计划生育政策的实行、劳动力的流动、家务劳动需求的增长、人们生活需求的提高，等等，都亟须社区服务的补充，同时也亟须家庭结构的巩固，不使它被人为地迅速破坏，并尽可能延缓它的弱化。当前，需要在思想上明确以下三个方面。

一是继续大力倡导和发挥家庭的自我服务作用。家庭是社区资源的重要组成部分，当前仍必须充分发挥其作用。社会保障不仅不可能在经济上完全承担其作用，而且在服务和心理上更不可能代替家庭的保障作用。社会保障和家庭保障在今天的中国是相互补充的，但应该以家庭为主，特别在农村更应如此。赡养老人，养育子女，服侍病人、残疾人，解决家庭成员在生活中的各种需求和困难，主要都应在家庭内部完成。在政策上，凡是有可能由家庭内部解决的问题，不要推给政府和社会去解决。否则，不仅经济上、管理上都增加了社会负担，而且可能损害家庭的凝聚力。当前，世界各国都在巩固与强化家庭功能，使之继续发挥应有的积极作用。

我们不能姑息子女把抚养年迈父母的责任推向社会的做法。如有些子女结婚后因住房紧张、婆媳关系不和，便把年老父母推向社会，让他们去住养老院，而这些养老院一般是由政府或企业补贴的。上海有个统计，他们办的

89个托老所内有150名老人并非孤老，他们之所以住进托老所，有50%是由于住房紧张，有30%是由于家庭关系不和，有20%是由于家庭中没有护理能力。由此可见，其中不少家庭企图把自己的责任推向社会。而就我国的实力看，无论在经济上还是管理上都不可能由政府或社会承担这样庞大的养老任务，而且，这种现象一旦成风，将会有更多的子女不愿赡养年老多病的父母，这实际上起了破坏家庭的作用。因此，吸取国外的一些经验教训，全托性质的托老所，最好使其多数主要起托孤老或临时庇护所的作用。

二是以社区服务作为家庭保障的补充。由于社会结构的不断变化，家庭逐渐丧失了或难以承担某些功能。这时，由社区以提供人力、物力、财力等各种形式的服务来支持或协助家庭完成这些功能，是家庭成员最热切期望的事了。例如，上海广中街道委员会为破损家庭和单亲家庭办起儿童包护组，专门照顾那些在生活和思想上缺乏帮助的儿童；许多社区办起老年、残疾、青少年活动中心，解决了上班家庭成员无法照顾的困难；不少社区还办起拆洗、修理、购买副食等便民利民的各类机构，以承担不少家庭难以承担的家务劳动。这些，都是家庭保障的有力补充。

三是社区服务可以起家庭过去起不了的一些作用。由于改革开放，社会上出现许多新的事物和风气，人们在生活上也产生了许多新的需求，如健康锻炼、娱乐旅游、就业培训、心理咨询、环境整治等。在一定时间内依靠第三产业特别是服务业的发展还不可能满足这些需求，而由社区居民自己组织起来解决却是完全可能的。社区组织起来的力量可以起到家庭所起不了的作用。

实际上，一个良好、稳定和具有比较协调人际关系的社区，将有助于家庭的稳固和安定；具备多功能服务设施和服务工作的社区，常有助于产生一个良好的社会环境，促使家庭生活更加美满。

2. 社区服务与企业服务的关系

"企业办社会"在我国的弊端已十分清楚。当前，企业的功能在分化，一部分即福利方面的功能需要向社会转移，这是不可避免的；但将福利与服务的功能由企业完全转移到社会，在短期内并不现实也无可能。

（1）长期以来，企业有较强大的资金、场地、人员和经验；目前社区还缺乏这种条件。如果社区在近期把服务接过来，办不了也办不好。可能的办法是逐步扩大社区的服务事业，同时企业开放一部分服务事业交给社区来办，增强社区服务的力量。

（2）在积极发展第三产业的基础上，解决社区居民一部分生活需求；但由于第三产业首先要兴办营利性的项目，不可能从事更多的薄利或无利而便民的服务事业。因此，一部分居民的迫切生活需求仍只能由企业办福利服务事业解决。

（3）由于企业办福利服务事业对企业发展本身也有某些便利和好处，企业并不一定愿意完全放弃办福利服务事业的权利。如果企业改变某些办服务事业的方法，如与经营办餐厅的企业订立承包合同办食堂，企业就可以减少管理"社会"的精力和功能。

3. 社区服务组织与政府的关系

居民既是社区服务的对象，也是它的主人。联合国将社区社会服务定义为"由居民自己参与并尽可能依靠自己的创造性努力，改善自身的生活质量"。社区服务的主体力量应是居民委员会、志愿服务人员和自治性组织，依靠的主要是广泛的自助与互助力量。

在我国，社区的主体力量尚未得到应有的强化，社区服务的运行需要政府行政组织的大力倡导和支持，具体表现为需要基层政权组织特别是民政部门的有力倡导和支持。例如，总体规划设计和积极倡导；制订政策措施，给以财力、物力、场地的支持，协调各不同部门的关系；完善法规，给以监督和审查，把社区服务工作纳入政府拟定的社区发展规划；督促检查政策法规的实施，总结社区服务的经验教训以及最后出场，解决居民自治组织解决不了的问题。

另外，从政府的角度看，政府对社区服务在政策上给予必要支持，在组织管理上给以有效干预，也正是政府职能的一种转换过程。政府工作当然要以经济建设为中心，但同时要把社会管理以及社区服务放在政府工作应有的位置上，把社会各方面的力量组织起来，彼此协调配合，形成社会的合力。如果没有政府的组织、支持、协调，社区服务就不可能更深一步地进行；但

各项工作又不可能由政府包办，坚持社区服务由社会即居民的自治性组织办，强调实行社会化的原则是正确的途径。上海市的一个材料分析福利设施收养的5000名对象的情况是：由国家设施收养的占19%，经费占了总额的82%；而社区收养的占71%，经费却只占18%。从效益看，显然国家办不如社区办。他们提出社区办福利的方针是："项目自办、经费自筹、管理自治"，争取以最少的资金、人力和物力，解决居民群众真正迫切需要解决的问题。

4. 社区服务与激励居民的社区意识的关系

社区意识是社区结构中的精神因素，是社区的灵魂和凝聚力的源泉。因此，在社区服务工作中要有意识地不断激励居民的社区意识，促发他们自助、助人、互助的愿望，使他们爱护社区的思想广为传播。

所谓社区意识，可包括：

社区认同感——把社区看作自己生活在其中的实体。

社区归属感——把社区看成个人本乡本土的归属，是个人依赖的归宿，社区的荣辱也即是个人的荣辱。

社区参与感——从社区的共同利益出发，产生自我投入的愿望，自愿参加社区的服务与建设。

人们社区意识的增强，将促进社区服务工作的开展；社区服务工作的开展，又会促进人们的社区意识。推动社区意识可凭借各种方法，例如，搜集与保存社区历史文物，开办各种形式的展览，宣传与教育社区居民以生活在本社区为荣；为本社区对社会有贡献的人物树碑立传，号召大家学习他们的献身精神；举办各类文化、娱乐和体育活动，加强居民同社区之间的心理与利益联系；共同建设本社区的公园、道路和公共工程，不断促进本社区居民人际间的亲密关系与参与意识。

三

目前，大多数社区进行服务工作，主要着眼于治疗性地解决人们的迫切需求和稳定社会秩序；但一些经济较发达、较早开展社区服务工作的地区，已开始感到单纯进行服务性的社会福利工作对地区建设和发展还是不够的，必须从更宏观的角度，即从社区的全面建设和提高居民的生活质量和动员全社区的力量的角度来建设社区。

天津市红桥区政府反映，他们感到：建设社区，不能仅从事社区服务工作，还应进一步挖掘社区资源、改善社区环境、加强社区管理、办好社区教育和社区文化事业，以求得全面发展。他们正在进行"社会协调发展实验"，拟定了"社会协调发展实验区五年规划方案"，他们的实验已被天津市列入1992年政府要为居民做的"10件大事"之一。武汉市政府也认为，作为基层政权组织，不能仅把注意力集中于发展社区社会福利事业，还应在发展社区经济的同时，建设社区的教育、文化，加强社区的道德风尚，求得全面发展。上海市延安中路街道建立了社区发展指标，借以全面推动社区发展。他们还提出社区联合，按照各自的优势，协调发展各居委会间的工作。

一些地方提出，在社区重建中开拓服务，在服务中寻求发展，以社区服务推动社区的变迁和进步，使社区居民适应社会变革，不断提高居民的生活质量，建立起新型的社区生活共同体。这些见解的提出，正是国际上近年来盛行的"发展型社会福利"道路或"指导人们有目的地开发社区"设想在我国的反映和体现。

关于"社区发展"或称之为"社区建设"的含义，联合国文件中认为，"社区发展，乃是经由社区居民自觉、自动参加，以其进取精神，促进全社区经济与社会进步的工作过程"。我国学者也指出："社区发展，是社区居民在政府机构的支持下，依靠自己力量改善社区经济、文化状况的一个过程"。社区发展具有较为完备的理论、方式与方法以开发社区固有的功能，这是因为社区发展着眼于使社区的经济、社会、科技与文化各方面的协调进行，全面改善社区环境，促使社区的整体进步，有更加宽阔和宏远的目标；社区发展的工作方式着重强调居民的自觉、自助、互助和自治，是社区力量的总体开发，其中包括了政府和社会工作专家的倡导、协助、培训、技术咨询、计划的制定、实施和评估；社区发展应尽可能运用现代的、科学的、综

合的测量评估社会发展的方法，如发展指标方法，使之成为测定发展水平、衡量工作成败、推动社区发展的动力；社区发展最终目标是促进社区居民的全面发展，其中最重要的是人的素质的提高以及尽可能发挥其潜力，有计划地引导人在社会变革中的不断适应和提高。

在中国走向现代化的过程中，社会与经济结构随之产生重大的变化。为适应改革的新形势，社区建设问题在当前已提上促进社会发展的日程，无论社区服务工作还是社区发展工作都迫切等待着我们去进行新的开拓。

社区建设及其在中国发展的意义*

开拓具有中国特色的社区建设

在我国实施改革开放和社会主义市场经济政策的形势下，人们常致力于谋求经济的发展和利润的增长，而相对忽视社会发展及其与经济发展的协调问题。"经济发展自然会导致社会发展""先经济发展而后再解决社会问题"或口头上也谈协调发展而实际上社会发展"排不上号"的思想和做法广泛存在，从而有可能导致社会发展滞后，人们的生活质量和人口素质难以普遍和不断地提高，更使经济难以稳定和持续地发展。

促进社会发展，除在全国范围制定发展规划和实施各项社会政策外，普遍的做法是选定若干典型社区，密切配合国家总体发展战略，确定一定目标，有步骤地开展社区建设工作，即"通过社区发展，促进社会进步"。

在中国开拓社区建设工作，应具有鲜明的中国特色。

1. 经济与社会发展严重不平衡的特色

从总体看，由于中国这样大国的城乡差异极大，不同地区的经济发展程度极不相同，各民族和地方的历史、社会和文化发展水平也各异。因而只能根据本社区的特点和居民的迫切需求推动社区发展，特别是在农村，由于地

---

* 原载《研究与建议》，国家计委与政策研究室，1994 年第 3 期。

域的广阔、发展的程度不同、人口的众多，农村社区发展在中国具有特殊重要的意义。

2. 与发展生产力和现代化目标密切衔接的特色

社区建设，应以发展本社区的生产力现代化为主要目标，在经济发展的基础上不断提高居民的生活质量和水平。同时，对社区也必须逐步实现现代化管理，避免完全沿用传统管理方式。

3. 继承中国社会优良传统的特色

中华民族历史、社会与文化传统至今在各社区特别是在农村中存在深远的影响。社区邻里之间、亲友之间和家庭成员之间存在着密切的联系和共同的利害关系。在社区发展过程中，也应该继承和利用本社区的传统力量优势进行社区建设，这就能较顺利地推动社区的发展进程。

4. 社会主义国家性质的特色

中国社区建设的模式，应该也可以借鉴发达国家与发展中国家已有的各种经验与模式。但作为社会主义性质的国家，我们必须着重考虑在经济发展过程中，对处于社会不利地位者和脆弱群体的保障，给予他们特殊的照顾和安排。

从 80 年代初期开始，我国有关行政部门和学术界人士即不断提出在经济迅速发展过程中，将不可避免地产生大量的社会问题和社会矛盾，对此应有足够的警惕和对策。积极推动社区发展，当是其中的重要一环。在社区发展研究方面，先后提出"社区再造""社区重建"以及开展"社区社会服务"和"社区发展实验"等建议，认为通过社区发展促进社会进步是适合我国社会发展的正确途径。同时，也介绍了一些国外有关社会发展的理论与实践至国内。

我国政府的计委、科委、体改委与有关行政部门设有主管社会发展的机构，规划与推动社会的综合发展。最近，它们越来越重视社区范围内经济与社会的协调发展问题。在基层，上海市的浦东新区成立了社会发展局，统一规划、管理与实施社会发展事业，促使其与经济发展协调进行。不久前，各地还陆续成立了非政府性质的社会发展团体，研究与推动社区范围内的协调发展。

80 年代陆续建立和进行的社区社会发展实验，对促进协调发展具有重要作用。它们先后提出挖掘社区资源，改善社会环境，加强社区管理，建立社区社会服务体系，促进社区文化、社区教育、社区卫生、社区体育、社区心理等方面工作的意见和建议，在实验中大都取得了丰硕的成果，但也存在一般化和流于形式等问题。近年来，特别值得提出的是，城镇社区社会服务体系的迅速扩展，适应了我国改革开放的形势，在一定程度上满足了居民的生活要求，提高了他们的生活质量，改善了社区人际关系，同时也促进了我国生产力和经济的发展，推动了城市社会改革的进程。

应该认为，90 年代中社会主义市场经济的提出，给予社区建设及发展以更为空前有利的机遇。乡镇和城市街居企业的兴起，使社区开始拥有较前大为雄厚的经济实力，得以不断开拓社区资源，改善社区环境以及社区的文化、教育、卫生等事业。社区发展的光辉远景，使一些有志、有识、有较高素质的人才（包括大量离退休人员）积极参与这一事业。过去一些年来在各地广泛展开的社区事业的进展，使人们开始意识到，建设社区不仅符合社区全体居民的个人与集体利益，而且与国家的整体利益和朝现代化的发展存在密切的联系，这样，就为未来的社区事业开辟了广阔的道路和光辉远景。

社会发展理论在社区范围的实践

社区建设，在国外普遍被称为社区发展，是社会发展理论的具体实践。它是在社区范围内实施的一种有目标、有计划和引导社会变迁的行动过程，也是一项从整体上逐步改变社区面貌的综合性工程。它是社区居民在当地政府的领导和支持下，充分发挥居民的积极性，以利用自身的力量为主，达到解决社区问题、提高他们的生活质量、增强社区凝聚力、促进社区经济与社会的协调发展为目标。

联合国经济与社会理事会把当前世界的社会发展问题概括为 9 个方面，即人口、卫生与健康、教育、就业、住房、环境、救灾、治安、社会保障。这是狭义的社会发展范畴，广义的则包含经济在内。此外，学术界也还有许多不同的概括方法和内容。

社会发展理论涉及在社会范围内的实践，主要有如下方面。

1. 关于经济与社会的协调发展

经济是发展的前提，经济发展能促进社会的发展，但经济发展并非必然带来社会的发展。在经济高速发展的过程中，又常会出现更多和更复杂的社会问题。在经济与社会结构的大转变时期，人口问题的突出变化、贫富的悬殊扩大、治安恶化与犯罪率提高、家庭结构破坏加剧、环境污染与意外事故增加、教育的滞后满足不了客观需求、社会保障的需求加大等是常见的社会现象。采取必要措施和适当的政策，是可以缓解这类社会矛盾，避免使其爆发为社会冲突。如果只是盲目追求经济发展速度，忽视社会的协调发展，将会导致社会矛盾的加剧，或迟或早必然阻碍经济的正常发展，甚或使其倒退。

近年来，一些地区进行了社会发展实施性质的探索，集中注意于经济与社会的协调发展工作。由于全面推开的难度较大，他们或首先着重于整治社会环境，保持生态优化，使居民生活于卫生和美化的环境中；或着重于保持良好的治安，使居民具有较好的安全感；或着重为农民创造一个优良的进城务工经商条件，引导城乡的相互促进；或集中力量办好教育与培训事业，不断提高社区人口素质以适应人才的迫切需要。这样，就创造了生产力与经济发展必要的优越条件。

2. 关于依靠科技进步以促进社会发展

科技进步不仅能促进经济发展，而且是推动社区发展的动力，例如，科技进步可使社区居民增加就业的机会以脱贫致富，可改善生态环境与居住条件，可提高社区文化与教育水平及人口素质，最终则带来社区的繁荣昌盛和面貌的根本变化。

另外，科技进步也并非必然带来社会的发展。科技高度发达的某些国家或地区，并不意味着它的社会必定优越于其他国家或地区，也并非一定会带来人们的幸福和安居乐业，更不一定必然消灭贫富悬殊和社会中的诸多不合理现象。

3. 关于持续发展

经济与社会的发展规划，都需要考虑建立在不损害社区居民长远甚至他们后代利益的基础上。经常发生的情况是，决策者常以短视和暂时的政绩取得上级和居民的信赖，却不愿甘冒"风险"来取得持续发展和长远业绩。在经济迅速发展的机遇情况下，需要特别注意如化学、建材、造纸、印染等有可能污染环境的工业对社区经济的影响，以致对人们生活及健康的影响。以持续发展的观点权衡经济发展对社区社会发展的利害关系，具有特殊重要的意义。

4. 关于人的全面发展

发展的根本目标是人的全面发展。在制定社区社会发展规划和推动社区建设时，不仅要促进物质财富的增长，还必须充分注意精神文明的提高，以及全体或绝大多数居民的生活质量的提高。

在国外，许多事例说明，社区的重建和改造，使现代建筑代替了古老破旧的房屋，道路的拓宽使现代交通工具畅通无阻，华丽的超级市场和公共设施使这里的生活十分方便，绿化的环境也更替了曾被污染的社区。但是，原来居住于此的穷苦居民，却由于难以负担改造后社区住房高昂的租金和其他消费的高水平，不得不迁居于另一个贫困社区，新迁入的大多数居民已是较富裕的阶层，而他们的生活也并非必然幸福。这种事例说明，物质的发展并非等于人的发展，某一阶层人口的富裕并非必然带来全体或大多数人口的生活质量的提高。

孤立寻求社区的物质发展而不是以人为中心的全面发展，必然忽视精神文明的发扬，弱化人与人之间的相互支持，从而进一步扩大贫富之间的悬殊。不是着眼于社区绝大多数居民生活质量的改善，只能扩大社会矛盾而在今后造成更大量和更难以解决的社会问题。

社区建设当前存在的主要问题[*]

在考察各部门以及一些地区建立的社会发展实验区以及各类名目的社区

---

* 此部分前原有"社区建设工作的原则与方法"一节，因与《国外社区发展实验的进展和我国社区发展的前景》一文内容重复，故删去，在此说明。

建设工作后，感到下列问题有待于进一步提高或解决。

首先，进行社区建设的大多数地区，对社区参与，即积极发动社区居民参与社区建设的思想不够明确。开始发动期间，以政府职能部门为主进行宣传、倡导、拟定规划的过程完全是必要的，但其最终目标仍是发动社区居民这个主体积极参与社区发展。但从现时许多社区的发展实验规划看，大都只是经由行政有关部门拟定上报，尚未经过社区居民群众的详细讨论、补充或修改，一些社区的发展规划只是原来由政府制定的建设规划和补充，并不能完全反映社区居民的需求。

在现代社会，政府在行政管理方面的作用固然十分重要，但不可缺少的是发挥非政府组织和居民群众在社会管理方面的作用。不能充分发挥社区的民主与基层自治，仅凭政府行为，是难以获得根本和持久成就的。

其次，社区资源远未得到充分利用和发挥。社区建设应以本社区固有的资源为主，上级和外来的资助和支持只能扮演辅助的角色。挖掘本社区的物质、人才、知识、文化意识传统等各类资源为本社区所用，是社区发展的源泉。

设于本社区地域内但并非由本地政府管辖的企业、学校、公共和军事设施等，实际上也是本社区的资源。近年来，许多社区倡导的社企共建、街道与军队共建、居委会与学校共建等，都获得了积极的成果。对外地流动人口特别是进城经商务工的农民，如能加以适当引导管理，应该也可能成为本社区发展的重要资源。此外，本社区还可以和附近及外地社区优势互补，兴办各类事业，形成社区联合实体，社区经济与社会的大发展，有赖于发挥各类以及内外可利用资源的协同作用。

再次，在社区管理方面，各不同部门对于协调、综合治理社区常缺乏统一的计划与步调。对社区建设，经常出现的情况是，各部门即"条条"内有各自的利益，由于部门利益的牵制，很难在社区范围即"块块"内统一步调；即使在确定一定的目标后，也常不能统一行动，难以形成综合治理社区的力量。

建立社会发展实验区的客观优越条件是，在获得上级或国家部门组织批准成立后，具有一定的权威性，较易于协调各部门的利益，减少矛盾，能够有步骤、有计划、根据居民迫切需求以推动社区发展。

最后，偏重"硬件"，忽视"软件"建设。现时进行的一些社区建设项目，多从"硬件"设施如建立住宅小区、老年人公寓、残疾人康复院、医院、托儿所、社区服务中心、运动场所、添置公安警视设备等入手，这是完全必要的。但作为发展中国家，除少数富裕地区外，其他地区的财力、物力和人力有限，难于大规模利用物质手段促进社区发展。因此，"软件"建设更具有重大的现实意义。一些社区大力促进邻里间的互助互济事业，开展社区道德教育，努力改变人们不讲卫生的习惯，开展群众性的文化体育活动，制定地方性尊老爱幼和维护家庭结构的协议，等等，以"软件"建设协同"硬件"建设促进社区发展，是极好的经验。

所以产生以上问题的原因，主要是我们迄今尚缺乏在社会主义市场经济条件下进行社区建设的经验，许多地方包括其领导人对社区发展的重大意义认识不足，甚至将社区建设事业视为只是基层干部的责任，或退休人员应尽力为居民群众办些生活的"小事"。一般来说，社区社会工作至今尚得不到重视，从事这项工作的人员社会地位和待遇甚低，很难得到培养和提高水平的机会。

当前，世界上许多国家已越来越重视社区发展工作，认为这是解决经济发展过程中出现大量社会问题和社会矛盾并取得社会稳定的重要措施。许多著名学者预测社区社会工作在 21 世纪将有重大发展（《21 世纪社会保障展望》，国际劳工局编辑，华夏出版社出版，1989）。

从 60 年代开始，德国要求青年人必须到社区去服民役（或服兵役），在养老院、医院、环境保护、社会救济站、流动服务处、急救站、残疾人护理处进行社会服务工作（时间为 15 个月，较服兵役长 3 个月）。通过服民役，使他们在上大学或走上工作岗位之前，能了解社会和群众的生活疾苦。报道说，没有他们的服务，德国的社会福利体系就根本不能运转；而政府也凭借他们的服务，节省了大量的社会福利费用开支（德国《星期日图片》，《服务社会的民役制》，1993 年 9 月 19 日报道）。

在美国，许多城镇的居民已形成参与本社区发展规划讨论并提出建议和意见的习惯和传统（美国《交流》，《居民参与城镇发展规划》，1988 年第 3 期）。据美国新闻处 1992 年报道，1990 年，在社区中志愿服务人员总数达 9540 万人，占美国全体成年人的 54%。作为志愿人员，每周至少无偿为社区服务 4 小时。在一些城市中，学生如希望获得中学毕业文凭，必须参加 75 小时的社区服务工作。服务内容包括修缮房屋、操场、公园，为河道清除淤泥，为儿童建立学前教育项目，充当中小学教师助手，照顾老年人、儿童、残疾人、病人，为居民进行咨询服务等。美国前总统卡特在 1992 年秋宣布其"亚特兰大计划"（Atlanta Project）是"解决城市地区贫困现象引起的社会问题而实行的一次全社会的空前壮举"（美国《交流》1993 年第 3 期）。

美国开展社区发展工作的社会效果，据美国新闻处 1992 年总结概括如下。①提高了家庭和社区居民的生活质量；②增进了人们的满足感、社会感和成就感；③节省了大量的社会管理资金，提高了社区社会工作的效率和效益；④改善了社区的人际关系。他们的结论是，社区发展总的成就是促进了社区变革，推动了城市的社会改革进程。

日本和一些国家除了在大学和专科学校外，在某些高中学校内也增设社会福利课，训练学生护理老年人和残疾者。他们认为，"植根于增长率体制的社区服务，可以成为培养民主参与意识的基础"（日本《每日新闻》，1993 年 1 月 10 日）。

对比以上国际方面出现的趋势，虽然我国近年来已在开展社区工作，推动社区发展，但总的说来，仍很不足。特别在当前实施社会主义市场经济政策以来，由于一部分人的错误思想和认识，社会上出现拜金主义、严重个人主义和短期行为等潮流，必须采取有力政策与措施对待。

在现阶段我国社会，不可能消灭以上错误倾向，只可能逐步加以引导。最近一个时期以来，倡导爱国主义思想和行为是完全必要的；与此同时，促进社区建设与社区发展这样的集体主义思想和行为，无疑也是抵制以上错误倾向的有力武器。社区建设的成就，既能改善集体生活于此的区域性社会的环境和条件，又能提高个人生活质量，完全符合于个人利益，这就较易为人们所接受。推动社区建设，实际上就是把个人利益与集体利益密切结合在一起以促进社会发展，这无疑将增加我国社会的凝聚力；而凝聚力的增强，又能为爱国主义与社会主义的远大理想提供坚实的思想基础。

附录3：80年代以来的社区发展实验[*]

社区发展实验的尝试

题目是"80年代以来"，这就是说，在80年代以前老一辈社会学家曾经进行的社会发展实验不在介绍之列，而只是限于80年代得到民政部门和若干地区支持、以后又被列入社会科学第5个五年计划国家重点课题"社区发展与社会指标课题组"的实验。当然，这个实验还是吸取了前人包括国内外的经验，尝试用于我们的实验；但其运用是否得当那是另一同事。现仅限于个人经历和认识加以介绍。

谈到当时的社区发展，不能不首先谈到得到民政部和崔乃夫部长倡导的80年代社区服务热潮。社区发展，应该说是当时展开的社区服务热潮的继续。大家都认为，1986年召开的武汉会议是社区服务工作开始的标志；实际上，这个工作早在80年代初即已开始试点，武汉已建立社区服务成就在全国的推广，参加会议的其他城市社区，在会上也介绍了他们试点的成就和经验。

武汉会议后不久，就开始进入了下一阶段，即社区发展的研究。这项研究，也得到了民政部和崔部长的大力支持。当时，在天津、上海、杭州、益

---

* 在"城市社区建设理论研讨会"上的发言，北京市社科院、民政部基政与社区建设司召集，1999年7月6日。

阳、莱芜等城市较早开始了这项工作，这是由于社区工作一经开始，根据居民的要求，就不能仅限于福利服务，社区文化、社区教育、社区医疗、社区环境治理、社区治安、社区民主管理、社区法律咨询等方面符合居民需求的工作也随之开始。因而，武汉会议后不久，产生一种说法，"社区服务是个筐，什么都向里面装"，这是由于服务如此受到居民群众的欢迎，其内容早已超过民政工作的范畴。崔部长当时对我说，民政部不能把手伸得太长，也不宜于把社区服务的范围扩得太大、太长，这会引起各部门权责范畴的矛盾。当时，他很明确社区发展的未来应属于基层政权建设，嘱我和司里商议，但工作先不要宣传。在崔部长这样的鼓励下，工作静悄悄地开始了。

这项工作该叫什么？有几种考虑，是叫社区发展、社区建设、社区再造，还是社区重建？后两者很快被否定了，我主张用"社区发展"，因为"发展"两字符合科学性，与国际也接轨。早在60年代，国际上就兴起社区发展的潮流，联合国为此也召开过专门的会议讨论。崔部长考虑，还是用"建设"两字好。中国人常说国家建设、为"社会主义建设"，与"基层政权建设"也相吻合。我认为实际工作开展是主要的，同意他的提法。

在这项事业的开始时期，除一些学者的努力外，在民政系统中，当时的湖南民政厅局厅长赵悌功不可没，他不仅热情支持这一创举，而且组织了12位青年社会工作者认真进行调查研究，在1988年写出《城市基层社区再造：管理与服务》，"社区再造"就是重建（Recondition）的意思，这篇文章把管理与服务并列，强调了社区居民参与的重要性，这具有重大意义。今天再来看看这篇在12年前组织12位青年写的文章，仍具有很大价值，其中提出的问题仍然值得重视和认真考虑贯彻。它的题目，和这次会议的一篇精彩论文的题目"我国基层社会的组织重建"何其相似。

作为社区发展极为重要的事件就是社区志愿者组织的成立。社区志愿者早已在中国存在，但有组织的行动，这是第一次出现，与无组织的个人行为大不相同。1988～1989年天津和平区社区志愿者组织的成立，社会给予极高的评价，崔部长亲往天津参加它的成立，10年后即今年5月举行的10周年纪念日，副委员长和宋平同志等亲往祝贺，我和一些社会学学者参加了这

次盛典。

建立社区发展实验区经过积极筹备，在 1989 年已臻于成熟，11 月在民政部西院召开了"社区发展实验区"的首次会议，负责与我们学者一起筹办和参加的有民政部负责人、中国社科院社会学所所长、国家统计局社会司司长、人民日报记者等。会议有山东省莱芜市、湖南省益阳市、黑龙江省肇东市、天津市红桥区、江苏省张家港市代表参加。他们之中不仅有市长、市委书记、省民政厅长，还有各地大专院校教授。

会后，莱芜市、益阳市、肇东市分别得到其上级省委正式批准成立社会发展实验区。第一把手的工作得到各自省委、省政府的研究部门即各"智囊团"的具体帮助。天津市和江苏省领导也支持他们开展这项工作。同时，一些地区也开始建立社区的社会发展指标体系研究，以运用科学手段衡量其不断发展的成就和问题。

我们从实践中认识到也必须借鉴国外、境外的经验。

（1）参考联合国战后社区发展的经验，特别是亚洲各国的经验。我本人两次参加联合国亚洲与太平洋地区经济与社会发展会议（泰国、北京），搜集了联合国有关决议与文件。

（2）研究 60 年代开始的国外社区发展热潮以及至 80 年代后消沉的原因。

（3）获得台湾"中央研究院"的资料，了解台湾地区在 60~70 年代开展社区发展研究与发展的情况。

（4）与设于瑞士的社区发展中心联系，了解国际方面社区发展指标体系的建立。

（5）关于美国开展社区发展工作的经验与教训。

由于具备亲往美国考察的条件，我于 1987~1993 年多次去美考察，建立了不同规模的考察点，还以请进国外学者的方式借鉴学习。

（1）地区范围的社区发展——对田纳西河流域考察。他们曾历经 60 多年的发展，有丰富的经验教训。肇东市曾派 5 人团访问，并请其教授团来访。

（2）州与市的发展——佛罗里达州与坦帕市社区发展经验。

（3）由盛转衰至复兴社区研究考察——克利夫兰市，曾组织肇东市去考察。

（4）费城贫民窟社区发展考察。

（5）诺伍德镇发展历史考察。

（6）此外，与国外学者的交流还邀请了加州大学中国研究中心主任来访并考察益阳市；宾州大学社工学院教授来访、讲课并访问天津市红桥区。与南非大学学者互访并访问了天津市红桥区。

关于社区发展实验区工作的评价

十余年后，再来评价当时进行的社区发展实验。总的看，有一定成果，但未达到预期的结果。

其成效与收获如下。

（1）在当时市场经济开始发展的条件下，有关各方面的思想认识有所提高，即实验必须始终强调经济与社会的协调发展。不能先发展经济后治理社会问题；经济发展并非必然带来社会发展；物质文明与精神文明应并重，两者之间存在相互促进的关系。

（2）认识到发展不能仅依靠政府行为，在社区，更应着重强调居民群众与民间组织参与的必要性，社区志愿者应是推动社区发展的主要动力。

（3）根据居民需求，在现阶段应着重对社区困难群体的支援以及建立社区社会保障的必要性。

（4）培育社区民主以及社区凝聚力对社区发展具有重要意义，这同时也是建设文明社区的必要。

（5）社会发展指标体系的建立——尝试以现代化手段建立科学预测的基础。

社区发展实验工作未能获得明显成效和预期成果的原因。

（1）当时，实验区有两大类情况。

第一，莱芜、益阳、肇东三个实验区情况与问题

三个地区的选择——远离政治中心，交通不大方便但工作基础好，地方领导大力支持，取得省委、省政府支持关心，拨给实验区经费，甚至编制、人力、学术界支持的条件也具备，实验工作在初始阶段获得一定成就；但未能料到几年后人事变幻莫测，出现积极支持实验的市委书记被诬陷停职审查的情况，另一实验区的主管副市长被调职等原因，未能持续把实验坚持下去。情况说明，实验区的进行需要一个比较长期稳定的领导和局面。

第二，与我们有密切联系，未获实验区名称的一些大城市社区，通过经常交换意见、小改小革，获得社区发展一定成就，如下。

杭州市下城区——进行凝聚力工程、文明社区的实验。

天津市红桥区——进行的社区建设与慈善工作颇有成就。

上海市浦东新区——社区以及罗山会馆的建设工作有成就，值得借鉴。

（2）关于未能有较明显成就的深层次原因

只依靠政府负责人支持是不够的。社区居民群众未被真正动员，社区民间组织未能组织起来发挥作用，自治体未能真正建立，民主改革未跟上，事实上，社区的政治、经济与社会未能协调发展。因而形成昙花一现、热闹一阵儿的结果有其必然性。社区发展与基层政权建设分离难于干成实事，最后只能发表点文章，或出篇报告，或出本书了事。

社区发展与社会发展指标课题组内部存在意见分歧；对社区建设的艰苦工作难以坚持。

社区发展新阶段

1998 年后，社区发展进入新阶段，其标志如下。

（1）政府提出的"小政府、大社会"未来社会发展的构想逐渐形成共识，政府职能的转移以及发挥中介组织的作用问题获得越来越多的社会支持。

（2）由于人口老龄化、国有企业职工下岗、农民进城等问题的愈趋严重，社区的作用以及社区服务—社区建设的发展方向被普遍接受，民政部成立了基政与社区建设司，基层"社区服务中心"在一些城市已较普遍成立，社区建设的基础条件与过去有所不同。

（3）在一些城市中，社区组织的不断成立发展。社区管理委员会、社区发展协调委员会、社区发展基金会和社区各类基金的建立，它们之中，涌现一些有志于社区发展并具备一定知识和能力的领导者。

（4）社区研究会、社区发展促进会等团体的成立，表明有越来越多的有识之士对社区感兴趣。在政府决定开展社区建设工作，确定在若干社区中建立试验区后，据了解，各地已开始认识到社区建设工作应朝向以下方向努力。

①人们普遍认识到解决生活问题在社区，项目内容趋向多元化，因而具有较全面发展的条件，出现"单位人"到"社区人"的变化。

②产业化提出——从市场概念出发，以服务养服务，推动社区产业发展，从以政府经营为主到以社区产业经营为主。

③在社区，将三大部门即政府、营利事业与非营利事业联合起来，各尽所长、所能，形成以"伙伴关系"推动社区发展的趋势。

④文明社区的提出，从强调"硬件"到强调"软件"，认识到人的因素是社区发展的关键。

⑤提倡运用现代科学的成果，如持续发展观念、建立社会发展指标体系以促进社区发展。

⑥进一步提出社会化、民间化、自治化——从政府主导、政府倡导到政府引导，强调居民的参与以及促进非营利组织发展，直至在城市社区举行民主选举。

新一代社区社会工作者开始兴起，值得庆幸的是社区建设工作的后继有人。北京市社科院于燕燕教授介绍给我的两篇值得一读的好文章，现介绍给大家。

（1）卢汉龙：《发展社区与发展民主：我国基层社会的组织重建》。卢先生是参加前述1989年山东省莱芜市社发区的实验区工作和最初的社区发展研讨会的一员。他在这篇文章中指出，社区发展的核心是"社区组织"，

"要利用社区的力量解决社区自己的问题""以全社会力量自行解决社区发展问题"。在"'政府不能，市场不为'条件下，社区发展重心应是发扬社区民主，相信民众有自我组织、自我解决问题的能力，以民主建设谋求社区真正发展"的途径。他主张政府不能包办社区建设，要三大部门即政府、营利和非营利部门三者共同合作协商解决社区问题。

（2）谢泽宪女士是前述益阳市调研组"城市基层社区再造"的作者之一，她和我们曾一起为建立益阳实验区而工作，以后去北欧获社工博士学位，她从"第一家进入社区建设的社团"谈起的文章可引发我们进行更深一层次的思考。

我相信上述两篇文章对我国社区建设工作会有所启发，并加深我们对社区建设工作未来的发展所抱有的坚定信念。

附录4：社会指标的应用*

"社会指标"是用于监测社会体系，协助识别社会的变迁，并指导引起社会变迁过程的干预。这是研究社会指标的美国专家阿伯特·福瑞斯（Abbott L. Ferriss）1988年3月对社会指标用途重要的概括。①

社会指标曾被认为能解决大量社会问题。它开始于20世纪60年代的美国，是在传统的社会指标研究的基础上发展起来的。引发美国社会指标发展成为一个运动的主要原因是高度科学技术水平激发了对社会指标的强烈需要，以及当时以经济指标为核心的指标体系难以全面反映社会发展。这一领域的许多专家学者认为，社会指标不仅是社会的数量指标，而且是社会的质量指标。这显然是和经济指标不同的特点。

60年代中期，美国学者曾号召为理解"美国社会大规模的结构变化"，搜集和分析新的和更好的数据，以作为"结构变化"的监测指标，并利用"这样的信息改变其数量、速度或规范的标准，以改变社会变化的方向"。事实证明，对"社会指标运动"这样过高的期望是不切实际的，以后这个运动进入其低潮时期。在20世纪80年代初，有一股潮流认为，"社会指标运动已经死亡。"但其后的事实也充分证明，"在美国以及世界上许多国家"，社会指标研究以及社会报告的利用一直在扩大中，它仍然存在并显示着活力。

---

* 与夫人李鸣善联合编译，1989年。

① Abbott L. Ferriss, "The Uses of Social Indicators", *Social Forces* Vol. 66, No. 3, March 1988. pp. 601–617.

根据"社会指标的用途"一文所述,随着较好的社会报告改进了数据的基础及可理解性,改进了预测的进程,改进了社会统计以及社会变迁的模型,社会指标仍在不断发展的过程中。它的用途大致有如下方面。

一 监测

人们最感兴趣的是以社会指标监测社会体系。他们希望看到指标的上升或下降,用以判断工作的成功还是失败。例如,通货膨胀率、失业率、生活费用的变化、人口预测的增长和运动、费用率、犯罪率、儿童教育的成功率、离婚率,等等。

二 预测

预测特定的社会发展趋势和状况以规划未来。依靠近期的各种迹象预测将来的发展当然充满困难,但在现状的假定基础上预测,即使并不准确,还是可用以作为制定政策的工具。在一定时期内,运用最可能的变化率是最简易可行的预测方法。

例如,美国以 $R^2 = 73$ 这个公式预测 1990 年的患病率为 1.87%,这表示在 1.21 亿个劳动力中,有 226 万的工人可能患病。由于感冒和意外事故的增加,1990 年 2 月的患病率将达 2.2% 的高峰。由此,可以形成并设计出较好的对策。

三 按地理区划部署资源

社会指标能使自己适应于地理区划的不同,对越小的地理区划单位越能成功地进行分析。同样,通过地域、街区等可划分为不同的生活地区,这种划分就能将各生态单位的发展趋势进行比较,并打开为互有联系的社会、物理与生物指标分析的可能性。由此可洞察人口问题、社会组织、技术以及环境对公众问题的影响。"社会地域范围"的意思可包括社会阶层、种族构成、户籍组成与家庭结构、居住的不稳定性、住房条件及其他标准的人口统计特征。例如，学龄人口多少的指标就能被用来部署不同的公众教育资金分配。

四　指导社会变革

社会指标能促进社会目标与政策的建立。例如，在一段时期内以几个国家人口的预期寿命相比较，就能看出美国人的预期寿命比英国、加拿大、日本、瑞典的都低。这种其他国家达到的水平的信息告诉我们，什么是可以达到的水平，什么是可以起到激励作用的。如果我们分析美国人的短寿原因，主要是由于慢性疾病，如心脏病（少活5.9年）、癌症（少活2.3年）、婴幼儿早期疾病（少活1.1年）、中风（少活1.3年）和意外事故（少活1.2年）、杀人和自杀（少活0.4年）等造成的。如果想改进美国人预期寿命低的问题，就需要减少吸烟、改进营养和健康、防止事故发生、减少酗酒与吸毒。如美国能每年花费3.5亿美元，以10年以上时间对人口中的70%增进营养与健康，就可能使美国人增加预期寿命3.8年。

五　改进社会测量

如果说社会变化是社会学研究的一个主要焦点，那么社会指标就是测量变化的经验主义分析的关键方法。社会指标可以改进社会测量、社会报告和社会统计，并能推动生活质量的测定。

美国一直在利用社会指标如人口统计的变化来研究社会发展趋势，一直在不断改进社会测量以研究社会的变化。如社会指标研究的核心问题之一就是征询人们对生活是否比以前感到更幸福、快乐和满意，这就是说，主要依赖于人们的主观评价。主观评价又经常与物质部分，如他们的收入、住房、邻居、社区情况密切联系，这样，也就要研究提供生活质量雄厚基础的客观条件。

当前，对生活质量的研究，正越来越显示其对社会发展的重要意义。

探路现代慈善本土化

中国慈善事业的现代化及其发展前景[*]

前　言

20 世纪 50 年代以来，中国政府在解决过去严重存在的贫困问题、保障人民基本生活需求方面取得了世所周知的成就。当前，中国政府正在为建立与健全从根本上保障人们的社会保障制度而努力。

中国实行改革开放和社会主义市场经济的政策以来，进入 20 世纪 90 年代，突出的社会现象之一就是具有广大人民群众参与的民间性质的慈善事业和基金会的兴起。具体表现如下。

中国青少年发展基金会在不依靠政府资金支持的条件下，举办了支持贫困地区儿童入学的"希望工程"，取得了全国人民的普遍响应，具有重大的社会影响。5 年内，他们累计资助 100 多万名儿童入学，接受捐款 3.58 亿元人民币，建设希望小学 749 所。在 1994 年，接受捐款 12 万笔，平均日受捐款 19.4 万元，资助失学儿童 46.6 万名，接近前 4 年资助人数的总和。他们说，1994 年是全方位推动，达到新的高度的一年。"希望工程"在全国已达到了家喻户晓程度，支持贫困地区教育事业的发展已发展为一种"社会时尚"，在国外也有重要的影响。

---

*　根据1995年4月手稿录入。

一些省、市兴起的各类慈善活动获得人民群众的热情支持。如上海市在
1994年举行了大量的慈善性活动，它的慈善总会推出111工程。上海市科
技扶贫工作取得很大成绩，在积极开展社区服务工作基础上，准备建立社区
基金会，市机关与农村特困户举行"对口帮困活动"；市儿童福利机构开展
"抢孤儿"活动，市郊农村开展"帮一把"活动；居委会实行"实物补贴领
取卡"办法济困，黄浦区实行"孤老模拟家庭"，集资建立老年救助基金；
大学生组成"暑期义务慈善宣传团"，慈善机构与学校联合推出"慈善性职
业教育"项目，在市一级范围内举行了"爱心周"活动，等等。可以认为，
上海市各界已广泛地开展起有广大人民群众参与的慈善性活动，并持续建立
起各类基金会，位居全国慈善性活动的前列。

1994～1995年，许多城市的传播机构报道了本市发生的一些居民遭受
本身难以克服的疾病和困难遭遇，如儿童患有血癌和怪病等，一经报道，全
社会为之轰动，各界人士和普通老百姓纷纷捐款慰问，甚至在并未有组织动
员的情况下，依靠广大群众的支持和协助，解决了问题。

全国各省、市都在积极筹组慈善和各类基金会机构。据报道，各地慈善
总会已成立和筹备成立的，已达到数十个之多，社区性质的慈善和基金会组
织更难以计算。

以上列举的情况告诉我们，中国民间性质的慈善事业和基金会正在社会
上兴起，具有越来越大的影响，值得我们思考的问题如下。

（1）为什么近年来在中国大地上，慈善事业和基金会组织有如此大规
模的开展，成为有重要社会影响的活动？慈善活动与促进我国精神文明的目
标存在什么样的关系？

（2）慈善事业是否为社会保障体系中的一部分？如是，在这一体系中
慈善事业居于何种地位？据了解，我国计委和各单位对社会保障的建立与健
全至今还未纳入慈善事业这一部分。

（3）慈善事业与国家当前的改革开放稳定的总目标存在什么样的关系？
如明确慈善事业有利于总目标的实现，政府应制定哪些政策和优惠待遇以推
动中国慈善事业和基金会这类团体进一步的积极健康的发展？

（4）慈善事业具有民间性、群众性的特征，在我国有长期的发展历史，当前开展慈善事业和活动，我们应怎样考虑使之与我国的传统观念和思想相衔接以具备中国特色，以进一步扩大这个事业及社会影响？

（5）传统慈善事业与现代慈善事业有哪些方面的不同，区别在哪些方面？明确这一点的目的，是使我国慈善事业尽快地向现代化目标发展。

一　慈善观念和慈善事业的现代化转变

慈善观念和慈善事业无论在东方还是西方，都具有上千年的历史。

在中国春秋时代，孔子提倡大同社会，孟子提倡人人都要有仁爱之心。中国的儒家一向提倡从宗族观念开始，以慈善之心由近及远地对待他人，即"老吾老以及人之老，幼吾幼以及人之幼"。佛教的教义中有普度众生的主题，认为善有善报、恶有恶报，人生要多行善事。在 2000 年前，中国即有"义仓"这样的慈善机构设立以救济贫苦难民。

在西方，圣经旧约时代，摩西律法教训以色列人要怜恤孤儿寡母，日后成为西方教会的传统观念，使教会一直成为西方社会最有影响力的济贫组织。

14～15 世纪于欧洲，19 世纪初于美国，宗教机构建立了许多民办的慈善事业，管理慈善基金的基金会组织也随之出现。

1601 年英国伊丽莎白王朝制定了给基金会以优惠待遇的法令，对此后西方慈善事业和基金会的发展有重要社会影响，直至今天。

19 世纪社会主义的思潮以及工会组织的广泛出现，工人阶级的力量不断强大，产生了向资产阶级政府和企业主争取"社会福利"的观念，即劳动群众认为自己向社会贡献出辛勤劳动，政府和企业主应有义务提供劳动群众以生老病死伤残及其家庭福利待遇的保证，这就是义务与权利观念；与此同时，工会自身和社会福利机构也兴办了互助性的"危机分担"福利组织和互助储金会，以互济形式解决劳动群众迫切的生活困难和需要。

进入 20 世纪后，在一些经济发达国家产生"福利国家"思潮，认为国

家有义务提供全体居民"从摇篮到坟墓"的福利待遇。在许多发达国家和一部分发展中国家也纷纷建立了社会保障制度。

以上简单叙述了从古老的、以济贫为主的慈善观念逐步发展工人争取福利观念，再发展为以权利为基础的保障观念的历史发展过程。

根据以上发展过程，我想借此说明以下三个问题。

第一个问题：既然是从慈善发展到社会福利，再进而建立社会保障制度和体系，那么，慈善观念和慈善事业是否为一个"过时"的、早就应该被摒弃和淘汰的观念和事业？这个问题不仅在国内，在国外也被提出过，见周永新《社会福利的观念和制度》。

我想回答应该是否定的。建立与健全一个国家的安全保障体系是一个长期的历史过程，树立这样一个奋斗目标并不等于就应该抛弃过去的慈善观念和慈善事业，两者并非对立的事物，在一个发展中国家特别如此。

在中国实行计划经济时期的几十年中，政府实行了社会保险、社会福利、社会救济等各项政策，贫富的差距不大，但在长时期内，经济与社会的发展也相对迟缓。既然贫富差距不大，也无从举办民办的社会性慈善机构，只能由政府完全负担济贫和各类福利事业，市场经济体制促进了经济的迅速发展，使人们在经济生活中的"风险增加"，同时也拉大了贫富的差距，政府难以再全力承担社会福利事业，当前，建立与健全社会保障体系无疑是我们的主要任务，这个任务不可能全由政府负担，民办的慈善事业的出现不是偶然的。

为什么民办的慈善事业在90年代有如此规模的发展呢？如前所提出一个原因是政府再难以包办，另外，说明由于市场经济存在不少"风险"，人们已经开始感觉到有必要在自己有力量时资助其他有困难的人和事业；同时，自身也有可能在必要时接受他人的资助。这一点在当前虽然还不是所有人普遍都已意识到，也不是每个人都愿意并能做到这一点的，但无论如何，这显示出中国当前开展慈善事业和加强基金会的客观社会基础，慈善事业的发展已是时代发展的必然产物。社会上的一部分生活困难者有需要，而政府不可能完全予以照顾或满足；另外，社会中的一部分企业单位和个人富裕起来，民间方面也有可能来支援这些有困难者和单位。

第二个问题：在社会主义国家，"慈善"这个用语是否妥当的问题。过去，确有些人士认为，"慈善"这个词汇带有浓厚的自上而下、从富至贫的"施舍""给予"的含义，是对接受者人格的侮辱；资产阶级更曾以"慈善"虚伪的面孔，掩盖他们残酷剥削劳动群众的事实。今天，我们也宣扬慈善观念，推动慈善事业的发展，是否与资产阶级走到一起去了？

在这个问题上，我个人曾在"文化大革命"期间做过检讨，因为我在新中国成立前参加中共上海地下组织期间，曾发动学生进行过慈善性质的"爱心运动"，对棚户居民以捐募来的衣物进行救饥救寒。我个人曾检讨认为，在国民党反动派统治下进行慈善性质的活动，无异缓和了群众对于反动统治的不满。当然，在今天看，在国民党统治下进行"慈善"活动也未尝就是错误，要看做法如何。

当然，今天我们在人民政权下进行慈善活动与新中国成立前的情况有根本的不同，从上述慈善观念和慈善事业在2000年前的起源看，也并不存在对接受慈善救助的人的人格上的侮辱。

今天的慈善观念是否能认为就是人道主义的体现？发展民间慈善事业和基金会组织也只能认为是正符合当前促进社会朝向稳定的方向发展的正确行动，与资产阶级虚伪的"慈善"行为并无共同之处。

第二个问题：古代慈善观念事业与现代慈善观念事业究竟有什么不同？

个人认为，由于时代已不相同，主要有以下的变化。

1. 观念上有变化

传统的慈善观念只是使接受者满足最低的基本生活需求，即维持生命。现代慈善观念则有更广阔的范围，如不能充分就业、身体健康得不到良好的医疗和康复条件、居住环境有较严重的污染、虽有工作但得不到继续接受培训教育和享受文化娱乐的机会等都属于慈善事业的范围。在较发达国家中，甚至个人的潜能得不到充分发挥，不能得到与别人同等的发展机会和公平对待，即受到歧视，也属于慈善工作的范畴。

2. 组织上的变化

传统的慈善行为多只是纯民间性的自发行动；现代的慈善事业据了解则大都是在政府的倡导、不同程度的资金支持和政策方面的引导下，与现有其他社会保障项目相互补充和衔接的行动。

现代慈善事业特别需要企业的支持，使企业积极参与。

现代慈善事业多通过社区组织和基层包括基金会的协助，因为它们最接近群众，了解他们的迫切需求，可以更有效地发挥慈善基金的效益和作用。

3. 内容上的变化

现代慈善事业已不仅是以货币或实物进行的简单济贫行为，而且是包含了培训与教育、医疗与康复、环境与卫生、文化艺术传播、意外事故的预防等人力投资方面；此外，还包括了举办读书、文娱、体育、竞赛、义演等方面丰富多彩的内容。

4. 对象方面的变化

现代慈善事业的对象不仅是对个别生活贫苦的人的救济，而且希望有计划地对处于社会不利地位的群体进行救助，如对老年人、残疾人、特殊病患者、不幸的儿童和妇女以及少数民族群体等。

此外，对象还应包括在市场竞争和社会结构转变过程中脆弱的群体，如各类低收入者、经营不善企业的雇员和破产者、单亲家庭成员、缺乏帮助的进城农民等。在对象方面较过去大大地扩展了。

5. 社会作用方面的变化

一般认为，现代慈善事业扮演了社会分配调节器的作用，可以在一个时期和一定程度上缓解生活困难和不幸者的痛苦，可视为社会精神文明的体现，直接有利于社会的稳定。

但另外，由于民间慈善事业具有一定的范围和限度，与传统的慈善事业相同的是并不能根除社会的贫困现象。

为了进一步说明传统与现代慈善观念与慈善事业的原则，以所了解的国外（美国）的慈善事业发展为例。

二 国外（美国）慈善事业的发展

首先要说明的是，在现代社会如美国这个高度发达的资本主义国家，贫富差距仍有增加，贫困人口比率并未有显著减少。贫困和不公产生的原因与不能充分就业、缺乏受教育与培训机会、吸毒酗酒、社会性疾病流行、家庭结构遭破坏、单亲家庭不断增加、遭受车祸和意外事故等社会原因密切联系在一起。

美国在 20 世纪 90 年代中处于贫困线下的人口占总人口的比率约为 12% ~14%，1992 年最高达 14%。

美国 1% 最富人口收入增长 49.8%，10% 最贫困人口收入反而降低了 14.8%，贫富差距加大。

第二次世界大战后，美国慈善事业并未由于其社会保障体系的逐步完善而有所削弱；恰恰相反，慈善事业有更重要的发展。

50 年代时，年接受赠款将近 100 亿美元；

60 年代时，年接受赠款达到 100 亿~200 亿美元；

70 年代时，年接受赠款达到 200 亿~400 亿美元；

80 年代时，年接受赠款达到 500 亿~1000 多亿美元；

90 年代时，年接受赠款达到 1044 亿美元。

除去物价上涨因素，慈善方面的赠款还是大大有所增加，其占国民生产总值 GDP 比率为：

20 世纪 50 ~70 年代	1.7% ~2%
1985 年后	2% ~2.17%

也是有所增长。

在美国慈善事业的集资方面，个人捐赠占最高比率，在 1988 年，共计占集资总额的 86.1%，这与美国实施各种鼓励个人捐赠的政策如税收优惠政策密切相关。对慈善事业的捐赠，已成为美国公民日常生活的一部分，集资的其他方面来源还有基金会捐赠、遗赠和企业捐赠。

在 1988 年接受慈善捐赠总金额 1043.7 亿美元中：

接受个人捐赠　　　867 亿美元　　　占比 83.1%

接受个人遗赠　　　67.9 亿美元　　　占比 6.5%

接受基金会捐赠　　61.3 亿美元　　　占比 5.9%

接受公司捐赠　　　47.5 亿美元　　　占比 4.6%

在慈善事业的资金用途方面，捐赠给宗教团体用以济贫、济困为主。其他用于支持人类服务机构、教育培训、医疗卫生、文化艺术及人文科学方面的工作，在 1988 年：

捐赠宗教慈善机构　　　　　　482.1 亿美元　　　占比 46.2%

捐赠人类服务慈善机构　　　　165.3 亿美元　　　占比 15.8%

捐赠教育培训慈善机构　　　　97.8 亿美元　　　占比 9.4%

捐赠健康卫生慈善机构　　　　95.2 亿美元　　　占比 9.1%

捐赠文化艺术及人文科学机构　68.2 亿美元　　　占比 6.5%

关于美国的慈善事业是否属于社会保障网的一部分，这个问题从不同的角度看有不同的意见。从个人对美国慈善事业和社会保障的了解，最多人认为慈善事业属于美国社会保障网不可分割的部分，尤其对济贫、失业培训、医疗康复以及社区的社会服务等方面具有不可缺少的重要作用。*

美国的慈善机构是如何分类的呢？据美国 400 家慈善机构的资料，我个人给归纳如下。①人类服务团体——如救世军、红十字会、男女青年会等 24 个，其数量在 400 家中不多，但接受资金庞大，在前 10 名中占 5 名。②社区基金会（包括 United Way）共计 68 个，也居于重要位置，在前 100 名中占 10 名，说明发展社区慈善事业的重要性，如福特基金会在 1989 年以 230 万美金捐赠社区学校，以减少失业率。③宗教与民族团体，共计 26 个，上升趋势，犹太人团体占据特殊重要位置。④教育文化机构所占数量最多，共计占 148 个，在美国，慈善事业与教育及人才的培养密不可分，人们向教育文化捐款形成共识。⑤卫生与医疗慈善机构占 45 个，各类社会性疾病——AIDS、吸毒、精神病大幅度上升，亟须社会支持。癌症、心脏病、

---

* 此段后原有《美国社会保障项目一览表》，但在编辑文集时，该表已遗失，在此说明。

脑血管病的研究与医疗也亟须公众支持。

其他如科研与环境（12 个）、公众传播（29 个）、青少年（11 个）、国际救援与发展（28 个）等。

据了解，能否严格管理是各类慈善事业能否兴旺发达的关键。根据美国慈善机构 400 家统计分析，具有良好信誉的重要传统慈善机构，大学、宗教团体、科研文化机构获得公民的普遍支持，社会性慈善组织和基金会由于其接近居民群众，受到较严格的监督，有较好的效益，近年来，亦有重要的发展。

慈善事业的国际化趋势，使美国从事于国际慈善事业的机构和资金数额亦有增长。

据统计，当前美国大的慈善机构有 600 多万个，人均用于慈善行为的资金在 100 美元以上。

提供美国慈善事业发展情况的原因。

（1）了解如美国这样一个经济高度发达国家，慈善事业在人们的经济与社会生活中仍占重要地位的情况。毫无疑问，慈善事业对美国社会起着极为重要的稳定作用，同时也证明，慈善事业的发展在美国并不能根除贫困。

（2）提供一个现代化国家慈善事业的大体结构状况，供我们参考，考虑促进慈善事业的发展，我们应该执行哪些可行的政策。

（3）当前，我国正在建设与健全社会保障体系，慈善事业应否纳入我国的社会保障体系，也可以借鉴美国的情况。

（4）中美两国社会制度不同、发达程度不同，包括人们的传统慈善观念也很不相同，我们当然不能照抄照搬美国的一套，必须根据中国社会的经济发展的具体情况，建立有中国特色的慈善事业。

三 中国慈善事业的建设问题

当前，中国实行市场经济体制和改革开放政策，社会处于巨大变革时期，这种变革对人们日常经济与社会生活有着很大的冲击，相当数量的人群需要慈善事业的关怀和支持。

（1）贫富差距拉开。据估计，中国的百万富翁有100万个，许多人认为绝不只此数，要大得多，亿万富翁也有成百成千。

市场经济使新贫困现象出现，贫困人口有8000万人。联合国估计1亿人或更多。贫困人口不仅生活在贫困农村地区，而且存在于城镇，包括大城镇，有处于不利地位的群体和脆弱群体。

通货膨胀使固定工资者存在危机感，企业家也存在破产危机。

（2）失业问题增加。当前，中国失业率占2.6%，虽有失业救济金的补助，但一部分人还是需要慈善机构的关怀，何况还有更大的没有充分就业的人群。

（3）社会治安和秩序恶化，意外事故增加。治安恶化，各类案件增加，安全感降低，被坑蒙拐骗可能性增加。对现代社会的不适应，遭受意外事故者需要慈善事业的支援。

（4）家庭结构变化，核心家庭增加，计划生育政策使年青一代亲属互济的可能性减少，离婚率增加（大城市20%），单亲家庭增加，孤儿、单亲家庭儿童需社会照顾。

（5）人口老龄化使孤寡老人需要慈善事业的支持、临终病房的设立以及维持。

（6）农村人口不断进入城市，不少人遭受很大困难，特别是无亲无友的农民和妇女有可能遭到拐骗、病患和意外事故等灾难。

（7）各类自然灾害和人为灾害如环境污染的侵袭。

当前，中国市场经济体制和改革开放以来，慈善事业的壮大是必然趋势，而慈善事业的发展又可能为社会的稳定创建必要的良好条件。

今天，中国慈善事业的兴起只是初步的良好开端，仍亟须解决慈善事业面临的一系列现代化建设问题。根据个人不成熟的认识，慈善组织面临的任务如下。

（1）亟须在社会中推动现代化慈善意识，使社会主义国家的精神文明与人道主义观念在人民群众中有更大的发扬。这一点，针对社会上流行的极端个人主义、拜金主义开展各类慈善活动和项目更有必要。

（2）协助政府制定有利于慈善事业发展的各项政策、法令，使慈善机构和基金会组织有更积极和更健康的发展。

（3）明确慈善事业在建立与健全社会保障体系中的地位与作用，在市场经济发展过程中，需特别注意对处境不利的脆弱群体的支援。

（4）在实践中学习与不断摸索募集慈善资金以及管理、发放捐赠资金和物资的经验和方法。

在国外，与企业联合集资，在社区开发慈善性活动集资已有一套完整的经验，募集和使用慈善资金都已形成了一套方法可供学习参考。

关于中国基金会的现状和发展问题[*]

一

进入 20 世纪 90 年代，中国社会基础结构中的三大部门，即政府部门、营利部门与非营利部门（或称社会部门）的发展趋势已初显端倪。

政府部门在社会主义建设过程中一直处于关键地位，对推动我国朝向现代化目标前进始终起着决定性作用。但经济的不断繁荣发展，人民需求的多样化，形形色色社会问题的产生以及其复杂性，使政府已不可能完全包揽所有社会事务。"小政府，大社会"问题的提出，成为改革艰巨而宏伟的目标。

营利部门在社会主义市场经济发展的大潮中获得重大进展，对促进经济发展发挥了重大作用，当前人们热衷于从事营利事业的势头方兴未艾。经济发展带来众多的社会问题与矛盾已开始引起广泛重视，经济与社会协调发展问题已经提出，经济发展并非必然导致社会发展的论点在近年的实践中已得到证实。

非营利部门在市场经济体制实施的过程中也有较快增长。各行各业群众团体、社区组织、民办教育与医疗机构、基金会、慈善团体与各类民间公益

---

* 写于 1997 年 12 月，原发表处不详。

性组织纷纷成立，在社会中有越来越重要的影响。非营利部门的崛起补充了政府与营利部门功能的不足，显示其不可缺少的作用。但总的说来其发展与形势还不相适应，是社会结构中的薄弱环节，距离建设"小政府，大社会"的设想目标仍然十分遥远。

现代社会的发展与繁荣，要依靠上述三大部门间的合作与协调，要使物质文明与精神文明共同发展。因而中国基金会今后的健康发展问题，备受社会有识人士的密切关注。

在现代社会，基金会被列为非营利部门的重要机构,[①] 缘于经济来源是从事非营利事业的基础。在西方基金会开创时期，有国家资金的一定支持，更有营利部门与大家族资金的大力支撑。时至今日，它们仍然以资金资助某些特殊需要如科技研究与奖学金项目，或落后地区的扶贫与待发展项目。营利部门更兴办自身的基金会组织，以利于企业和公司的发展和不断改善自身在社会中的形象。由于基金会与慈善事业的作用之一是补充政府兴办社会公益事业财力、物力与人力的不足，其资金应主要是取之于民、用之于民。目前，在西方国家，基金会与慈善事业的资金已越来越多地来自个人的捐助。在美国，慈善事业中80%以上的资金来自个人。[②]

在中国历史上，民间集资兴办社会公益与慈善事业，如济贫救困、办学兴教、施医舍药、修桥补路、邻里互助等早有传统。无论城乡村镇，都存在由庙宇、会馆、邻里兴办的不同名称的各类会，互助会、同乡会、互济会等。民国初年（1912年）直至20世纪50年代前，也存在由民间兴办的会馆、善堂、同乡会、族祠，他们成立了各类福利性奖学金、慈善救济金等。在西方，慈善事业与宗教观念密不可分，形成慈善的主要资源；在中国，慈善事业传统上则与宗族和宗亲观念密不可分，在历史上形成慈善的主要资源。

即使在50年代后，尽管由国家统筹济贫救困和公益事业项目，但在城乡

---

① Peter Drucker, Managing the Non-Profit Organization: Principles and Practices . 1990.

② Robert Bremner, American Philanthropy, 2nd edition. 1988.

特别在江西、湖南等地农村，由农民自己倡导组织的互助储金会，在城镇，由工会基层单位倡导的职工互助储金会等一直在为救急济难发挥了不可忽视的作用。目前，农村互助储金会储金总额达数亿元之巨；职工互助储金会已有约 13 万个，储金总额为 7 亿余元。① 它们的组成和资金来源按规章规定应由个人自愿参加和提供，经由民主选举产生管理机构，独立自主决策资助对象。中国各类集资互助组织的名称与基金会不同，其管理与作用大部分尚保持原始状态，但标志着基金会性质的组织在中国大地上存在坚实的发展基础。

在市场经济体制下，社会问题和社会矛盾错综复杂，贫富差距将不可避免地有所扩大，处于不利地位的脆弱群体将会不断有所增长，各类意外事故将侵袭与冲击一部分人群，人们急需民间非营利组织的福利救助、教育培训、医疗康复、社区服务、文化艺术与科技发展等事业和项目的支持。各类基金会和慈善机构的建立与健全以及慈善意识在广大人民中的确立，是我国社会迫切的需求。

二

自 80 年代以来，经由中央和地方政府批准成立的全国性基金会上百家，地方基金会近千家。申请成立待批准注册的数以百计，称为某某基金，或虽不称为基金会但具有其性质或类似其性质者为数难于统计。"加强规范和监督，对不合格者需加整顿"的呼声在报刊传媒中时有报道。各基金会正通过实践迫切期望探索一条符合中国国情的发展道路。近两年，一些基金会曾探索中国基金会发展的历史经验，也曾联合出访国外，希望借鉴国内外经验教训。他们一方面重点支持传统性的济贫救困慈善事业，另一方面在社会发展过程中，对创新事物也给以一定的支持，并正在探索建设与发展中国基金会的正确道路。

尽管新中国成立后国内最早成立的基金会始于 1981 年，至今已有 10 余

---

① 《全国工会多层次实施送温暖工程》，《人民日报》（海外版）1995 年 11 月 29 日。

年历史，但从发展阶段看，仍属开创时期。按国务院于 1988 年颁布的《基金会管理办法》规定，基金会"是指对国内外社会团体和其他组织以及个人自愿捐赠资金进行管理的民间非营利组织，是社会团体法人"，但由于现行体制以及管理办法规定"建立基金会，由其归口管理的部门报经人民银行审查批准"，各基金会必须有个"婆婆"。虽然管理办法也规定了"基金会的领导成员，不得由现职的政府工作人员兼任"，但实际上常难以做到。因此，相当一些基金会虽具有民间性质，但常带有浓郁的官方色彩。

在中国，基金会在成长阶段一定程度上依靠政府或某些团体的支持，具有历史上的原因，正如国外基金会在成长阶段，需要在不同程度上依靠一些公司和企业的支持。中国的济贫救困事业，由官办官营，始于汉代；由官办民营，始于隋代；由民办公助，始于宋代。随同社会变迁，这一事业由官向民转移并推动社会进步。近年来，可喜的现象是已经有越来越多的基金会在不同程度上可以独立自主决策；在基金会领导成员中，由现职政府人员兼任者为数已有所减少。尽管如此，正如一些社会团体的组织结构现状，仍存在组织机构和管理上官方化、班子配备行政化、民主程序形式化、工作人员老龄化的现象。

基金会的资金来源是其生存与发展的关键问题。目前，基金会资产数额在亿元以上者，仅有为数极少数家；超过千万元者，在全国性基金会中也不过十余家，在地方基金会中则属凤毛麟角；绝大多数基金会拥有的资产数额在十万元至百万元、数百万元。

各基金会筹措资金主要通过如下渠道。

（1）主要由国家每年以一定数额的资金拨款资助。

（2）主要在民间向个人募集。

（3）主要由公司企业捐助。

（4）主要由基金会兴办实体积累基金。

（5）主要由国际非政府机构或海外华裔及其团体资助。

实际上，各基金会筹资较少单一渠道，有越来越多的基金会不再依靠国家拨款资助，而走向民间向个人和营利机构募款。海外华裔及其团体也是支

持国内基金会集资的重要来源。

根据在中央和地方政府正式获准注册的 1058 个基金会的成立宗旨和工作范围看：社会福利类有 307 个，占 30. 3%；文化教育类有 257 个，占 24. 6%；文学艺术类有 107 个，占 15. 4%；科学研究类有 92 个，占 8. 5%；体育卫生类有 86 个，占 7.7%；环境保护类有 16 个，占 1. 3%；其他有 130 个，占 12. 2%。①

随同经济与社会发展，近年出现了许多新的基金会。如在 90 年代注册成立的消费者基金会、见义勇为基金会等。这些新的组织反映了新的社会问题的出现，已远远超出传统社会救济的范畴。

尽管资金有限，但一些基金会在成立后，积极探索适合于本国、本地区特定条件的一些筹资办法，根据社会的迫切需求确立项目和资助目标，逐步加强管理，取得公众较高的公信度。几年来，基金会在扶贫救困、支持社会福利与慈善事业，在促进教育、医疗卫生、文化艺术、科学技术发展，在改善社会治安与环境治理，在培育各方面人才、在加强国际交流等各方面都取得了很大成就。其在推动精神文明，发扬社会正义，促进良好人际关系，特别在提高人们经由自身的努力解决自己的问题，而不是单纯依赖政府方面具有重大作用。

基金会经济与社会效益十分显著的原因，是由于在市场经济的体制下，不断壮大的民间机构具有广泛的群众基础，办得较好的基金会项目选择较富有准确性，引导公平竞争，资金使用效率较高，较少受人事与其他关系的干扰与影响。基金会在中国的不断发展，是经济与社会发展的必然。

但另外，当前基金会事业与活动大部分还局限在沿海经济发达地区，在广大中西部地区，被基金会支援的项目和内容有极大的局限性。从全国来看，基金会事业仍处于萌芽阶段。

中国青少年发展基金会在实施"希望工程"的 5 年来取得了重大成就，在海内外具有重大影响。这一工程主要通过个人捐赠，至 1995 年累计捐款 3. 58 亿元人民币，救助失学儿童一百余万名，建设希望小学 1000 所，目前

---

① 此数据有误，但已无法找到校正资料。

又开展为贫困地区农村少年儿童提供优秀书籍的"希望书库"捐赠项目。

"希望工程"采取结对子即"一对一"方式进行对贫困地区失学儿童的资助。这一项目关系国家的未来希望，贴近社会生活，能动员广大人民群众的积极参与，切合普通百姓捐资的能力，信息反馈明白清楚，便于社会监督，其成功不是偶然的。

"希望工程"获得成功的事实说明，尽管中国并不存在专门以资金支持公益事业的赠款机构，政府拨款资助基金会的力量有限，亿万富翁或营利企业中能以巨款资助公益事业者为数不多，慈善意识在广大人民中还有待推广，非营利性质的公益事业仍能利用开创性形式和在自身艰苦奋斗中获得支持和成功。这类边筹资边资助、边积累边发展的方式已为越来越多的基金会所采纳。以"一对一"方式进行社会公益活动，协助落后或生活困难群体，在西方国家早在百年前开始，但从未达到在一个发展中国家如中国这样的巨大规模和成就。事实说明，尽管绝大多数中国人民生活并不富裕，甚至本身生活还有一定困难，但在群众中蕴藏着支持基金会与慈善事业的巨大潜力。

国家自然科学基金会每年通过国家拨款，资助基础性、创新性、应用性研究。基金会直接接受个人申请，引导公平竞争，不受一般人事关系干扰，使科技人员创新的思想火花得以闪亮，实施多年来已获得了大量积极成果。

政府每年拨付一定数额的资金，通过基金会资助具有战略意义和特殊需要的科研与公益事业项目，而不是直接拨款给主管部门以行政手段来完成这样的事业。几年来的实践证明，这样做对某些事业来说是完全必要的，其耗资较少而效益较高。目前，在国外，存在不少由政府拨款资助的各类基金会；其不足部分，由这些基金会另筹或成立直接接受民间募款的基金会作补充性资助。事实证明，国家和民间对基金会的资金投入不是决然对立而是可以相得益彰。由于中国缺乏专门赠款的私人或公司基金会，政府拨款资助重点特殊项目特别有其必要性。

中国的一些基金会如文学、电影、体育等基金会与营利性机构有可能存在密切的联系。他们大都能得到海内外营利性机构的一定资助；而公司、企业意欲扩大其在社会中的影响，也常需依靠这些基金会引导来的"名人效

应"。这些基金会举办的以福利为目的的公司、企业实体和各类出版、演出、比赛等活动不仅能为自身扩大社会影响，其盈余也能为自身积累资金，从而为从业人员谋求福利与救助，形成良性循环。中华文学基金会在成立后不长的时期内积累资金 2 亿元，举办文学奖、组织学术讨论等各类文化活动、扶助文学刊物的出版、资助穷困和患病作家、兴建文采大厦等，其工作成果在社会上具有重要影响。

此外，与社会安全及人们日常生活有较密切联系的如保护消费者基金会、见义勇为基金会、环境保护基金会等具有强有力的社会影响。它们也得到许多公司、企业的捐助与支持。但总的说，由于中国的多数营利机构尚缺乏足够的"利润取之于社会，必须回归于社会"的强烈意识，慈善事业与一般公益性基金会取得营利机构的支持还很不够。

海外特别是海外华裔对国内基金会的支持具有重大意义，全国性各大基金会几乎普遍得到他们的一定支持。从资金来源看，有些基金会的海外捐款常居其半数或甚至半数以上，形成中国基金会基金构成的特征。

设在南京的爱德基金会成立于 1985 年，每年获得国际非政府组织 200 多万美元专项捐赠，其工作重点在扶助中国西南、西北贫困地区农村发展生产、培训乡村医生、防盲治盲、培养农村医生、引进外籍语言教师专家等。他们参照国外管理模式，严格审计，不断培训工作骨干，已在 26 个省、自治区、直辖市开展公益事业项目，工作获得很大成绩。

中国农村互助储金会于 50 年代即由农村自发创建，沿袭传统推选管理办法。由于其切实符合广大农民遭遇灾害、病患和意外事故的急需，在地方政府扶持下，在南方广大农村特别是江西、湖南等地得到普遍发展，资金积累在一个省范围内常达数亿元之巨。

尽管农村互助储金会并无基金会之名，其管理办法亦还缺乏一定规范，在发展过程中也曾发生徇私、挪用、贪污等一些问题，但其切实符合广大农民需求和传统互助互济习俗，具有一定的生命力。如能认真总结其经验，借鉴国内外的某些管理办法，有可能使互助储金会朝向现代性质的基金会模式发展。

以上事实说明，改革开放与市场经济体制是非营利事业及基金会在中国发展的基础。在短短十余年中，各类形式基金会与慈善事业已通过不同的集资途径获得了一定发展；同时说明，国外基金会发展的历史经验固然可资借鉴，但中国基金会与慈善事业的发展与集资途径，主要应从本国的实际情况出发走自己的路，难以套用国外基金会的一般模式。应该说，在其发展的现阶段，仍处于不断摸索、逐步完善的过程中。

当前，"小政府，大社会"的改革构想固然已获得普遍赞同，但通过何种途径以达到这一目标尚有待审慎抉择。十年来，民间基金会与慈善事业的发展成就与存在的问题无疑当对这一构想提供有益的启示。已得到普遍承认的事实，即基金会与慈善事业兴办公益事业的业绩确实已补充了政府资金与功能的不足，促进了社会保障的作用，凝聚了人们广泛参与社会公益事业的热忱与积极性，调节了政府、营利部门与人民群众的关系，在社会上推动了良好的道德风尚和价值观，促使精神文明与物质文明的共同协调发展。

三

普遍认为，基金会事业在中国的进一步发展，面临一系列的问题和困难。关于如何促使其健康成长，不同部门、不同基金会组织、不同观点人士的意见各有其侧重点。

某些人士认为，在当前发展大潮中，政府应严格审批其注册手续，整顿现有基金会组织并加强监督管理，对于机构与制度不健全、账目混乱、摊派集资、动用基金会谋私利等行为严加制止，对一些在成立后未有正常活动，形同虚设，成为一小部分人员养老养闲的地方的基金会取消其注册，更不允许有些单位越权审批成立基金会。

某些人士着重强调基金会立法的重要性。他们主张，除继续完善《基金会管理办法》外，应研究制定基金会和公益事业的《免税法》《基金会捐赠法》《公益事业法》《遗赠法》等。一方面使基金会有法可依；另一方面

使基金会有可能扩大集资来源，确立资助重点项目，规范管理办法，这将使基金会逐步进入正确的发展道路。

某些人士特别是来自地方的基金会负责人，要求政府应给基金会发展必要的宽松政策。例如，由于中国缺乏捐资的专门组织，而企业赚取利润后以一定的利润回归社会的意识不强，他们认为在一定条件下应允许基金会兴办实体。又如，管理办法规定，建立基金会须由其归口管理部门批准，这样，常使一些基金会实际隶属某行政部门，在工作上缺乏独立自主权，在人事上没有自决权，甚至在经济上也没有支配权。因而，确定的宽松政策应逐步使基金会在组织上自治、活动上自主和经济上自立。

某些人士强调，在基金会和慈善组织从"官办"逐渐转向"民办"的过程，应从实际出发，还必须依靠政府和归口管理部门，包括其在资金方面的支持。这是由于数十年来形成的社会规范牢固地反映在中国实际生活之中，非营利性公益组织如果完全脱离政府和归口管理部门强有力支持势必难以发展。即使在国外，至今也仍然存在"政府的非政府组织（GONGO）"。他们主张，社团法人的基金会组织，仍然应该大力争取政府和归口管理部门每年有一定数额的拨款支持。

某些人士主张，在中国基金会与慈善事业处于起步阶段的关键时期，必须严格实行财务公开与高度透明，严防贪污腐化、徇私舞弊，建立较为规范化的监督与评估体系，务使其在不断提高公信度与经营管理现代化基础上逐步发展。

他们认为，在当前数以千计的基金会出现于社会之时，根本不可能要求政府部门予以全面严格的管理和财务审计。根据国外的经验，必须依靠基金会自身的组织（如地区联合会、协会、研究会）和社会性组织［如美国的"争取社区变化中心"（Center for Community Change）、"慈善事业对社会负责委员会"（National Committee for Responsible Philanthropy）］等的监督，政府应该鼓励与倡导民间组织的自律机构的成立与运行，使基金会逐步进入正常规范的管理模式。

某些人士主张，各基金会之间首先应该加强联系，共同或轮流召集一些有关问题的研讨会、学术报告会、干部培训班，出版知识性的资料、刊物，根据我国历史传统和国情研究出中国模式的基金会结构，还可先成立如信息交流性质的组织；同时争取国内外各方面的支持，组织代表团赴国外考察，参加国外基金会组织的会议；认真总结各基金会在筹资、管理、资助、监督等方面的经验，多渠道培养慈善意识，逐步使基金会和慈善机构的工作步入正常轨道，探索具有中国特色的模式和体制。

慈善机构与基金会筹资方略*

一 "以人为中心"的筹资八原则

1. 对人而不是对物的原则和战略

必须明确,筹集的资金或物资或人力资源都是从人那里来。不管筹募的对象是公司、是个人、是事业机构还是政府,归根结底还是"人",要启发人的善心和良知,启发人们对各种不幸人群的责任感,也就是说,要说服人(或代表他们的组织)乐于捐助。因而募捐的原则和战略,就是做人的工作,是对人的原则和战略。

如果一个筹资者专注于物而忽视了人,按国际筹资组织主席瑞典人 Per Stenbeck 的话说:"你就不会筹到钱,你也不配得到钱!"话说得尖锐,但这确是事实。道理明白,但实践起来还会出现问题。比如一次被拒绝,就会产生失望心理,忘记了这是对"人"的工作,而影响人的因素是复杂的。因此对人就需要做长期而艰巨的工作,不因一次失败而气馁。

2. 需要"人性化"的表达过程

既然是对人,筹资就是一个打动人心、启发人的爱心和道德心的高度艺术。筹资完全不是"求乞","求乞"是为一己之私;筹资也不是显示自己

---

* 原载于《中华慈善信息》1999 年第 4 期。

"能力强""关系硬""地位高""影响大"的机会，因为仅靠这些东西筹资成功的话，很可能没有打动对方的心，没有取得应有的社会效果，结果是要到了钱，但可能使他厌烦，丢失了他的"爱心"，使他今后再不愿对困难群体给以同情之心。

筹资的过程，是一次教育也是一次被教育的过程。例如，以你自己为例，或以对方在幼年时曾经失学的经历为突破口，启发一个人或彼此双方来捐资办学，这往往能够成功地筹到资并和捐助人成为朋友。

有人认为，这样的筹资过程未免太理想化了，也太费精力了，他们是对的；如果某人想真正成为一个筹资者，他不仅应该是"参与"，而更应是"投入"。"投入"是一种重新创造的过程，需要的是一种不屈不挠的精神，筹资本身就是改造自己的过程。

3. 要依靠广大"拥护群"

个人、少数人的力量究竟是有限的，难于做大事、取得大成就；但如果能逐渐形成"拥护群"就不同了。什么是"拥护群"？基金会和非营利组织都应有自己的"拥护群"，这就是它们的理事、董事、赞助者、志愿者、受惠者、专家学者、媒体组织和政府中的支持者等组成的群体。

没有组织起来的群体是一盘散沙，形成不了一股力量；组织起来的意思并不一定是指成立什么会，而是说要有一定的活动使他们经常关心本基金会和公益事业，贵在"参与"。比如环保基金会每年组织人们去种树、拾塑料袋，电影基金会组织人们去看电影，老年基金会组织老年人爬山、检查身体，少儿基金会组织儿童们过夏令营，这就是形成自己的"拥护群"的办法。

每当需要筹资的时候，"拥护群"就是最重要的后盾。对他们来说，自己出资不一定是最重要的，最重要的是他们的"人力资源"和"关系网"，他们是完全可以依靠的力量。判断一个基金会和非营利组织的实力，绝不仅是他们的基金积累，也许更重要的是他们的"拥护群"的规模和潜力这个资源。

4. 尽可能与捐助人的切身经历与利益相关联

向什么人筹资？最重要的是向那些有切肤之痛或有类似经历的人筹资。如乡土遭难时向本乡本土的老乡募集，对有疾病的人们的捐助向有同等病痛

的家庭募集，对某项科研的支持向与这项科研有关的企业与科技人员募集。

许多大公司、企业之所以关心他们所在社区的医疗、教育、治安、贫苦人福利、环境、文化、体育等综合环境，就是因为这个地区的社区环境优良，就可吸引更高素质的员工来此工作，他们的员工也可享受更多的福利。这个地区的富裕与社会环境与这个企业兴旺发达密切相关，与某些人或群体的利益相关，就会促使他们支持与赞助各类非营利事业。

5. 要掌握人们乐于捐助的时机

募捐筹资在中国最好的时机在春节、国庆节、中秋节、九九重阳节、"六一"儿童节及企业的成立纪念日、有关人员的生日、结婚纪念日、家庭聚会日等。在这些时候，人们愿意拿出一些钱来捐助慈善事业。

要把握时机，必须与传媒密切合作，公众关注的某一事件的发生，传媒报道并号召有钱出钱、有力出力，基金会与非营利组织乘机号召筹资支持，传媒紧跟再报道。如此配合默契，就容易成功。

6. 动员捐过款的人去募集捐款

动员捐过款的人去募集同一项目的捐款，是一个较好办法，因为他们有捐款的切身体会。如动员商户捐款的工作，最好是由捐过款的商户来承担。为贫困老人捐款，较好的办法是由已捐过款的老人来募集。

找捐过款的人来捐助，一般比找没有捐过款的人捐要容易，所以应把曾捐款人记录在案，把他们视为老朋友和上宾。因此，筹资和资助的登记、追踪、评估工作非常重要。如果一个基金会连对自己捐过款的人名都没有记录在案，这不是一个健全的基金会；如果人们从已捐助者的名单中看到有他们老朋友的名字，他们常也愿意以同样的热情和数额相助。

7. 使捐助者尽可能方便

人都是有惰性的，要尽可能简化捐款手续和过程，使他们在最感动时对捐款有反应，不能拖沓。

8. 对捐助者讲不讲接受捐赠的条件和原则

一般认为，接受捐款时不问人们的动机，因为接受时难以区分其意，也不大可能予以区分。

但是，如果已经了解这笔钱的来源时，还是要讲条件和原则的。国外筹资机构不接受黑社会的钱，不接受经营毒品，有卖假货、卖腐烂过期食品记录以及名誉扫地公司的资助，因为声誉是基金会和非营利组织的生命，不能忘记我们的根本目标是发展慈善与公益事业。

二　筹资目标和方式方法多元化

建立基金会的总目标是为了促进社会发展，中国基金会至今已走过十多年历程，每个基金会都有自己资助的重点目标。随着经济社会的发展，战略目标应也多少有某些变化，以适应时代和人民群众的要求。各基金会逐渐会形成适合自身发展的一套筹资目标和方式方法，也有必要探索国外一些筹资模式及运用于中国的可能性。试观中国目前办得较知名的基金会，都逐步形成了自身的一套筹资目标、方式和方法。其中，不乏运用得很成功的模式，如中国青少年发展基金会和爱德基金会。

（一）筹资目标类别

（1）以资助各类事项——如自然灾害、文化艺术、医疗、科技、环保、国际交流等为目标的筹资。

（2）以资助人群特别是困难群体——老年人、儿童、贫困母亲、消费者、见义勇为者等为目标的筹资。

（3）以人员培训——下岗职工培训、农业技术培训等培训人才为目标的筹资。

（4）以资助社区——街道、边远贫困山区、农村矿山等综合发展为目标的筹资。

（5）以资助某项活动——科技展览、游园会、博览会等为目标的筹资。

（二）筹资方法

通常用的筹资方法有义卖、义演、义拍（卖）、广告劝募、传媒报道劝

募、电视劝募、上街劝募（爱心标志、募捐箱劝募）、开大会劝募、写信劝募，还有专业筹资、分成筹资等方式方法，这些大家较熟悉。

根据国情，在筹资中有几个值得注意的问题。

1. 筹资目标和方式方法应随经济社会发展而不断有所变化

一般认为，筹资的目标不同，使用什么方式、方法也会有所区别。在发展中国家，过去一般以济贫济困和助学这类传统目标为主，但随着经济社会发展，重点也将会不断变化。在发达地区，除济贫济困目标外，科学技术发展、医疗保健、环境保护、社会正义、法律援助、国际交流等已成为新的社会问题。由此其资助重点有可能也会有变化。因而筹资需要有发展的眼光，需要不断创造。

2. 筹资与文化传统的关系

上海、广东、天津等地的筹资充分运用中国文化传统，即利用中国对家庭、乡里、社区观念进行筹资，获得了很大成功。

上海市慈善基金会突出地利用家庭与乡里观念动员集资，其口号有"社会大家庭，情系千万家""温馨家庭""春风吹遍千万家，慈善联系你和他"。

广东省中山市红十字会利用传统阴历大年初七的"人日"进行"万里行"募捐，已积累十多年经验，每年能集资数百至一千万元。

以上情况说明，任何一种成功的筹资模式都不可脱离本乡本土的传统观念，而是建立在自身的社会文化生活基础之上的。

（三）筹资方式的灵活运用

"一助一"方法在中国的成功不是偶然的，它适合中国国情——经济欠发达、具有个人爱心的道德传统、缺乏大垄断资本的公司企业、私人经济起步迟。"一助一"在世界上有100余年的历史，但从未有过像在中国的规模和成就。其成功经验说明，必须从中国实际国情出发。

一种成功的筹资方法不会也不可能永远地奏效，如何创造和借鉴新的筹资模式，使人们不产生厌倦情绪，取得新的筹资成效，是摆在基金会面前的重要课题，这正是"流水不腐"的道理。

这里，着重介绍在中国颇有前途的一些筹资方式。

1. 联合筹资

国外早已实行的"一日捐""万里行"和"联合劝募会"，都属于联合筹资范畴，采取联合筹资和协商分配这一方法，具有如下好处。

（1）避免筹资竞争，动员社会各方面的关系与力量，进行慈善活动。

（2）把筹资用到最需要的地方去，节省筹资者和被筹资者的精力和时间。

（3）有利于动员各阶层广大群众的参与和良好道德社会风气的推广。

在广东省中山市、上海市等地的"一日捐"和"万里行"联合募捐模式已坚持多年，效果显著，吸引数百万人参加，证明在中国已行之有效。

2. 协同筹资

以基金会和非营利组织为主体，选择社区亟须资助的项目，协同当地政府、企业、媒体和群众，集中资金、物资和人力资源共同建设这一项目。中国青少年发展基金会资助希望小学，爱德基金会资助边远地区农村建设水力灌溉、水坝、学校、受灾住房等都采取了协同筹资办法。上海市慈善基金会与电台、报刊成立了"解忧基金"，以"助学之窗"等各种形式募集资金。协同筹资对开拓地区环境保护项目也应适用。这种协同筹资办法的好处如下。

（1）各自以有限的资金、物资或人力资源投入，取得项目最大的效果，有钱出钱、有物出物、有力出力，充分发挥社区各类资源的作用。

（2）动员社区群众以自身的力量解决自身迫切需要解决的问题，有利于持续发展。

（3）由于有广大群众和媒体的参与，有利于避免贪污、浪费、挪用等问题的出现。

中国人口福利基金会开发"安利母亲课堂"项目，安利公司拿出10万元为贫困母亲免费培训，使她们掌握医疗护理技能，这些母亲提出创办街道托老所回报社会，使下岗的人有工作做，而社会需要的工作又有人做。

三 适应趋势，转变观念

（一）基金会与慈善事业的发展趋势

1. 政府从管理到培育发展与管理并重

民间组织管理局的成立以及"民办非企业单位"名称的确定，标志着社团组织的民间性受到重视，其发展亟须加强管理，政府职能开始转变，"小政府、大社会"在未来将逐步形成。

培育与发展民间组织设想中，令人鼓舞的内容如下：积极扶持公益福利组织，首先是基金会和慈善团体，发展中介组织，建立自律机制，鼓励行业自我监督，打击清理非法组织，并且政府要委托中介组织以一定任务和工作；其次是对NPO建立干部的社会保障政策，发挥他们的作用。

2. 民办基金会正经历艰难成长的过程

（1）已获批准登记注册。

（2）许多基金会正从困境中主动寻求出路。

（3）各基金会渴望能相互交流，已开始建立网站，交流刊物，组织讲座，并与政府一起讨论问题。

（4）在北京和上海等地已出现公司基金会组织，这标志着市场经济进一步促进了新型基金会的发展。今后，社区基金将会出现。

（5）基金会慈善组织与政府密切合作，获得了政府的支持与重视。比如江苏爱德基金会召开董事会时，省委书记、省长出席，给予极高评价。

（6）社会群众的积极支持。

3. 展开国际交流活动

（1）各基金会、非营利组织密切了与国际有关机构各方面的联系。

（2）在国际组织支持下，中国科学基金研究会已举办了外国专家讲座。

（3）清华大学21世纪研究院召开非营利部门与发展国际会议。

（4）联合国开发署与中国青少年发展基金会将召开基金会国际研讨会。

以上情况说明，基金会与非营利部门已得到政府、企业、国际社会的支持，但自身确实也存在一系列问题需要解决。

（二）焦点集中于"从官到民"的转变

（1）首先是从依赖到独立谋生的转变。

（2）作风的转变。从行政命令、不求人到与普通老百姓平等，动员老百姓支持自己，是不容易转变的过程。

（3）工作方式的转变。要求以"从官到民"的作风适应发展的要求。

（4）思想转变。把为人民大众解难当作最具有自豪感的事业。

（三）筹资趋势前景

1.市场化趋势

（1）与非营利组织密切联系的市场筹资可能性增加。

（2）竞争态势总的说有好处，在竞争中优胜劣汰，要淘汰一部分基金会。

（3）公司基金会将成立。

（4）建立基金管理公司或互助基金，联合解决基金的保值增值问题。

（5）与国外联合筹资，互利或分成。

（6）原以政府投入为主的社区服务组织将逐步转变为以社会投入为主、政府投入为辅，并将社区服务产业的盈利用在非营利服务方面。

（7）筹资与项目运作机构的分离。

但市场化趋势并非等于把筹资工作绝对市场化。基金会与非营利机构的特征就是非营利性，有自己运作的特征和规律，不能完全靠利润大小办事，市场经济并非万能，旧的有效的筹资方式可能有新发展。在美国，筹资也不是只运作市场经济流行的一套，自愿奉献式的筹资箱办法、项目筹资、联合筹资实行了约百年，至今照样有效。

2.社区化趋势

社区基金会在国外为数很多，都是小型的，资金量不大，在基金会方面

不占主要地位，发展较慢。中国的国情不同，社区基金会有更大的发展空间，原因是中国缺乏资本主义初期积累的大垄断资本，公司基金会才刚刚开始，而社区服务和社区建设，即社区范围内的互助与他助事业在中国发展很快，小的地区性私营企业也有很快发展，再加上邻里互助在中国有历史传统，这就为社区基金会和社区范围内的非营利事业创造了基础。

社区内人与人之间互助靠什么形式，如何积累基金？靠政府显然是不切实际的，民间以社区基金会介入是一个办法；但当前登记注册一个基金会比较难，怎么办？不成立"会"而成立"基金"是一个办法。上海市慈善基金会反映，上海市的基金会只有 68 个，而募捐机构却有上千个。我个人认为，对社区的募捐机构如：教育基金、帮困基金、环境基金……这种募捐要分析，不能认为都是"非法募捐"，要考虑其合理性的一方面。南京市玄武区设了"社区服务发展基金"，由政府与民间集资，扶持社区服务业发展。

广东省顺德市出现了区、街道基金；天津市红桥区出现了区、街道、胡同慈善会，他们"取之于社区，用之于社区"，人们在社区中看得见、摸得着，知道钱、物从哪里来，用到哪里去。我个人预测，社区基金会在中国发展有广阔前景，但前提是：（1）有明确的合法筹资规定办法；（2）政府积极扶持其发展，包括给予一定资助；（3）鼓励营利组织与个人支持；（4）培训管理人员；（5）不断总结经验。

3. "结成伙伴关系"趋势

在市场化和社区化趋势情况下，要研究政府、企业、非营利机构与个人四个方面的关系，究竟能否予以鼓励形成"伙伴关系"。

首先，政府在政策上培育、发展，要具体化，应考虑拨出一部分款项支持基金会和非营利机构。政府给政策，第一是实行捐赠减免税办法，第二是发挥基金会独立的积极性，不好的让它垮台。联合筹资办法要有政府参与，政府更加主动，不仅在筹资方面，在分配方面也掌握了一部分主动权。上海联合筹资办法已证明这一点。广东省中山市市长带头帮助非营利组织以联合筹资办法解决医疗、教育、治安等问题，这是花钱少、效益大、受社会监督最好的办法。政府越是倡导越是主动，不引导不参与，只管辖、监督，会被动。

其次，企业主动拨款，成立公司基金会是办法之一，公司愿给谁钱就给谁。地区治安不好，拨款支持治安；地区环境不好，拨款治理环境；职工失业多，拨款支持就业培训；职工技术跟不上需要，支持技术培训。企业占主动地位，比做广告花钱合算得多，影响要大得多，同时可节省许多支出，改善劳资关系。

结成"伙伴关系"，大家相互支持、相互牵系。但最终是政府、企业、基金会和非营利组织都获得好处。据我所知，如美国微软公司和其他一些国家的有些社区成立了协商性组织，以促进社会稳定和发展。

中国的基金会和非营利组织正在成长阶段，有必要进行研究与规划，这是全体人民的大事。有争论才好，只有争论，才能愈辩愈明。前途并非"一帆风顺"，而是需要"披荆斩棘"，这是曲折而迂回的过程，但总体是乐观的，是发展中存在的问题，基金会与非营利组织的经历常会是："山重水复疑无路，柳暗花明又一村。"光明在前头，有志之士该积极参与这个创业过程。

中国非营利部门的成长及政府在其中的作用[*]

一　西方对中国非营利部门与政府关系的观点

当前，中国非营利部门正处于关键的成长时期。在近 10 余年的发展过程中，非营利部门越来越显示其发展的东方特色。这种东方特色既反映在这一部门与政府的关系方面；也反映在其筹资方略、经营管理方针、工作方式方法以及其未来的发展方向等方面。

西方是怎样看待中国非营利部门的发展的呢？自 80 年代初以来，我每年都有机会去美国和其他一些国家访问，也常接待一些来中国的访问者，他们对中国非营利机构与政府的关系有各式各样的观点。前些年，有些"中国通"把中国的非营利机构完全等同于政府；也有一些学者赞美中国某一非营利机构时称它为真正的民间机构。他们之间观点有不同，但有一点似乎是共同的，即以西方的眼光和标准来看中国的非营利机构。

至于对 NGO 中的 GO，其英文的解释也有不同。前些年，他们告诉我这是 Government Owned 的意思；以后，又有人告诉我是 Government Organized 的意思，我甚至听到过是 Government Operated 的意思。

---

[*]　原载于《社会学》1999 年第 4 期。

从早期的 Owned 即"所有的",到近期的 Organized 即"组织的"和"经营的",似乎是有所不同了。研究一下对"O"字的不同主张者的背景,还可以看出,越是对中国 NGO 更有所了解和熟悉的人,对中国的 NGO 的发展趋势越有较高和较积极的评价。

在与国外学者相互更多了解的情况下,大家发现,彼此间可能会有较多的共识,即不能完全以固定的西方的眼光和标准来衡量中国的非营利机构;只有更深地了解中国非营利机构发展的历史背景和理解当前经济与社会转型的现状及政策,才能更好理解中国非营利部门发展的性质与作用。

有一次,我偶然想到以西方基金会发展的历史背景来进行比较。西方基金会的产生与西方大企业发展的历史有密切相联系。今天,西方的许多基金会仍然冠以大企业的名称,包括如我访问过的 IBM 基金会、AT&T 基金会等等。在这里,我绝不认为 IBM 或 AT&T 仍然 Owned、Organized 或 Operated 这些基金会,而是说明一些非营利组织有它自身产生的历史背景和遗迹。中国非营利部门处于刚刚经历萌芽到成长的阶段,它不可能不带有同样历史背景的痕迹。当我进行这样东西方比较时,我的西方朋友对中国的非营利部门的成长过程似乎有了更进一步的理解。

中国非营利组织的成长及与政府关系的一些变化,并非没有被人们包括国内外有识之士所注意到,即中国非营利组织自身的决策权近年来有越来越扩大的趋势。我要着重说明的是,这种变化绝不仅是中国非营利组织这些年自身努力寻求发展的结果,更与中国政府对非营利部门的理解与政策密切相关。大家也许知道,是中国政府首先提出"小政府、大社会"的政策构想的,是政府确定"政府职能"在新时期要有重大转变的,是政府提出要积极培育与发展社会"中介组织"的。

二 有关东方特色的历史反映

熟悉中国历史的人士都知道,在中国延续达 2000 余年的封建社会中有一句名言,即"普天之下,莫非王土;四海之内,莫非王臣"。在封建制度

下，政府包揽社会中的一切事务，包括社会公益事业在内。这点与西方特别是美国的历史有极大的不同。自古以来，中国缺少基于社会的文化理念以推动公益事业发展的历史，更多的是依靠政府权力机构来解决社会问题。

中国电台有这样一则消息报道，一对陈姓夫妇自费乘车在中国从南到北、从西到东旅行达两个月，目的是调查普通群众对中国环保问题的看法。他们吃惊地发现，绝大多数中国普通老百姓竟然认为环保问题只是政府的责任，而把自己和其他老百姓排除在外。大家知道，在这样一种思想认识基础上，任何一个能干的政府也不可能真正解决好环保问题。这样认识的后果，也正是中国的老传统思想，政府包揽一切社会事务导致的灾难。今天，大家在北京之所以呼吸到如此污浊的北京空气，也就是这种错误认识的结果。

熟悉中国历史的人们还知道，中国的民间公益事业在历史上常只是一种个人行为、家族行为或乡里行为，而并未真正形成全社会的有组织行为。武训兴办义学的故事、李冰父子兴办四川都江堰水利工程的例子，以至于其后民间兴办的各类同乡会、会馆、义冢等公益事业大多是如此，它们是东方公益与慈善事业的典型模式，与西方兴办基金会及教会兴办慈善事业的历史极不相同。基金会在中国，只是近代以来从西方借鉴来的公益事业模式。

在探索中国民间公益事业发展的历史过程中，我发现中国的"仓储"制度可以是说对人们富有启示的案例。"仓储"在中国是延续千年之久在灾年救济灾民的形式。这种制度原来纯粹是官办的，以后民间逐渐加深参与的程度。在汉朝（公元前202～公元220年）称为"常平仓"，是完全彻底的政府行为。至隋朝（公元581～618年）称为"义仓"，仍然是以官办、储藏官粮为主；但同时鼓励民间富户捐助粮食，其管理和监督则还是由官府负责，可称为"官办民助"。至宋朝（公元960～1279年）称为"社仓"，只是在这时，才由民间捐集米谷，自行组织管理；政府只是负责监督和帮助，可称为"民办官助"。

从"仓储"这一事例来看，从"官办官营"到"官办民助"到"民办官助"这段历史，无疑是一种社会进步，但计算其发展过程，却历经千年之久。说明这种社会进步经历了极其缓慢而艰巨的过程，这就是中国曾经历过的一种东方特色。

幸而我们今天终于打破了延续千年之久的中国封建制度，今天的中国社会改革再也不需要这么长期地等待了，中国的民间非营利事业也不再总是由政府来垄断或是由政府恩赐给老百姓。当前，明显的现实是，如果政府对民间组织过多地干预，必然窒息它们的活力。因而，一方面要放手让它们成长；另一方面，要依法规范它们的行为。非营利组织的成长，也许还是需要一定的"耐心"吧。

这里，我介绍大家阅读一下爱德基金会提供的论文《活跃于农村扶贫中的爱德》。这篇论文谈到他们实行的"三个一点"原则和"三个参与"的工作方法。这在中国是非常值得重视的原则与工作思想方法，是中国非营利部门的一个重大进展。

"三个"即指民间组织、基层政府和受益的人民群众。把这三者都动员起来协同一致兴办公益与慈善事业。它可以解释为目前西方正流行的"Partnership"即称为"伙伴关系"的意思。三方面参与，组成伙伴关系，就可以取得投入最少而且效益最大的成果；而只有政府的"单枪匹马"，是不可能取得这样的效果的。他们说，"成功的决策，取决从组织群众到自主参与发展过程，并相信群众在一般情况下，他们有能力认识和解决自己的问题"。三大部门的各自独立决策与相互之间的合作与支持，应该是在平等的基础上建立起来的合作伙伴关系。情况正是如此，无论是东方还是西方的非营利事业，事物发展的规律是共同的。出现的时间或早或晚，形式可能有所不同，但走来走去可能得出共同的结论。

三 "伙伴关系"与政府的"主导"、"倡导"或"引导"作用

政府究竟应该在促进非营利部门中处于什么样的"角色"？目前，在中国有三种提法，即"政府主导"、"政府倡导"和"政府引导"。众说纷纭，

各有其主张。我本人，不大赞成政府主导的提法，但认为当前的现实确有政府"主导""倡导"和"引导"的并存现象，目前也各有其存在的客观需要；但未来则必然是从"主导"向"倡导"和"引导"的方向发展。

"伙伴关系"提法最大的好处就是具有很大的灵活性，没有主次之分，政府扮演什么角色，都可概括为"伙伴关系"中的一员。按理说，政府作为人民群众的公仆，要按照人民的意愿行事，以人民的意志为主导。它扮演的角色可伸可缩、可多可少，政府处于非常主动和积极的地位，正符合中国目前处于经济与社会转型期间的复杂多变现状。既然是伙伴，这就是说，谁扮演主角、副角和配角，要看故事的情节和时代发展的客观需要。

现在，在中国谈论公益事业、非营利事业、社区事业的时候，越来越多地可以看到社会化、民间化、自治化、社区化、民主化等这些字眼，这反映了中国社会发展的一种趋势。大家都认为，这种趋势是改革开放政策和市场经济发展的必然结果，现代的中国的社会和公益事业在从政府包揽走向"小政府、大社会"的理想目标，这是无可置疑的。当然，它可能经历较长而艰巨的过程，但方向是已确定了的，无论如何曲折，它终究要达到这个目标。

中国民间公益事业发展的轨迹与趋势[*]

处于市场经济持续发展和社会转型期间，中国民间公益事业获得新机遇。20 世纪 90 年代末以来，中国民众参与意识不断增长，非营利组织活跃于社会生活的各个领域。有迹象表明，政府、营利组织与非营利组织三者之间的合作开始出现，各类支持性组织正在形成，这将对民间公益事业的发展进一步构筑有利的条件。

一　中国民间公益事业发展的历程

1. 从传统慈善到现代公益

中国传统慈善局限于济贫救困和兴办基础教育事业。近代民间公益范畴逐渐扩及医疗卫生、教育培训、环境治理、科学技术、文学艺术、文娱体育、社会治安、法律咨询以及社会进步等现代公益的各方面，逐步深入社会各领域。

2. 从政府包揽到民间非营利组织的积极参与

过去，中国公益事业基本由政府包揽；经历现代化和市场化进程的中国，政府不再可能长期包揽所有社会事务，"小政府，大社会"的趋势不可避免。目前，市场体制下的非政府组织的资金来源大都取之于民间，

---

* 原载于《社会学》2001 年第 4 期。

而政府组织的非政府组织（GONGO）也愈来愈多地依靠民间资源而加强其自主权。民间化、社会化、社区化、自治化、民主化成为不可逆转的趋势。

3. 从经济发达地区向发展中地区延伸

中国民间公益事业正逐渐从经济发达的城市和东部地区向发展中的乡村和边远地区延伸。前者正以其资源、知识与经验对后者进行支援。

4. 从单独运作到合作伙伴

长期以来，中国非营利组织各自开辟项目运作，为对应社会日益扩大的需求并发挥各组织的长项与能量，目前逐渐形成可能的协作与共建。政府、营利部门与非营利部门也开始意识到，如能形成合作伙伴关系，将对促进民间公益事业的发展发挥更大的作用。

5. 从国内至国际的交流

自20世纪90年代中期以来，中国各民间非营利组织间开始共同举办各种活动与工作经验交流。在这一基础上，与世界特别是亚太地区的国际组织建立了经常联系，这对中国民间公益事业的发展具有重要意义与促进作用。目前，国际方面的工作经验交流、教育培训、物资支援已有积极的成果。中国非营利组织的兴起，也期望对国际特别是亚太地区的公益事业有所贡献。

二 发展中出现的主要问题

1. 非营利组织发展存在外在的各种制约因素

非营利组织是市场经济体制下的必然产物，促进其发展是政府、营利部门及非营利部门的共同愿望。中国政府早已提出"小政府，大社会"的设想，在20世纪90年代又提出政府职能转移和发展社会中介组织的政策。与西方的社会、文化显然不同的是，中国自古以来，政府对社会"大一统"思想传统的根深蒂固，而新生的非营利组织又缺乏足够的管理与运作能力和经验。因而，政府十分担心非营利组织的发展将影响社会稳定的大局，行政官员则顾虑权力的转移将削弱管理社会的能力和自身的利益，因而外界的各种制约因素无疑加重了非营利组织发展的重重困难。

2. 促进发展的物质资源奇缺

中国非营利组织既缺乏国家提供的资助，也缺乏处于发展中的营利部门的充分支持。培育中国企业家将获得利润的一部分反馈于社会的意识仍是一个长期的任务。至今为止，中国也尚未形成中产阶级群体，因而难于从中获得充分的物质资源。不久前颁布的中国《捐赠法》中尚缺乏有效的减免税制度以及"遗赠的"鼓励办法。极低的利息率又使非营利组织难以实现本金保值、增值。

因而，中国非营利组织的物质资源主要来自广大人民群众的点滴捐助，"一对一"的个人、地区、单位的对口支援以及海外支持，形成中国募集物质资源的特点与难点。

3. 多数非营利组织的经营管理尚处于不规范状态

除少数外，相当一部分非营利组织的经营管理未能处于规范状态。其中，例如组织的不健全、目标与职责不明确、资金来源与资助的透明度差、审计与评估制度未能真正建立、年度报告不合规定等。造成这种状态的原因是多方面的，例如法律制度的不健全、管理与监督机制的不完善、新生的非营利组织在工作中缺乏经验等。但在中国，直接的原因之一是由于新生非营利组织的干部以及其主要负责人大都来自政府行政机构，长期的官僚体制及其管理办法自然而然地渗入非营利组织。这也就是非营利组织的能力建设和再培训必不可少的重要原因。

4. 社会转型期间各种消极因素，时刻侵袭着非营利组织的机体

处于社会转型期的中国社会中，存在着严重的腐化、坑蒙诈骗现象，这种现象时刻在侵袭着非营利组织的机体。崇尚慈爱、正义、助人观念的公益组织在这种情况下极易被侵蚀。

因而，仅有政府、传媒以及外部的监督、审计和评估是不够的，建立自律、互律的机制，有效地克服贪污、腐化、挪用资金的行为和官僚主义作风，不断加强机构的透明度是所有非营利组织的迫切任务。

现代社会的可持续发展，不可能超越政府、营利与非营利部门间相互协

调与密切配合。在这种形势下，政府要考虑非营利组织的健康成长，以便使社会保持稳定并解决经济迅速增长而社会发展滞后的问题；营利部门希望非营利事业健康发展，促使经济社会协调以取得持久的利润；而非营利组织更需采取适应现状的战略与策略，以便绕过礁石，寻求健康成长的道路。

参考国外行之有效的经验，建立由政府、营利机构与非营利组织单独或协同组成的各类支持性组织，从资料、管理、培训、研究、监督、评估、立法规范和国内外交流等各方面对其支援、服务、促进，使之优胜劣汰，逐步成长，以符合当前中国向市场经济过渡和社会转型期间的发展规律。种种迹象说明，这类支持性组织本身也可能形成向非营利组织的过渡性组织。而目前存在的非营利组织在发展中更可能形成非营利组织的支持性组织。

三 建立非营利社会支持组织的必要性

根据对国外社会支持组织的一些了解和国内的实际状况，拟将这类组织大致划分为 4 大类型 12 个方面。

(1) 资料支持类型：物质资源方面；人力资源方面；精神资源方面。

(2) 信息、研究与培训支持类型：信息与资料出版方面；调研方面；教育与培训方面。

(3) 管理、监督与推介支持类型：财务管理方面；技术支援方面；组织管理方面；策划与推介方面。

(4) 合作与交流支持类型：国内合作与交流方面；国际合作与交流方面。

在资源支持类型中，提供物质资源方面的组织如基金会和某些公益性组织；人力资源方面的如志愿组织（VOs）、会员支持组织（MSOs）、自助支持组织（SHSOs）、社区草根组织（CGOs）；精神资源方面的如宗教团体、道德伦理研究机构、传统文化传播组织等。

在信息、研究与培训支持类型中，提供信息方面的有如图书馆、网站、资料中心和出版机构；调查研究方面的如各大学和科学研究中心、法律咨询事务所、各类专业机构；教育培训方面如大学、研究所的培训班与培训中心等。

在管理、监督与推介支持类型中，有组织与业务管理、财务管理、技术援助、策划与营销等各方面有关机构。

合作与交流支持类型中，可划分为国内与国际交流与合作两大方面。

实际上，各类社会支持组织的功能并非局限在某一方面，而是各有其重点的支持项目；建立社会支持组织的，可能是政府、企业、捐赠者、会员组织、志愿组织、社区组织、自助组织等（Self-help Organizations），还可能是各种社会力量的联合；其活动范围可以是全国性的，也可能是省、市或限于地方、基层。其活动范围与方式更是花样繁多，有的是常设机构，有的则是为达到一定目标而后终结的临时机构，形式不拘一格。总之，名称、形式不是重要的标志，而其性质则是以社会价值和发展为共同观念的基础，目的则是为支持非营利组织在各方面的发展。

通过对西方非营利组织成长的历史过程观察，可以了解，正是由于经济、社会、科技、文化等方面发展的客观需要，非营利组织方能出现于历史舞台；而其进一步的壮大则依托于各种各样的社会支持组织或可称之为专业性组织。由于各国历史条件、文化传统与发展程度的不同，因而社会支持组织的类别、形式与作用相异。

从中国的情况看，处于市场经济与社会转型期间，无论政府或人民群众都已意识到，繁杂、具体、多变的社会事务不可能再由政府单一地垄断，民间非营利事业应运而生。在民间公益事业开展的初期，其扮演政府在扶贫济困、基础教育这类传统慈善事业的补充角色，"希望工程""幸福工程""春蕾计划"以及"一对一"的募捐方式之在中国20世纪80年代的兴起绝非偶然。随同中国经济发展而社会问题日益繁多，教育、医疗、环保、文化、科技、艺术、治安等各类社会问题严重威胁着社会稳定，如不能缓解诸多社会问题，就不可能获得进一步地发展。

试以中国基金会事业为例。早在20世纪80年代市场经济初步兴起，中国成立了第一个基金会即中国儿童少年基金会开始至今，中国的基金会基本上都是"运作型"基金会（Operation Foundation），即筹募基金和项目运作都是在同一个组织下进行；只是在近年，筹募基金与项目运作是否需要分离

的讨论才开始进行，这是因为单一的非营利机构难于应付募款与项目双重任务。由于单凭利息与购买债券难以维持非营利组织本金的保值、增值问题，近年也开始讨论是否需要成立专业性的共同基金和各类投资增值专业机构和办法以减少风险。基金会的管理问题日益突出，需要借鉴于营利事业的管理思想与方法，能力建设与培训事业需要更加专业化，制定有关法律、评估监督规定、自律守则等办法已提上日程，因而，非营利机构间的横向联系与交流的要求也更加迫切，这样就导致对专业的资金管理机构、培训机构、评估与监督机构、信息与研究机构以及法律等各类专业人员的需求。非营利公益事业的迅速发展，导致对各类社会支持组织的诞生。在中国，这是历史发展的必然。

四　探索在中国建立社会支持组织的道路

在国外访问有关非营利各类支持机构获得的深刻印象之一，是尽管它们有各式各样的名称，如理事会、基金会、协会、学会、研究所、论坛、中心，等等，性质有所不同，但都在某一方面或多方面起着支持非营利机构的作用，它们帮助了我们对社会支持组织重要性在认识上的提升。

中国的现状与其他国家或地区有点不同，但中国的非营利和公益组织需要社会支持也许更加迫切。我们只能根据国情和实际可能性，创立一套具有自己特色和可行的支持办法，不断探索前进。

1. 成熟的非营利公益组织的支持作用

中国存在一些较早起步、历经十余年艰苦工作的非营利公益组织，他们已取得公众的信任和支持，公信度较高。

中国青少年发展基金会是中国较早起步并取得迅速发展的非营利公益组织。它在初创时期只是为帮助边远地区儿童少年解决初级教育的书籍用具和免于失学而以"一对一"办法募集资金。在获得社会公众大力支持后，发展出建立"希望小学"、提供"希望书库""影库"、培训教师、建立电子信息馆等工作，并进而为中国迫切需要的环境保护事业筹款，动员社会实施

"保护母亲河行动"。十余年来，他们为中国非营利事业的发展培养和输送了大批人才，兴办了各类培训班，出版了促进非营利以及社会发展事业的许多书籍和出版物，发起召开促进非营利公益事业发展的国内和国际研讨会，介绍了他们为促进公益事业发展的经验。因而，他们同时扮演了社会支持组织的角色，起了推动非营利组织发展的作用。

爱德基金会是中国基督教人士发起的非营利组织。在获得国内外热烈支持下，扩展其工作范围至社会福利、教育、卫生和西部地区的发展。在他们走过 16 年的历程中，其项目已扩展至 100 多个，覆盖全国各省。至 2001 年，其培训工作达 20 余项，总计培训了数以千计的各类社会工作者。他们的参与式社区发展思想与方法的经验，得到中国非营利组织的普遍赞许。他们还以自己的物质资源支持其他非营利公益机构，并积极参与和支持国内与国际的经验交流，以共同推动中国公益事业的进展。同样，他们也推动了民间公益事业的发展。

2. 政府组织的非政府组织的支持作用

中国的非政府组织大都具有不同程度的政府影响，这是中国历史、社会与文化背景的遗产，与西方显然不同。但是，我们从西方也可以找到类似的遗产，例如，从 BONGO（Business-Organized NGOs，企业组织的 NGOs）这个词中就可以了解，西方企业对非政府组织的影响，可以说一直延续到今天仍有其遗迹。

英文词汇简称中有如下几个字：

GONGO（Government Organized NGO）政府组织的 NGO；

GANGO（Government Associated NGO）政府有关的 NGO；

GRINGO（Government-run/initiated NGO）政府经营/创始的 NGO；

QUANGO（Quasi-NGO）准非政府组织。

应该说，以上这样的组织在中国都存在。可以补充说明的是，这样的一些组织也正在变化，有时向民间组织的方向变化，也不排除有时向更加政府化的方向变化。它们之中，有些也可以被认为是支持性组织或正在起支持 NGO 的作用。

明显的一例即中国国际民间组织合作促进会（CANGO），在它的会章（Constitution of China Association for NGO Cooperation）中明确说明，它的业务指导机构是中国政府对外经济贸易合作部，其主要负责人为政府任命，"在中国政府的协调下，为合作伙伴在华开展合作活动提供咨询服务和有关便利条件"。但它作为独立社团法人以推动中国民间组织发展及与国际民间组织合作为己任。这个组织支持中国各省市县特别是贫困地区的社区综合发展、小额信贷、妇女参与、救灾等上百个项目，同时以资金、物资、技术、工作经验培育地方非营利组织的能力建设与培养这些方面的人才。

3. 企业的支持作用

目前，中国企业部门支持非营利公益组织的工作已经开始。例如，北京光华基金会与上海建国基金会都是由企业创办的，在过去年代中，它们在救助贫困地区的困难群体、救灾、助学和教育方面进行了大量工作。

但是，它们并未满足于仅以资助为目标。近年，它们创建的基金会还以资金和人力兴办培训管理人才的机构。聘请国外的知名人士（如 Peter Druckers Foundation 的主要负责人）来华讲课（光华基金会），为解决资金的保值、增值的问题，它们拟定了各类方案支持非营利组织的资金运作的困难（建国基金会）。因而，协助和支持非营利公益组织的成长已成为一部分营利机构的职责。

4. 形成政府、营利与非营利三大部门支持组织的前景

我们正在汲取国际上三大部门形成合作伙伴推动社会发展的经验。可喜的是，凡是积极探索共同推动发展的机构都取得了一定成就。

天津鹤童老年福利协会自 1995 年开始，从不自觉走向自觉发展为支持性组织之路，适应中国社会老龄化的迫切需求，经过艰苦曲折的努力，他们获得了政府、中外企业和各类公益团体的支持，逐渐形成合力。他们以 6 年短短的时间，形成拥有 5 所养老院以及日间护理中心、居家老年人服务、康复研究所、老年人护理培训学校、艺术团、旅游部共 11 个非营利机构的综合性福利协会。

"孵化"过程要坚持"三靠" *

目前，在政府的大力推动下，公益"孵化"确实热起来了，"政社合作的新模式""国引民进"的出现，导致"孵化"事业蓬勃。

"社会力量兴办，政府引导支持，专业团队管理，社会各界监督，人民群众受益"，这是政府的指导思想，也是大力兴办孵化器的发展思路。如此促进新社会组织快速健康发展，在促进经济发展、推进社会公益、构建社会和谐发挥积极的作用。与此同时，政府相关文件中强调，孵化器下面要设立专家顾问团，"由新社会组织领域的大学教授、政府官员和实际工作者中的专家队伍组成"。

前些时候，我粗画了一个"孵化器"，经残联前研究室主任、老朋友丁启文先生阅后，他写了篇文章"由两种孵化谈起"，概括了从残联成立以来两种"孵化"的经历、经验和展望。

丁先生写此文后曾来访，简单讨论了一下。他认为，"孵化"过程要坚持"三靠"，即"向民间靠、向民生靠、向民主靠"方针。我觉得有道理，很支持。因为，"官办孵化"容易产生官办 NGO，单纯"民办孵化"，在现有条件下困难重重；而由民办官支持的"孵化"，可能"化"得较顺利，发展也较快。问题是有可能产生"异化"。在"异化"后再往回返，难上加难。

---

* 原载于《社会创业家》2010 年 5 月。

丁先生主张的"三靠"符合政府的指导思想，其中"靠"字就特别重要。

但是，事实上，我们也从媒体上看到，有的地方搞孵化器，孵化器作为政府的下属单位变成了被"孵化"机构的"娘家人"。据说，来这里接受孵化的组织一天要向孵化器这个"娘家人"那里跑上七八趟，几乎是事无巨细地"早请示晚汇报"，而孵化器呢，也非常乐意替这些在孵机构做主"出主意"。而孵化器对在孵机构的方针也是"等培育成熟'出壳'后再让他们走出去"。

这里就有一个问题了。究竟谁是社会组织的"娘家人"？本是社区民众啊！只有这样，才能在社会上取得支持和信任。

看来，在中国这个特殊环境下，如何"孵化"、谁来"孵化"及应对"孵化"后的"异化"等问题真是值得思考与研究。两类不同的"孵化"与两类"慈善"、两类"基金会"、两类"联合会"、两类"社会工作"，等等，可能成为今后探索研究的新课题。

有了民办的被社会承认了、发展了，就会产生被异化了的官办的；而官办的，在问题越来越多时，又会蜕变为带有民办色彩。这个社会较西方发达社会看来要复杂得多、变化得多！不知是否如此。看来，是"社会创业家"的任务。

"政府操盘孵化"模式早在残联已有经验教训，但似未能坚持"向民间靠、向民主、民生靠的发展方向"。是否需重复残联的教训，等候20多年再向"民间操盘孵化"转变？关键似乎在于是否真正"独立"。

目前，一些学者专家强调社会组织要有"独立性""自主性"，认为"政府支持机制所要扶持的是区别于政府、能够弥补政府缺陷的充满活力的独立部门。在这一过程中，政府必须体现出其应有的自信、理性、气度和历史使命感"。

从意识到这些问题，到实际行动贯彻，到真正实现这些目标，恐怕还是个长期过程，需要很大努力。

附录5：由两种"孵化"说起

丁启文[*]

20 世纪八九十年代，中国残疾人事业刚起步的时候，有过一个发现领袖、孵化组织的阶段。说来那也是一种时势造英雄。"英雄"不用说很前卫、很执着、很努力，但终究赶上了一个好时代。是这个千载难逢的好时代，使他们的努力不但没有受打击、被湮没，还得到鼓励、支持，一步一个脚印，富有成效。

这一点，从 20 世纪 80 年代改革开放起步，国门打开，一些先进思想被引进来，人道主义可以说说了，平等参与可以说说了，社会有点活了，北京、广州、沈阳、大连、西安等地残疾人中的知识分子先知先觉，跃跃欲试，冒出来张罗事情，受到上下推崇，就可以看出来。

这批时势"造"出的英雄，至今在残疾人事业舞台上唱主角——反过来演绎着"英雄造时势"的故事，这是合乎逻辑的。

"官本位"的立竿见影

残疾人组织的孵化，却有着两种完全不同的情形。一种是自上而下，政府操盘孵化（早期 NGO 都有这个特点），"以任务促组建"，一个层面一个

---

* 丁启文，曾任中国残疾人联合评议会秘书长，发展部主任。

层面，限期完成。

于是上有领导对各省、市委的频频敦请、协调，下有各级民政部门的持续努力，一声唤，建到省一级，再声唤，建到市级，几声唤就建到了县区级。虽然不无梗阻、挫折、困难，终是大致顺当，不出五六年形成局面。

牌子挂出去了，有了些人手，有了办公的地方。规模不大，惨淡经营，但口号新鲜，常有新招，符合民意，活动一个接一个，这就有了些响动，引起社会关注。这种孵化大约于20世纪90年代中后期完成。这就是如今这个上上下下残联系统的初级形态。

社会在进步，残联在张罗，随着一个个五年工作纲要的实施和市场经济的催动，社会观念在变，残疾人在变，其中不少人日渐活跃。一个多年落魄失语的社会边缘群体，开始苏醒。

这个阶段的工作证明，社会进步是大趋势，但必定有人顺应这个趋势去张罗，去具体组织，这个进步趋势才能成为现实。一旦成为现实，又会激起新一轮的社会进步。社会就是这样前进的。由此可知，在这个领域，第一推力是不可少的。残联当年就充当了这个角色。

为何民间开始活跃

进入21世纪，特别是近年，随着残疾人的需求逐渐细化（这是规律），随着社会活力不断增强——社会转型进程加快，残疾人组织和为残疾人服务的组织的孵化，呈现了更多的民间性、自发性、针对性，而且大多首先出现在大城市、沿海城市。

一批又一批受过公益事业启蒙的、大多与残疾人有些瓜葛的社会活动分子、知识分子，顺应残疾人多元、多层次的需求，建立了切合这种需求的民间组织、草根组织。

这些众多的草根组织以超乎寻常的韧劲和生命力给人留下深刻印象。这与他们背靠残疾人，全身心为之服务，底气足，不无关系。

刚出土的时候，四顾茫茫，孤立无援，没人承认，残联也不认账，有的还排斥，困难重重。但其志不移，力不减，热度不衰，一如当初，乐呵呵开展活动。这就令人感动。也终于感动了"上帝"，政府热情起来，残联终于不再排斥而以"兄弟"待之，给予了必要的扶持与温暖。这是后来的事——此事发端于或盛于 2009 年 12 月中国残联理事长、党组书记王新宪在第 24 次全国残联工作会议上的讲话。正是以这篇讲话为标志，人们看到，中国残疾人事业一如既往顺应潮流，坚持向民间靠、向民生靠、民主靠的发展方向。

这里简要说说这类民间组织出现的社会意义。这类组织不大可能成规模出现在 20 世纪八九十年代，也难以出现在 10 年前。因为社会还没有发育到那种程度。

一个社会，由一切听命于上面的板结状态到具有自我发展、自我治理能力，需要一个过程。这是一个财富积累的过程，更是一个思想解放的过程、政府转变职能的过程、公民意识觉醒的过程。

关键还在于，民间的万千事情，政府是做不了也管不了的，无须做也无须管的，原应放手让社会"自理"。

不要说政府（任你在服务方面把它想象得多么美好），就是残联这个专门为残疾人服务的组织，它的服务网点也不可能对残疾人的需求百分之百覆盖。问题还在于，服务项目、服务设施是相对固定的、死的，残疾人的需求则是变动的、活的、日益增长的、常新的，你不可能"以不变应万变"。

这个拾遗补阙的所在，就是为残疾人服务的民间组织的生存空间。

就全社会而言，这个空间其实更是不断扩展的（如今已由"国退民进"向"国引民进"演变），这就是民间组织相应增多，社会相应变大、政府相应变"小"的由来。

一个充满生机、逐渐变大、与政府良性互动的社会，必定是一个自治的社会。说到这里我们还可以跟进一句：民间组织的出现与广泛发展，是社会快速转型、走向公益社会的必然，是一个社会趋于现代化的标志——

那是不以人的意志为转移的，只要你走以人为本的路、民主的路而不退回专制时代去。其实，以人为本的社会就是发展民生、保护民权的社会。这不是谁恩赐的，这是社会进步——社会组织程度提高的结果。这是可喜的。

两种不同"出身"的组织该合拢了

让我们把话拉回来。

同样是为残疾人服务的非政府组织的孵化，由于出现在不同的历史时期，操盘手不同，境况就全然不同。政府操盘孵化的——借助"官本位"的生态环境，资源相对丰厚而办事快、打开局面快，甚至有立竿见影之效。

邓朴方正是看中了这一特定优势，才力促当年的残联向权力中心靠、向政府靠。只有这样，才能使数千年来在社会沉底、苦苦挣扎的残疾人尽快改善状况，进入社会主流。当时是无可选择，只能这么做的。至于后来时间长了，由此而增长了官气，则有点始料不及，但一经发现，便大声疾呼，力挽狂澜，努力使它向民间靠。遗憾的是，受大环境牵制，没有更多地考虑体制上的缺陷，以至虽然多次厉声呼吁而成效甚微。实在说，这也是一种无奈。

为什么残联会染上官气呢？从组织社会学的角度看，组织内部越稳定、越规范，管理越严密，对外部环境的适应能力越弱，以至敏感度降低，不易察觉外部的信息和变化。这是积习、"路径依赖"、"通则迷恋"引起的官僚主义、官化。还有，长期稳定的组织内部往往会形成隐形的、稳定的利益集团，这些利益集团时常会用无形的手扼杀不利于自身的信息，还会不显山不露水地扼杀组织创新。

我们看到，正是这些因素，造成了这种情形：政府孵化的NGO，在稳定过程中，通常不是NGO，而是"二政府"（这几乎是规律）。

人的天性是好逸恶劳的，向官靠如此便当而风光，居高位，显身份；且能满足权势欲，谁还苦巴巴向民靠？而一经染上官气，就会认定一个向上显示"政绩"的领域和方法，此外就"国家事，管他娘""多一事不如少一事"了。"排斥"就这么出来了。染上官气的人，心在官而不在事业。

民间孵化的，则是另一个样子。一大优势是先天地与残疾人保持着密切联系（有的就是他们的家属），几乎朝夕相处，同呼吸、共命运。不足是资源匮乏，求告无门，起步慢，影响小，成效有限。

有些草根组织正在打开向社会求助之门，人们正在由于理解了他们而伸出援助之手。不过，总的状态是仍极艰难，艰难到一无薪酬，毁家纾难。

如今是两种不同"出身"的为残疾人服务的组织，合拢的时候了。它们有一千个理由走到一起来而没有一个理由一个在天上、一个在地上，彼此对峙。看在残疾人的份上，真该合拢了。与其疑惑躲闪，何不主动靠近，在接触中观察，在观察中过滤，支持确属为残疾人服务的民间组织？这是另一种样式的孵化，要有这个自信和勇气。

出路显然在于与"天"（政府）保持密切联系，以便继续获取各项资源而决然回到民间来、落到地上来。这就要有一套缜密的设计，以便体现这个指导思想。保持和扩大"管理"功能（这原是属于政府的），并适当分离（比如，顺理成章地并入残工委办事机构），而不遗余力地在主体部分增强代表性和社会化工作方式，就是体现这个思路的设计之一。由于有大量"硬"工作要做（按照新残疾人观重新设计与改造社会），残工委必须很"硬"，残联的代表性、民间性也必须很"硬"。

残联不转型，不符合"政事分开"精神（分开是趋势），自身的官气无法克服，终必受其拖累而难以自拔。民间NGO也将由于资源、信息匮乏、各自为战，陷入困境甚至自灭。这是令人痛心的，不可取的。

从发展上看，痛下决心，创造条件循序转型是关键。这里加了"循序"二字，意思是要有一个一步步到达彼岸的清晰思路、总体规划。首先从转变对民间组织的态度做起（包括资源分配），但不应止乎此。

有一个统一的认识是特别要紧的。认识由来，认识现状，认识发展趋势，认识转型与否的利害关系。

没有共识，难得共事。

慈善与社会变革[*]

（1）慈善，对社会和谐及推动民众参与社会公平与发展，具有积极推动作用，但这并非能提升为"慈善革命"或认为"慈善革命"本身就是"重大历史变革"从而能"改变中国"。

（2）慈善，具有动员民众参与和推进社会改革的作用。新中国成立前，从个人在上海经历看，慈善本身改变不了新中国成立前的中国，更不用说是当前和未来中国的根本转变（参见个人经历的一些历史事实）。

（3）社会的"高度和谐"，不能认为"就是慈善的力量"。它只能在构筑社会和谐方面起一定的促进作用。

（4）慈善，需要政府力量和民间一起推动，这在当前中国确实如此。但最好不提政府是"第一推动力"。因为，"第一"还是民众自己。

（5）慈善组织，只是民间社会组成的一部分，将"民间社会"解释为"就是慈善组织"不妥。

总的看，"慈善"在今日可推动中国社会的进步，对当前社会与政治改革也有促进作用。但不能过高估计。这是因为有可能被别有用心者用来冲击社会与政治改革的必要与迫切性。

正如过去提出"慈善风暴"不妥。急于将"慈善"求成求大，依靠政府的力量在短期内求得巨大效应推进，有可能适得其反。当有越来越多的慈善"被用来当官做"（这不是我个人的估计）的今天，可能尤其如此。

＊ 根据电子文稿录入；文稿时间为 2011 年 6 月 21 日。

处于发展过程中的中国慈善事业[*]

（1）对当前慈善事业进行战略分析有必要和积极意义，有利于整合队伍的思想，有益于确定民间组织对工作的方向和今后发展的思考。

（2）应不断强调慈善是民间的事业；但无必要用"慈善革命""慈善改变中国"等吓唬人。吓唬人，对慈善事业发展无益而有害。

（3）当前，上面顾不上对慈善做出明确清晰的表态，无暇应对，时机不到。向上反映不大会有明确的结果。

（4）目前，慈善文化仍处于襁褓阶段。"文化改革"一大套，说得漂亮，但当前离做到还远得很，只能摆出一套姿态和形式，引起更大把地花钱。

（5）宗教，对慈善事业的重要性愈来愈显著，以宗教思想促慈善看来有必要，但目前还观察不到这种可能性。

（6）把慈善"当官做""当买卖做"的现象看来今后还会继续存在。这个社会的有志者有没有可能把慈善扭转为"当使命做"呢？这要看他们的努力。

---

[*] 根据手稿录入；手稿日期为 2011 年 10 月 30 日。

慈善与"维稳"和"维权"

——以慈善促进社会改革与进步历程[*]

我一直高度评价慈善在现今中国的积极作用。以上是我在 2011 年的随想①。但我一直不同意"慈善改变中国"的提出。慈善，实施的是"仁"道，但不可能靠慈善去实现正义。"仁"可能有助于"维稳"，却不可能靠仁政达到为人民群众"维权"的目的。

今天，人们迫切要求维护自己的生存权、就业权、居住权、环保权、儿童抚养权、养老权、妇女权益、残疾人工作和福利权以及各类民主权利。实际上，"维稳"不可能离开"维权"，二者密切衔接、相促进。权益，要人们自己起来争取，不可能依靠施予。这就是说，"仁"要在发展中逐步加上"义"，"维稳"中要逐渐增加"维权"的内涵，取得"仁"和"义"的统一。二者逐步结合在一起，推动社会改革大潮，才可能朝向改变中国的目标前进。

---

　　* 　根据手稿录入；手稿时间为 2011 年 11 月。
　　① 　见上一篇，即《处于发展过程中的中国慈善事业》。

在改革开放和社会治理中促进
社会组织成长*

中国社会的改革开放事业已进入新阶段，社会治理成为改革开放政策新的内涵和延伸。

社会治理是一种多元共治，不只是依靠政府的管理行为。多元共治必须构建社会组织，形成民众广泛积极参与的机制，这就为社会组织的发展创造了必要和有利条件。

开放，不能仅理解为对国外或经济方面的开放；也应理解为对内动员广大民众积极参与社会变革的开放。

社会组织的壮大与市场经济以及改善民众需求的关系密不可分。因而，必须遵循市场规律和人民迫切需求的焦点问题，因时因地因条件的不同开展社会治理以及社会组织的建设。

当前，国内社会矛盾交织，各方面关系复杂紧张，这正是社会变革时期的必然反映。大力清除腐败，和形形色色的腐朽势力斗争，是促使民众觉醒和增强忧患意识的过程。我们应该认识到，这是促进社会组织发展不可多得的良机；也是对其成长的考验。

改革和治理的深入，必然使社会各种力量的较量复杂多变。由于腐朽力量具有深厚的社会基础，并非短期内可以轻易清除；而社会公平正义力量的

---

* 原载于爱德基金会：《爱德》2014 年第 2 期。

壮大，也需要在不断磨炼中成长。因而，在实现社会治理和创新的过程中促进社会组织的壮大，是一个长期和代代传承的过程。

社会治理非一朝一夕之功。无论新社会组织的成熟或老社会组织的复苏都非短期内能够完成。何况，无论新老社会组织内部也会受到外部各种因素的影响和制约而发生变化甚或不断遭受侵蚀。因而，其发展有可能是走一步、退半步；从局部或某个阶段来看，还可能是走一步、退两步。要习惯于进进退退、曲折行进的过程，这也是对社会组织应变能力和成熟度的考验。

社会组织壮大的基础在基层社区和社团即社群的建设。因而，应充分认识持续动员民众和志愿者、培育骨干力量、深入基层和创新各种形式的组织，以及建立社会企业等方面的重要性。

促进社会进步与创新，除主观努力外，还需借鉴历史经验。20世纪80年代开始的中国民间经济组织成长的经历是：首先是国家领导人的倡导，继而在远离政治中心、邻近港澳的珠江三角洲发动，然后在经济发达、民间富于创新进取的长江三角洲等地大规模扩展。事实证明，兴办民间组织事业要因时因地制宜，只有促进其在广大城乡地区生根和雨后春笋般地兴起，方能形成不可遏止的力量。

社会组织的兴起和社会企业以各种形式出现，是世界范围不可阻挡的趋势。过去，中国民营经济和社会组织的萌发，获得国际方面的启示与支持。当前，除发达国家外，一些发展中国家的社会组织正在兴起，其东亚模式在我国台湾地区、韩国、日本、泰国等地初露端倪，某些经验教训值得我们重视，或可借鉴。

附录6：美国基金会的发展及其
对我们的启示*

9月12日下午，应中华基金会联合会筹备组的邀请，我国著名的社会学家——中国社科院美国所研究员朱传一先生，在文采阁做了题为"美国基金会的发展及其对我们的启示"的基金会知识系列讲座第一讲，来自22家全国性基金的50多名代表聆听了朱先生的讲演，感到很有收获。现将该讲座的主要内容综述如下。

一　从历史沿革看美国基金会发展的原因

美国基金会起源于慈善机构。美国早期由宗教组织建立的专门用于济贫的慈善基金，就是现代基金会的前身。鉴于宗教机构掌握社会济贫基金必然受到种种限制，于是在19世纪末，出现了摆脱宗教组织建立独立的基金会的尝试。美国第一个基金会就是由钢铁大王——安德鲁·卡内基出资设立的。此后尽管一些社会改革家做了种种努力，但在冲破宗教束缚，确立基金会组织独立的社会地位方面，仍未取得预想的成功。这可算是美国基金会发展的第一阶段。进入20世纪以来，美国进入了由政府提供社会基金、承担

---

* 1994年9月12日，应中华基金会联合会筹备组邀请，作基金会知识系列讲座第一讲；此文由中国社会科学院社会学研究所研究员杨团整理。

社会济贫责任的阶段。但是，随着社会经济结构的不断演化，大量新问题、新矛盾不断涌现。一方面，科技成为第一生产力，对科学与教育的社会需求迅速增长；另一方面，贫富差距更加悬殊，人口老龄化加速，生存环境逐渐恶化；这些因素综合作用的结果，使社会保障体制从思想、内容到形式都发生了重大变化。不能仅限于济贫，不能简单地追求社会福利，而是要在科学、教育、文化、环境、人口等广阔的领域内探索如何使社会与经济协调发展和持续发展。面对领域如此宽广、问题如此复杂、资金要求量急剧放大的多元系统，政府确实难以继续包揽了。大约从 70 年代以后，美国开始了基金主要提供者从政府转向私营机构和非政府组织的重大转变，这个转变迎来了美国基金会发展的全盛时期。70 年代以前，虽然美国基金会每十年都有一定程度的发展，但是，无论从建立的数目，还是资产总额的数量，都未达到较大规模。70 年代，注册的基金会从不足 3000 家一下子达到 2.5 万家，资产总额达 205 亿美元，比 60 年代翻了几倍。之后，基金会的数目一直保持稳定，资产总额迅速增长，80 年代末期达到 1147 亿美元，据近年的估计，已达上万亿美元。

美国基金会为什么能有这样的大发展？原因有五个：

一是经济与社会的发展规律决定了不能由政府来包揽人民生活，走向成熟的社会必须依靠自己来解决各种繁杂的社会问题。不断兴起和发展的非政府组织逐渐成为解决美国社会问题的主力，从而推动了基金会的大发展。近年来，美国福利与服务总额增长很快。1992 年非政府组织为此提供的现金约为 4000 亿美元，加上劳务与服务的价值，总计至少为 1.2 万亿美元，已经超过美国政府当年提供的 6300 亿元社会福利价值近 1 倍。而这一成就的背后，是美国基金会总资产已达上万亿美元，且相当大的一部分资金用于支持社会福利事业。

二是基金会的运营机制决定了它可以成为国民收入再分配的一个工具。它的一个重要功能就是支持社会的弱者和脆弱群体，调节收入分配，缩小贫富差距，缓解社会矛盾，避免社会冲突。因此发展基金会成为增强社会稳定性，构筑社会安全网的一个重要的社会发展战略。

三是有利于调节市场供求关系，保持社会经济健康、稳定地发展。在经济上升时期，大量资金进入基金会储存起来，为避免基金损失，选择投资方向相当谨慎，从而可能减少经济虚假发展的水分。在经济衰退时期，全社会投资缩小，消费下降，但是基金会的福利开支非但不能缩减，还会适应社会的需要而迅速加大，这部分支出与政府支出的社会保险金一起，成为刺激社会有效需求增长的重要杠杆。

四是推动了社会的文明与进步。基金会的资助方向从济贫扩大到科技、教育、医疗保健、环境保护、文化设施、人才培养、社会研究、思想开发、国际交流等广阔的领域，促进全社会越来越重视提高人的素质和改善人的生存环境。基金会实质上已经成为一个国家支持大学图书馆、博物馆、研究机构和科学家、艺术家等文化发展和文明建设要素的重要经济力量。

五是动员群众的社会参与意识和行为，推动了社会民主化的进程。在这方面，社区基金会起了很大作用。它们把有限的资金用在了社会最需要的地方，所以创造了远超过经济效益的社会效益。

二 联合体——美国社区社团基金会的一种模式

各类非营利社会福利组织，包括大部分中小基金会，它们取得基金的一个重要渠道，是通过社区的专业性组织——联合体（United Way）。联合体实际上是社区社团基金会，它遍及全美，专门向本社区的各企业、机关的从业人员及自由职业者募集社区福利基金，得到个人承诺后，在其月薪中代扣捐赠部分。联合体在美国出现绝非偶然，它是社会需求的产物。当时，各种独立机构包括中小基金会纷纷向大公司募捐，搞得大公司不胜其烦、捐不胜捐。为了筹到钱，筹捐者使出各种手段，甚至进行非法竞争，结果既未捐到多少钱，又玷污了基金会的名声，还造成社会的腐败现象。为了解决这个问题，以社区为单位，设立了在地方政府支持下、由当地权威人士及热心公众服务的志愿者共同组成的联合体委员会。

联合体的重要事务由委员会开会表决，日常事务雇请专人负责，并要求

日常行政支出一般不得超过募集资金的 12%，最高为 20%。筹来的资金经委员会决定，以扶优罚劣为原则，分配给社区内外的各个福利社团包括中小基金会。各个福利组织再根据项目需要将资金分配给社区福利事业。这种做法促使各个基金会为得到更多的资金资助，千方百计做好项目，扩大影响，提高效率，从而推动了基金会强化管理。

据 1992 ~ 1993 年统计，全美联合体的资金来源中，大公司赞助仅占 22.4%，中小企业职工捐赠占 48.8%，公务员捐赠占 11%，非公司性机构或个人捐赠占 17.8%，即 60% ~ 70% 的资金来自个人的自愿捐赠。一般来说，有收入的从业人员至少拿出月薪的 1% 捐给本社区的联合体，多者达到 2% ~ 5%。自愿捐赠的增长并非主要源于美国人的社会同情心，恐怕与社会结构的演化有关，同处一个社区，同捐一个项目，同参加一个活动，就容易产生共同的感情和共同的利益，形成和谐的人际关系，增强居民的社区意识和社区归属感。

正是由于联合体不仅解决了社区社团基金会的资金筹集问题，而且改善了人与人的关系，加强了社区的凝聚力，因此，它一出现就得到社会的欢迎，并在各界的支持下不断发展壮大。

三　美国新型的集资方式

为了推动社会各界承担社会福利的责任，近年来，美国政府除了继续施行对捐款的个人和机构予以免税的税收政策外，还放权给地方政府，让其自行决定本地区企业和社会福利事业提供资金的方式，特别鼓励企业与福利机构联合集资，从而构成美国社会中富有生命力的集资新战略。

这种新方式在美国被称为"企业推广集资"，由美国通达公司于 1981 年发起。当时该公司宣布，在三个月内谁使用信用卡或购买旅行支票一次，公司就从利润中捐 5 分钱给福利事业；谁购买新的信用卡，公司为谁捐 2 美元。这样，通达公司募集了 10.8 万美元提供给旧金山艺术节。后来，又以类似办法捐款 170 万美元修缮自由女神像。这种福利组织与企业联合集资的方式，可收一石三鸟之效，不仅资助了社区福利事业，推动了公司商品销售，还为消费者提供了较好的产品、服务和有价值的捐献。

还有一种方式，叫作"社会责任集资"。例如在费城，市政府在地方法规中规定，凡企业在市中心繁华地区建房者，必须缴纳一定比例的资金提供给社区福利事业。因为福利事业是社会的一个支柱，而不是一种商业性交易。

上述新的集资方式，在美国发展很快。例如全美一个著名的社会福利组织叫 BB/ BS（大哥大姐总部），组织志愿工作者以大哥大姐"一对一"的方式，帮助单亲家庭缺乏正常教育的青少年。该总部在 1988 年运用"企业推广集资"方式的筹款占总额的 18.35%，到 1990 年就增长为 37.49%。该总部还从发起各类群众性活动中获得募捐基金。如"步行奖"——企业单位对参加者每步行一英里奖给 1 美元，规定资金由本人捐给福利基金。"多读书"捐赠——在暑假期间动员父母鼓励孩子多读书，福利机构提供书单，每读完一本，由父母奖给孩子一美元，转赠给福利基金。举办这类活动，不仅使福利组织收到一笔捐款，而且更重要的是鼓励人们多做体育锻炼，多读书，多从事有益身心健康的活动，多关心社会中的不幸者，从而受到美国居民的热烈欢迎。

四 启示与借鉴

（1）研究美国的社区、社团基金会可能是我国学习借鉴美国基金会经验的捷径。这是因为，我国现处于体制转轨时期，市场经济刚刚在建立，社会的经济结构、组织结构和心理结构都与成熟市场经济体制下的美国社会大不相同。在目前，要向美国基金会建立初期那样，推动公司类、个人类、家族类基金会取得较大发展是很困难的，而对于社区、社团类基金会，由于与我国国情比较接近，若能注重政策引导，发挥地方政府和城市街道、农村村委会的积极性，有望在近时期内取得突破，进而获得长足的发展。

（2）基金会的作用不仅是聚集社会资金，以敷社会福利事业之需，恐

怕更重要的，是发掘人与人之间天然存在的美好感情，动员人们依靠自己和群体的力量，通过改善人际关系、以互助互济的方式自行解决自己的问题，基金会具有一种改善社会心理结构，推动社会走向进步的作用。

（3）从美国基金会发展历程可以看出，在市场经济条件下，社会福利事业与基金会的发展有着密切联系，基金会主要不是靠政府推动，而是由社会福利事业的发展需求推动，是由从事这个事业的非政府组织推动。我们不能一谈基金会就眼睛向上，伸手向政府要支持，要更多地考虑如何发挥非政府组织的作用，这也是一个世界性的新课题。

中国的基金会现在还处于成长期。国际上已经有很多经验教训，自己在发展中也有丰富经验，也不是完全没有教训。现在的问题是单兵作战、组织力不够、发展中的问题无人研究解决，所以有必要通过建立全国基金会的联合性组织，研究和积累我们的经验，整顿和加强我们的管理，培训人员，协调各方关系，加强海外交流，与国际尽快接轨。否则，如果任其发展，目前基金会领域内已经存在的消极方面的问题就会增长，长此以往，对事业的发展将极为不利。

附录7：与非政府组织（NGOs）有关的各类组织[*]

译编非政府组织（NGOs）有关各类组织名称的目的如下。

（1）中国非政府组织的发展目前处于初始阶段，对于非政府组织在成长与发展过程中出现的形形色色组织及其作用我们不甚熟悉，更很少了解其英文简称。过去，大家仅了解如 NGO（非政府组织）、NPO（非营利组织）、VO（志愿组织）、IO（中介组织）等简称；少数人了解如 GONGO（政府组织的 NGO）、INGO（国际 NGO）、GRO（基层组织）、QUANGO（准非政府组织）等简称；其他就很少知道了。这样，当我们阅读有关外文书籍或听外国专家教授讲课时，由于不了解这些名称，就会感到理解其含意的困难。

（2）在市场经济发达国家中，非政府组织的发展到达较高级阶段，存在形式众多、出现各类辅助性组织的特征。从附件罗列的各类 NGO 中，突出的如 GONGO（政府组织的 NGO）、GANGO（与政府有关的 NGO）、QUANGO（准非政府组织）、GRINGO（政府经营或创始的 NGO）可了解，政府在 NGO 成长的过程中扮演了重要的角色并继续在起不同程度的重要作用，把 GONGO、GANGO、QUANGO 和 GRINGO 完全看成贬义的词并不全面，这类组织也并非只是在中国存在。

（3）各类组织中还出现如 BONGO（企业组织的 NGO）、DONGO（捐赠

---

* 根据电子文稿录入；文稿时间为 2001 年 1 月。

者组织的 NGO）、SHO（自助组织）、VNGO（志愿者 NGO）。可见，即使是纯粹的、民间的、志愿的 NGO，也还存在着各样的组成成分。

（4）在这些组织中，还可突出地看到各种 Support Organization（支持性组织），如 GRSO（基层支持组织）、MSO（会员支持组织）、SHSO（自助支持组织）。可见，NGO 的发展与各种支持性组织的存在十分密切；为发展NGO，建立与发展各种各样的支持性组织也许是必不可少的。

在附表中还可以看到各类发展性组织的名称，如：NGDO（非政府发展组织）、PVDO（民间志愿发展组织）、VDA（乡村发展协会）。可见，NGO的成长与发展组织密切相关连。

（5）从列举有关非政府组织的各类组织的资料来源中，可以看到，这些组织及其简称大都出现于 20 世纪 80 年代后期至 90 年代某些学者的著作中。由于这些只是列举的来源，并不说明它们的名称是首先由某位学者或专家创造的，只能推测这些名称和其简称在这些年代被人们所接受，成为普遍使用的名称的简称。

总之，非政府组织（NGO）在中国的出现只是开始，中国的 NGO 具有自身的特征，可以肯定，其发展的形成和变化具备多样性，有待我们的不断探索和创新。

附表：有关非政府组织（NGOs）的各类组织

简称	英文全文	中文	名称来源（举例）
BONGOs	Business-Organized NGOs	企业组织的 NGOs	Clark, 1991
DONGQs	Donor Qrganized NGOs	捐赠者组织的 NGOs	Weiss, 1996
GANGOs	Government Associated NGOs	与政府有关的 NGOs	1998
GONGOs	Government Organized NGOs	政府组织的 NGOs	Weiss, 1996
GRINGOs	Government-run/initiated NGOs	政府经营/创始的 NGOs	David, 1992
GROs	Grassroots Organizations	基层组织	Padron, 1987
GRSOs	Grassroots Support Organizations	基层支持组织	Fisher, 1993
INGOs	International NGOs	国际 NGOs	Najam, 1993

续表

简称	英文全文	中文	名称来源（举例）
IOs	Intermediate Organizations	中介组织	Ware，1989
MSOs	Membership Support Organizations	会员支持组织	Carroll，1992
NGDOs	NG Development Organizations	非政府发展组织	Padron，1987
NGOs	Nongovernment Organizations	非政府组织	Edwards & Hulme，1996
NPOs	Nonprofit Organizations	非营利组织	James，1987
POs	Peoples Organizations	人民组织	Korten，1990
PVDOs	Private Voluntary Development Organizations	民间志愿发展组织	Karim，1996
PVOs	Private Voluntary Organizations	民间志愿组织	Gorman，1984
QUANGOs	Quasi-NGO	准非政府组织	Kramer，1981
SHOs	Self-help Organizations	自助组织	Uvin，1996
SHSOs	Self-help Support Organizations	自助支持组织	Uvin，1996
TNGOs	Transnational NGOs	跨国非政府组织	Zadeka Gatward，1996
VDAs	Village Development Associations	乡村发展协会	Fisher，1993
VNPOs	Volunteer Nonprofit Organizations	志愿者非营利组织	Smith，1995
VOs	Volunteer Organizations	志愿组织	Brown & Korten 1989

资料来源：Adil Najam，1996. "Understanding the Third Sector：Revisiting the Prince，the Merchant and the Eitizen." *Nonprofit Management and Leadership*，7（2）.

书 信

给崔乃夫的信

——关于社会保障

乃夫同志：

　　沙洲会议和上海之行对我很有收获，更多地了解了一点实际情况，也感到了一些问题。在问题方面，无论农村、城市，经济条件好了，有钱怎么花这个问题我看还没有解决；在发展社会保障事业过程中，怎样发挥传统的家庭保障功能在思想和办法上还是模糊不清的；在完善社会保障制度时，要不要和如何树立自我保障的意识也还存在不同的认识。当然，人们存在各种各样的思想认识，在我们正经历着经济和社会大变革的时代是自然的。我想，就这些问题鼓励开展讨论和争论是有很大好处的，《社会保障报》如果想办得更加有吸引力，就必须经常让读者思考这些问题，鼓励引导大家展开争论。

　　在旅程中，我记录了一些《社会保障工作笔记》，先整理出（一）、（二）、（三），寄给你看看，请你批改；我还想继续写下去，包括对城市社会保障工作的改革方面，不知你是否有空看看，是否有兴趣？

　　我认为，开展社会保障事业和工作，关键是要解决长期以来的上"包"和下"靠"的思想认识问题，这不仅在农村，在城市也有同样的反映。毫不奇怪，这不仅是在新中国成立后我们长期吃"大锅饭"的影响；还反映了我们生活在生产力不发达的小农经济社会里，没有经历过商品经济发达社会，缺乏从促进社会生产力和效率出发的思想意识。因此，一谈社会保障，

只单纯想到"做好事""施仁政",空想社会主义在群众中有广泛的基础。

我们是否有可能接受西方社会办社会保障事业的经验教训呢？我看完全有可能。毕竟我们广大干部多少具有些社会主义思想的头脑；但同样不排斥我们也有可能重复西方福利国家"从摇篮到坟墓"所经历的教训。还是那句老话："关键在于引导"。

值得高兴的是，毕竟在你的倡导下，社会保障事业在国内已经有了很好的开始，但今后的步子如何走，仍是值得大家努力工作和思考的。

我常常陷于"书生之见"，接触实际不够，思想方法上也存在许多问题，提得不对之处请你见谅。

朱传一

1987 年 10 月 29 日

给崔乃夫的信

——关于"社区服务"一词的翻译

乃夫同志：

关于"社区服务"这个词，我查了一下国内外权威性的一些辞典，即：

（1）韦氏大辞典（Webster's Third New International Dictionary）；

（2）牛津英文辞典（The Oxford English Dictionary）；

（3）现代社会学辞典（Modern Dictionary of Sociology）；

（4）Random House College Dictionary。

确实，在这些辞典中的主词条中，都没有"社区服务"这个词及其解释。

但在韦氏大辞典中有许多值得注意之处。

①在社会服务（Social Service）词条中，说明它是"为促进社会福利而设计的一种活动"。

②在社区组织（Community Organization）词条的解释中，说明它可以"提供社区以各种社会服务"（Social Service to the Community）及有"社区社会福利"（Community Social Welfare）的提供。

③在服务（Service）的词条中，有"社区福利"（Community Welfare）的提法。

综合以上词条，可以明确认为，相当于我们今天称之为"社区服务"的词，在国外称之为"社区社会服务"或"社区福利"。

那么，国外有没有称之为"社区服务"这个词，而它又指的是什么意思呢？

于1980年12月美国出版的《美国社会指标》（Denis F. Johnson主编）一书，其第三章第四节的标题是"社区服务与公共设施"（复印件附上），另一附图则称之为"邻里服务"（复印件附上）。

这里的所谓"社区服务"或"邻里服务"是什么意思呢？从所述内容包括公共交通、学校、商店、警察、医院五项。不难看出，它所指的是所在地区的服务事业和设施，而不是指社会福利这样的内容。它们所指的"社区"，范围与我们所指即基层街道、居委会是相似的。他们有时用"邻里"两字，更确切地反映是指基层地区。

此书在1982年6月经台湾"明德基金会"翻译出版，寄上的复印件即是他们翻译出来的中文，供你参考。

在不同国家，常以自己习惯的词条反映自己认为的特定含义，这是不稀奇的。中国可以把"社区服务"认为相当于国外的"社区社会服务"。但如果我们想和国外的词汇统一起来，也可改称为"社区社会服务"或"邻里社会服务"，同时把一个基层地区的服务事业和设施则称之为"社区服务"。这样做有个好处，即在我们的经济与社会发展中，社区范围内公共交通、学校、商店、警察与医院等问题也会提上我们要考虑的日程，在词条中不致引起误解和混乱。

以上意见供你参考。

朱传一

1987年12月29日

给崔乃夫的信

——关于社区发展

崔部长：

最近，又曾到天津，还到山西左云参加了"县级农村社会保障与社会养老保险研讨会"。此外，广州（何肇发）、山东（经协办朱应络、民政干校王青山）以及南京、武汉的一些同志曾来我家访问，和袁方、江西民政厅政研室袁村勋同志亦有机会对相互关心的问题交换一些看法，现将有些情况和个人一些不成熟的意见向你报告如下。

一　关于社区的经济与社会协调发展的问题

当前，有越来越多的同志意识到通过社区（或称之为区域性的社会）工作对于促进社会稳定与全面发展的重要意义。左云县，这个山西省的"首富"在近年的发展，充分说明有必要建立社会保障体系；但更重要的也许是有必要从经济与社会全面角度来考虑它未来的发展。左云县副县长在会上发言说："农村产业结构和社会结构随着经济发展而出现社会动荡和不安，表现在贫富分化加剧、民政保障对象生活下降、文化教育不适应的矛盾突出、保障人民生活稳定的措施不配套，等等。"

你曾问我，针对以上社会现象在社区范围内采取的措施称之为"社区建设"好，还是"社区发展"好？（还有另一种提法，即称之为"社区开发"，这是 Development 的另一种译法。）从社会学及国际上通用的词汇看，我觉得"社区发展"较好，因为"发展"的含意，不仅有"物"的因素，

更重要的是指"人"的全面发展，这是"建设"或"开发"难以完全概括和表达的。

不久前，我和国务院发展中心社会部郑启新部长再一次访问了天津，主管区一级事务的天津市李副市长也去红桥区视察后，他们已批准红桥区成立"社会发展实验区"。目前，正在进一步调查研究的基础上草拟工作计划，准备贯彻实行。本月中，我将再次赴天津，和他们一起谈谈"社区发展"问题。

二　关于农村社会保障的"两条腿走路"问题

无疑，当前在左云县开展县级农村社会保障和社会养老制度具有优越的条件，对于在农村富裕地区面临的如何正确引导消费问题也起了很好的作用。张朴同志在会上传达了国务院同志关于加速农村社会老年人保险的意见，准备近期内在全国 30 个或 50 个县推开农村社会老年人保险的试点。

我觉得，在当前社会保障已成为"热点"的情况下，农村老年人社会保障需要特别注意"两条腿走路"问题。即：一方面积极探索新型的社会养老保险模式的试点；另一方面，要以一定力量注意研究原来行之有效的各类农村社会保障形式，包括一些"土"法上马的保障形式，应尽可能协助它们总结经验教训，在保障项目上予以充实和提高，健全管理机构和实施办法；不能消极地认为，如在农村已实施多年的"互助储金会"等办法只是历史遗留下来的、必然要"消亡"的保障形式。事实上，由于中国农村经济发展的严重不平衡，"土"法上马的各类保障办法今天仍有广阔的发展前途，也许，它们还有更丰富的生命力。仅据我所了解：

江西与贵州有同志提出：重新研究与整顿互助储金会，在原有基础上扩大与提高储金会的功能，发展为新型社会保障组织；

甘肃同志提出：在经济较落后地区实行"老年人社会保障责任田"办法；

山东基层农村地区创造了：从 20 至 50 岁村民每年以 20 个工作日劳动所得代替缴付养老金，实行的养老补贴制度；

湖南、内蒙古一些地区提出"物化储备"方式，即以可再生的自然资源，如山林、羊群的自然繁殖，取代保障资金偿付养老补贴办法。

以上办法或设想简单易行，适应中国农村发展水平和当前人口素质较低的情况，也符合国际上普遍认为的实行社会保障必须具备的三要素：①经济上能以承受；②管理水平能以适应；③群众心理上能以接受。长期以来，它们大部并未能得到充分的注意和鼓励推广。

三　关于老年人社会保障与家庭照顾相结合问题

长期以来，不论在中央或基层，对于老年人社会保障与家庭照顾相结合，都只是停留在一般性提出，并没有根据中国社会的传统特征，提出一套如何使之密切相结合的具体政策和办法。

我认为，应该研究并明确提出一些发挥与强化家庭照顾老年人的具体政策与办法，包括经济上、服务上与心理上三方面的支持和照顾。在不同地区、不同条件情况下，社会保障和家庭照顾两者支持的比重可以不同，但原则是社会保障补充家庭照顾的不足，政府或社会对老年人提供的福利以不损害家庭照顾的功能为原则，在经济不发达地区和农场特别应该如此。

列举一些发展中国家采取的强化家庭照顾办法如下。

（1）确认家庭系统仍是供养老年人的主要来源（新加坡、韩国、台湾地区）。

（2）通过减免税收、救济、小额贷款、经济援助等方式，给予奉养老年人的家庭以补助（巴基斯坦、肯尼亚、莱索托、博茨瓦纳）。

（3）强化以家庭照老年人的伦理传统而尽量少建养老院（马来西亚）。

（4）立法规定，凡子女奉养父母者有权申请生活补助费（阿尔及利亚）。

（5）以支持性的服务如社区老年人综合服务中心、上门服务等，补充家庭照顾老年人、残疾人、患病者、儿童的能力（各国）。

近年来，我国哈尔滨市郊区农村、左云县小京庄等地方，实行了子女代父母缴付一定比例养老保险金的办法。张家港市农村在推行社会保障体系的同时实行评比"新风户"的办法。这种做法加强了家庭支持老年人的作用。绍兴市民政局也提出，给凡支持父辈的子女予以物质和精神的奖励。种种迹

象表明，我国一些基层组织已意识到并在试行一些使社会保障与家庭照顾相结合的办法，有必要注意并总结推广他们的经验。

不久前，我参加了北京召开的联合国亚洲与太平洋地区社会发展的专家会议。他们根据这个地区以及其他发展中国家的历史经验与教训，提出在工业化、城市化、现代化过程中，社会结构与经济结构经历巨大的变迁，在试行社会保障制度改革时，必须注意保存并适当加强传统的保障机制，务使两者能密切相结合。政府有必要实行加强家庭作用的政策，发挥社区发展类型的福利政策。在其草拟的社会发展战略中，还特别提到"加强公众的参与"即"社会化"的战略。我感到十分遗憾的是中国至今未能建立促进全面的社会发展的工作部门，参加这类会议的中国政府代表没有真正研究过社会发展战略，这既不能对会议有更多贡献；也未能把国际上的经验教训汲取来为我所用。这不能不使我想到，将来在我国政府中加强"社会问题"研究的必要性。

此问近好。

朱传一

1991 年 8 月 5 日

给阎明复的信

——关于社会部门在中国的发展

中国民政部

阎明复副部长：

5月10~13日参加在香港召开的"东亚筹资研讨会"结束后，李晓明副司长告知他已向你做了汇报。我们原议定再向中华慈善总会和崔乃夫会长做一次详细的报告，因他去波兰，商定在他月底返京时再谈。

这次会议是东亚地区首次召开的有关社会公益事业筹资的国际研讨会，有18个国家、164名代表参加。他们发言和提出的经验及其教训开阔了我们的视野，使我们进一步思考如何在中国开拓"社会部门"（Social Sector）或称之为"非营利组织"（Non-profit Organization）或"民间机构"（Non-government Organization）的工作。在国外，有人士把社会机构一分为三，即"公共部门"（Public Sector）、"私营部门"（Private Sector）和"社会部门"，足见其对推动社会发展的重要性。

在大会上，我用英文做了"中国社会公益事业筹资工作数例"的发言，主要讲了：（1）必须首先赢得人民群众对救助工作的理解与支持；（2）"以需求为导向"结对式的筹资工作经验；（3）社会公信度——管理和监督是筹资工作的生命线。在回答听众的问题时，答复了国际筹资组织主席斯坦贝克博士（Dr. Per Stanbeck）希望进一步了解中国有关问题的要求，提供给他一些书面资料。在会议组织的圆桌会议上，我再就"东方发展中国家筹

资工作的特征"和"慈善事业与企业经营事业在筹资工作中的异同"两个问题与各国代表进行了富有启发性的交流。

近年来,根据个人认识,我认为基金会、慈善机构、社区组织等"社会部门"机构将在中国社会发展进程中扮演越来越重要的角色。正如世界著名管理学专家德鲁克(Peter F. Drucker)所说:"非营利机构是未来社会行动的中坚力量"。但另外,"社会部门"机构的建立,必须具备一定的有利客观条件,才能获得真正健康的发展。这就是:政府在政策法令上的大力扶持,广大人民群众的积极参与和资金来源方面的有力支撑。在这些方面,今天的中国还很不成熟,需要各种社会力量的推动。无疑,民政部门的态度是具有决定作用的。

我个人今后准备为这一事业做些力所能及的事情。

(1)就建立与完善"社会保障网"纵向的 7 个组成部分进行研究与探讨。

(2)由于慈善事业是组成我国社会保障体系不可分割的一部分,我将为"慈善"继续正名并为其研究与交流工作而尽力。

(3)继续探索"社区发展"和"社会发展实验区"的工作。

(4)协助政府制定有利于"社会部门"健康成长的政策与立法。

(5)如有可能,我赞成将来在中国召开一次有关"社会部门",或"非营利组织",或"慈善事业"的国际性(筹资)会议,以便推动这类事业的发展并提高人们对其重要意义的认识水平。

如对以上所述有何意见与建议,望告。

朱传一

1995 年 5 月 20 日

给《慈善》杂志的信

——关于旧物资源的慈善运营

《慈善》杂志编辑部：

今年 2 月 13 日"一个普通的人"对你们提出了一个重要的问题，即他想以普通人的爱心，为那些需要的人做些事情。他举例说，每个家庭都会有些更新下来的用品，可以给那些需要的人。

正如他所指出，在国外，这种途径很多，对人们也很方便。据我所经历，每个家庭在季节更新之际，都可以清理出不少物品，只要打个电话给慈善机构，他们就可派车来取。取回后，分门别类。衣服送到清洗整理车间，消毒分类；家用电器送到检查修理部门，把简单修理后能用的电器整旧如新，不能再用的回炉；儿童用具也经清理消毒，部分好的玩具送孤儿院；儿童用小床、学步器、儿童车摇篮等一般都较新（大多数家庭只有一两个孩子），送到贫民区的教堂作为赠品给贫困居民家庭；书籍经整理分类后送到学校、图书馆或旧书店以较低价格出售；厨房用具、杯盘碗碟和小礼品则大都送到慈善机构的廉价品店中低价出售。

据统计，美国慈善机构接受的物资、赠品、处理品等实物所值低于赠款，而高于遗赠。这种实物资源不仅来自个人，也来自机构和各类企业的积压物资，如过时的衣服、鞋帽等用品；被市场淘汰的老式家用电器和家具等等。凡是送到旧货店出售的物品按规定可免税。国外著名的慈善机构如"救世军"，在美国各大小城镇都设有这类出售更新下来物品的旧货店，绝

大多数工作人员都是志愿人员；但也有少数专业的雇员在这里工作，他们的收入不低于同类工作人员，这也是解决就业的一个好途径。

经营这类旧货的方式很灵活，总的方针是"物尽其用"。可以无偿送给需要的人们或机构，但需要按规定申请和批准，以备审查和社区机构监督；可以低价卖给需要的人们或机构，例如贫民建筑或修理住房时，可申请低价购买建材用品和工具；也可以市价出售给普通居民，所得价款用于慈善救助。

政府一般不介入这类慈善救助的具体工作，除非涉及法规的制定和执行、监督；所有的运作都由民间非营利机构来进行，社区各类组织、委员会以及志愿机构以各种形式积极参与。

多年以前，中国热心于慈善事业的人们就已经多次提出建议，希望富有爱心的人们从事以上类似的工作，把中国的这项慈善事业也担负起来，特别由于中国现在仍然是一个发展中国家，贫困的人们不仅在农村，在边远山区；即使在城市中，贫困群体也期待这项创新事业的出现。何况，从事这项"产业"还可以解决一部分失业群体的就业问题。

正如"一个普通的人"在致《慈善》杂志编辑部的信中所说，"推行这项事业在国内似乎很麻烦，往往会把人们的好心磨得起毛了，实在可怕！"为什么会这么"可怕"呢？

这不能不归咎于体制的问题。谁要是有志从事这项"可爱"事业，谁就要冒无数的"风险"。例如，旧衣服上会不会有传染病毒？旧玩具会不会伤害孩子？税务局机构能给予免税待遇吗？能完全避免经手人员或志愿者从中贪污取利吗？等等，可以预料得到，做好事做善事的人们并不一定会得到人们的理解的好结果。更不用说，启动这项工作的资金从哪儿来？收售旧物的场地在哪里？志愿人员从哪里募来？谁又有这么多的时间和精力来打通各类官僚机构的"关口"来取得批准……

尝试了解一下为什么国外能建立起这项事业的历史，亦会知道其中有个更深层次的原因，这就是宗教信仰在其中曾起过决定性的作用；而中国却缺乏这样的传统。难道缺乏这样的传统就难以建立起这项事业吗？当然并非如此。

　　在中国，当前政府的倡导、支持和打通各种"梗阻"是首要条件，但社区事业要求群众的积极参与，当然也不可能避免某些流弊和问题，出现了这些流弊和问题怎么办？政府能负责予以协助澄清和解决吗？今天，难点似乎在于有哪个社区的政府和负责官员愿意承担推行这项事业的责任和风险，还有哪个非营利的社区组织和带头人能立志来创始这项创新的事业。也许，这就是对"一个普通的人"提出的问题的回答，即尽管"很多人都具有足够的爱心"，但"谁能打通这些梗阻的环节"？

朱传一

2000 年 3 月 18 日

给阎明复的信

——关于 NPO 工作及其未来发展

明复同志：

潘岳（国务院体制办副主任）文章重要，请你阅知。我阅后写了一点"读后"，亦送请你参考。

"与时俱进"一文应该说与 NPO 工作及其未来发展有密切关联，首先是如何判断其影响。是否是"春天"已经到来了呢？我想你的判断是对的。或早或晚，必将来到，我具有这样的信念；但"春寒"也必将会存在。正如 NPO 发展的未来一样，不会是"一路顺风"，但终将在人们特别是弱势群体的期望中到来。

对"宗教鸦片论"，早在 10 多年前已有文章反驳。当时，早就有人揭示"鸦片论"不符合事实而有害。我曾钦佩写这样文章的人的勇气；但反驳文章并未解决问题，一阵风过去后依然故我。这种经历告诉我们，中国的事并非这么容易就顿时开朗，要有耐性、韧性，需要有长期等待的思想准备。1982 年我提出社会保障在中国建立的问题，在 1983 年经上面批示"这是重大问题"，在中央部委进行了多次汇报讨论。这当然热闹了几天，然后烟消云散。大约经过 10 年后，当时国务院某负责人才对我说，社会保障的"春天"方才来到。社会保障问题不比宗教问题那么"敏感"，还如此难办，何况宗教问题呢！当然，从另一方面看，今天不比 10 年前了，无论如何，客观环境和条件好多了，这是进步；但进一步也还需要有一时退步的思想准备。

我说这对 NPO 工作有重要影响，这首先是由于中国当前所处的环境：贫富的分化在未来一些年将不会是缩小而有继续扩大的趋势，公益与慈善观念亟须加强。问题还不仅如此，教育、医疗、环保等问题也都将受到巨大冲击。这么多问题都将不仅继续存在，而且可能恶化；而人们的思想观念却得不到积极因素的充实，腐败和异化继续侵蚀着人们的灵魂。

为赴印尼开会而准备的文章中，我强调了支持性组织的作用。其中，我列举了"精神支持"一项。为发展 NPO 的需要，"精神支持"不可缺少。在中国的现实中，其实"精神支持"比"物质支持"更重要，但"精神支持"从哪里来？

"与时俱进"一文中提出"宗教在现代社会生活的特殊功能"。其中，首先提出"心理功能"。我赞赏"宗教里的苦难既是现实苦难的表现，又是对这种苦难的抗议"的提法。其次是"道德功能"，文章说得对，正如"西方工业文明导致物欲横流"之时，宗教伦理支撑并恢复了西方道德文明。宗教价值伦理观中的和平、平等、弃恶从善对世界包括对中国都有重大的积极作用。最后是"文化功能"，宗教不仅在哲学、道德、艺术、习俗方面影响着社会，它的服务、公益观念的传播，直接关系着 NPO 的健康成长。因而，我认为，对宗教观念的支持或扬弃，直接影响着 NPO 未来发展的成败。何况，有人把"儒"称为"教"，传统的中国道德、文化观念决不仅影响着中国的历史，它将对中国的现在，甚至未来都将产生重大影响。中国必然要走"自己的路"，而"自己的路"就是与传统的中国文化、道德、观念密切相结合的道路。NPO 未来的发展，其实，与我们对宗教的政策和态度息息相关。

以上，就算是我本人的读后感罢！

朱传一

2002 年 2 月 22 日

给丘仲辉、张利伟的信

——关于"信息与动向讨论会"的设想

仲辉、利伟：

对爱德的"新3C"创新思维，我在北京有机会时曾给大家做了介绍，大家反映很好，希望你们把贯彻"新3C"的思维、体会更进一步给我们做介绍，这对NPO未来的发展至关重要。

你们建立了宣传与研究部，安排了4位工作人员。可能时我希望看到这个部门的工作计划。如他们有机会来京，我也愿见见他们，听听他们对建设这个部门工作的设想。

我想建议NPO中心实行"信息与动向报告讨论会"制度。首先在中心内部举行，1～2月一次，目的是提高干部的宏观思考能力。目前，他们的干部整天忙于事务和具体工作，没有充分时间读书看报，更难谈到思考工作中的战略问题，导致工作可能有一些的盲目性。这样，工作质量下降不说，也影响我们对未来工作的信念。可能这也是导致"留不住人"的因素之一。

最近时期，大家关心的信息与动向有如下几个问题。

1. 中国贫困人口的增长

关注的问题是：贫困人口增长的原因及其分析，今后的发展趋势与社会影响，NPO组织面对增长趋势的任务与作用。

2. 企业公民问题

对某些政府官员与其影响下的GONGO领导人来说，这是过去不敢谈或不愿涉及的问题。当前有迹象开始打破这种忌讳,这是一种进步。报刊上,甚至公益时报也正在组织"企业公民工作委员会",起草宣言、章程、工作计划、入会申请等文件。

但另外,提出企业公民问题的目标是什么值得深思,有些人的目光常常只是看到企业家腰包中有钱这一点。把"企业公民"的讨论研究看成一种从企业家腰包中掏钱的诱饵。这样,就引申到是否真正是"一切为了人""以人为中心"的问题上来。

3. 筹资竞争与公益腐败

前些天,中国儿基会在人大会堂召开第二届"中国儿童慈善活动日",这一次会筹款达一亿七千万元,震动了不少公益机构和人们。儿基会他们凭借妇联和GONGO的优势,面向国内外公司与跨国公司,募集了这么多的资金和捐助物资,这自然引起筹集公益资源的竞争势态。最近,他们又召集专家研究"公益先锋"这一项目的募集资金活动。这几次会我都作为他们的理事参加了。耳闻目睹这些集会的情况和反映,不禁想到其可能出现的后果!

"公益腐败"现象已不是新鲜事,最近揭露的几篇文章:"开会?卖药?一些医学会腐不可闻!"(新华社稿)(《老年文摘》2004年6月14日转载)、"儿童村缘何患上肠梗阻?"(《社会报》2004年7月10日),还有《南方周报》等报刊都陆续揭露了不少"公益丑闻"。

"公益丑闻"在台湾表现有7种现象,在大陆虽有所不同,但也有类似之处。公益组织的政府色彩愈浓、其关系与权力机构愈紧密、筹资愈容易、监管愈难,问题就有可能愈严重。

徐永光发表了"非营利组织公信力培育之路——中国青少年发展基金会案例解析"。其中,(1)从香港《壹周刊》诽谤案看公信力的价值;(2)"八大隐患"挑战公信力;(3)自律;(4)他律;(5)互律;(6)法规保护;(7)管理和治理。此文颇值一阅。可惜太长(21页),以后有机会再寄。NPO组织经历挫折与危机是必然的,问题在于是否能从挫折与危机中接受经验和教训。

4. 关于在培训中借鉴国外经验的争论

今年春，我与廖晓义在和平友好发展基金会开会中曾就此问题有一番争议。8 月，CANGO 召开培训总结会议时（他们的培训班已有 10 届经验），德国专家雷朵莉发言时又谈到她和廖晓义的争论。其实，在中国，NPO 只要开展培训工作，必不可免的问题就是如何借鉴。大家都主张"本土化"，关键是如何"本土化"？至今，我看这个问题并没有得到足够的重视，"本土化"只保留在口头上，并没有真正落实！

我重视廖晓义提出的问题，我自己在研究美国问题的过程中也有教训。也许，花费了约 10 年以上的时间才真正有所认识和体会。当前，无论 NPO 中心、CANGO、清华和其他组织都还在办培训。我热切希望有机构能认真思考并总结自己的经验和教训。对爱德，我想其中的经验是丰富的；有无教训，我不知道！

5. 关于 NPO 联合问题

联合就是力量，这点大家都清楚。过去，大家不是不想联合起来做点事情。可就是条件不具备。今天，实际上已经做了一些"联合"的具体事，例如召开国际性会议、扶贫项目会议，开办培训班，联合呼吁，发布宣言书等。其实，成立 NPOSO 组织本身就包含了"联合"的意义。老商成立的"中心"、庄爱琳成立的"映绿"、环保界的共同行动、救灾的联合募捐都具有这样的意义。

真正的"联合会"也已出现。民间组织联合会是地方性的；农村合作经济组织联合会是行业性的；新成立的"当代城乡研究会"说是研究性的……"联合"的背后有各种背景，其目的也有所不同，但大家都认为，其发展趋势不可避免。自然，这就又需要我们有清醒的头脑来辨认和推动这种"联合"趋势。附上一些剪报，供参考。

传一

2004 年 8 月 30 日

给丘仲辉、张利伟的信

——关于中国 NGO 从业者需要"韧"劲儿

仲辉、利伟：

　　这一期的《公益时报》（2004.9.22）中的两篇报道引起我的注意：一是那篇"爱德传奇"，我十分欣赏"传奇"这样的标题，可惜的是报道并没有充分发挥出"传奇"的内容；但"将焦点转到西部"和"盲心比盲目更可怕"两个小标题还是标得不错，结束语引用韩先生的话"支持爱德的意义远超出扶贫工作本身——这种支持有助于培植一种文化，使人民群众更好地更多地承担起自己的社会责任"，则十分精彩。韩先生"画龙点睛"之语令人对爱德工作的深刻意义有所认识和了解。

　　这篇近期对爱德的报道引起我的一个问题，就是为什么报道没有提到新"3C"——"交流、合作和创新"的意义。我想可能是"还不到时候"；也许，在内部或外部还未达到普遍的统一的认识。还有可能，在思想和工作更加成熟的时候提出来更好。当然，这只是猜测。我想一定有道理，不知是否如此。

　　第二篇引起我注意的是介绍江苏省民政厅长赵顺盘的文章：《新时代需要强势民政》。我欣赏"新时代"和"强势民政"的提法，但并不了解赵顺盘此人。江苏省是经济发展态势突出的一个省，但社会发展的态势并不十分相适应，从他那个"强势民政"五秘诀能看出些端倪，缺乏突破现状的创新思路，特别是"用心经营民政"的提法，说明不了什么问题。其中，侧

重的只提"多渠道开拓民政资金来源",看来侧重的是"物",连民政部领导一再强调的要发挥民间组织的作用都没有提到,"强势民政"缺乏具体落实的内容。

我认为,爱德与民政厅的关系十分重要。如果爱德能受到民政厅的重视,关系十分紧密,对爱德和统战部的关系也会非常有利。想当初在 20 世纪 80~90 年代,我与江苏省民政厅的关系很好,他们的厅长、副厅长在我去江苏的时候都陪我去苏、锡、常和张家港了解当地的社区发展状况(都是崔乃夫部长介绍我去的)。如果这位赵顺盘厅长真是要开拓"强势民政",他会需要爱德这样的组织支持的。"强势民政"不能仅是民政厅及其下属单位的"势",民间组织特别是有国内教会和国外组织支持的"势",才能构成"强势"。这个道理他不会不明白。"强势"不可能只是财力的强势,"顺势取势、借力使力和以群荣群"的道理如果他能明白,我想他会懂得与爱德搞好关系的重要性。

知道你们忙,恐怕没有时间思考这样一些问题。我现在已力不胜任写大文章,只是闲来无事偶尔写点"小品",供大家参考,完全不必费事费心给我答复或反馈。

前天,庄爱玲来京,来我家与我、老沈、黄浩明、陈琨(科委 NGO 负责人)相会,谈了上海 NGO 发展的状况与问题。GONGO 和官方组织扮演"巨无霸",垄断资源和地区权势位置的优势的角色,一时会演得有声有色;但从长期看,中小组织和民主自治力量得不到机会发展,又会构成中小民间组织压抑消极的局面。中国 NGO 的发展态势是曲折多变的,不能寄希望于"突变"。天上不会掉馅饼,从事民间组织的人士需要"韧"劲儿、耐心和不丧失时机决策的决断力,上帝会保佑我们的。

附上剪报两则

如需剪报请告沈。

传一

2004 年 9 月 25 日

给吕朝的信

——关于公益性 NGO 的发展规律

吕朝：

　　给你寄出的两次信，三份剪报谅已收到，这都是就事论事的随机感想，未经深思熟虑，只供参考。

　　实际上确是需要考虑得深远一点。例如，庞表示：下一步准备成立"慈善信息中心，办成独立的民办非营利性质，利用这个合作组织来实现有求必应的'美好理想'……向全社会展现出 NGO 的风貌。"这段话不管他内心是如何想的，但颇值重视。

　　按照公益性 NGO 的发展规律：初级的 NGOs 是各干各、单兵作战；再是业务相同相似的，在一定条件下，配合作战；在时机成熟时，成立联合劝募组织联合进行公益事业的劝募。美国在这方面历经约百年时间，公益意识在公民潜在意识中逐渐成熟，获得联合劝募的巨大成就（我曾 3 次访问UWI 和 UWA）。台湾的联合劝募虽早经成立，据我所知，并未能获得如美国那样的成就，主要原因是人们的公益意识未能如美国那样成熟。中国的现阶段，是"政府主导"，与美国和台湾不同，能否向全社会展现出 NGO "成熟"的风貌？看来至少现在做不到。

　　慈善信息中心在将来是否可能发展为联合劝募？这种前景现在是谁也难说清楚。作为"民办""独立"的"合作"组织这样的目标，我看这样的目标现在难以做到，但未来发展的远景则并非不可能。在中国，如果在 10

年内能成立"联合劝募",我看那就能算成就不小!

清华在去年开始进行战略研究,王名在《第三次改革》一书中做了总序,内容值得一阅,他的思路有进展。看来,我们谈到的"倡导""协同"和"孵化"工作更值得重视了。

你对我提出要考虑的问题,我算是尽力了,但也只是提供一点不成熟看法。究竟可否承担那样"众望所归"的重任?只能由你自己权衡得失决定了。

传一

2006 年 5 月 29 日

给丘仲辉、张利伟的信

——关于鹤童

仲辉、利伟：

多年前，我和杨团结识天津鹤童的方嘉珂和韩淑燕两位，了解到他们创办鹤童的初衷，并在其后引导崔乃夫、阎明复去鹤童访问参观以支持鹤童兴办老年事业。他们确实不仅对老年事业有坚韧不拔的信念，而且具有克服各类困难和创新的精神，我称之为"鹤童精神"。

今天，鹤童已逐渐发展为下属 11 个单位（包括 4 个养老院、6 个"社会企业"和 1 个护理老年人学校）。统率这些单位的是其后成立的鹤童老年福利协会，应该说，它早已不只是 NGO/NPO，而且是个"孵化器"组织。但这个"孵化器"并非只孵化 NGO/NPO 而裸露在表面；实际反映的是它潜在的力量，孕育着无限的生机。当前，随着积蓄的潜力而逐渐地显现出来，成为今天这个模样。

目前，它正准备成立"鹤童基金会"，已向外介绍了其拟建立鹤童基金会的"长期和深远意义和构想"〔请参阅附上的《鹤童网报》（2006 年 12 月 1 日）〕。它和爱德不同的是，首先建立项目（老年人养老院以及老年各类设备、老年护理……）；其次建立各类社会企业；再其次建立"鹤童老年福利协会"这样的 NPO 孵化和统率组织；最后成立"鹤童基金会"。其资金来源，最初是方嘉珂兴办企业作为启动资金源泉；再是社会筹资，一部分资金来自政府和企业资助；再是国外（德国）赠款和部分设备，再是社会企业盈余。其获得的"老年护理认证"资历则扩大了其社会影响和筹资的

渠道。其义工和人力资源则主要来自天津市的大、中、专科院校的义务劳动。其成立以来10余年的艰苦历程比起爱德来，也许有过之而无不及。其发展经历（至今才开始筹组基金会）也许和爱德恰正相反。

我一直认为，鹤童走过的经历和它的宏图大志也许对爱德的未来有重要参考价值。因而，主张你们在有空儿时应去天津专访他们一次，参观其设备、机构是次要的，最主要的可能是从他们的发展过程中取得启示。

（1）对未来拟建立的"爱德社会服务中心"的设计和发展前景构想有所启迪。

（2）对"社会企业"的建立、作用以及在国内筹资道路的设计可能有参考价值。

（3）对扩大社会影响的渠道与建立"拥护群"的可能性可参考其经验。

（4）请阅寄去报纸的反面一页——《感恩的鹤童》。他们已意识到利用基督教"感恩节"（西方传统文化的产物）对家庭成员、师长、社区邻里、客户、员工进行"感恩"教育，增强自己的"凝聚力"。他们提出"学会感恩，互相感恩，做一名正直、善良、宽厚、会感恩的鹤童人"的号召值得参考。

（据我所知，方嘉珂、韩淑燕并非基督徒；但他们已学会利用基督教之中的"感恩"来促进公益事业从事者的精神。这正好验证了青年政治学院陆士祯院长反映他们学校在社工专业学生信教比例增多的社会现象。）

我还建议，你们可写信或发 E-mail 给鹤童，要他们寄给你们每期《鹤童网报》参考。他们这张报纸十分简陋，每期只有一大张，但内容对我常很有启示，其刊载的内容包括信息、重要的文章（徐永光、杨团等人的文章，民政部负责人的文章摘要也在内）、论文摘要、捐赠榜、员工模范事迹，等等。据我所知，报纸一直由两位学生负责编辑，却很生动，有启示，我很爱看，几乎每期必翻看，对我有很大帮助。我想，爱德刊物的编辑们也可从中得到启示。

此祝新年愉快和工作顺利。

朱传一

2006 年 12 月 23 日

给崔乃夫的信

——关于"慈善风暴"

崔部长：

"慈善风暴"在月前出现于中国大地。溯源于江苏常州这场风暴的"模式"，不仅在江苏各地愈演愈烈，而且已蔓延至山东、浙江等省、市各处。从我所了解的点滴情况看，实质上似为一次巨大的"龙卷风"，它席卷了数以亿计、十亿计，甚至将来可能上百亿的"捐赠"财富（似为纸面的数字而已）；却有可能丧失人们对"慈善"在精神方面的崇高敬仰、信任以及十多年来慈善在创始道德重建方面积蓄的宏伟力量和作用。这场风暴最终结果究竟是"得大于失"还是"失大于得"，还要从全局和时间的考验中判断。

因年迈我早应退出历史舞台，但偶然从各方面了解到这场"风暴"的一些情况和反映，还是禁不住忧心忡忡，想向你反映，这也是老习惯了。

民政部救灾救济司司长应记者的访问和他发表的谈话"有求必应"引起我的特别注意。"常州模式"是在他亲自参加和指导下建立和发展起来的。他认为这是一个"非常好的信号"和"标志"，"说明企业的社会责任在觉醒"，说明了"中国特色的慈善事业发展道路已经呈现出来"。他认为如"常州模式"的"行政色彩过分浓厚"并"不足为奇"；而指责在慈善活动中"政府介入过深的观念是错误的"。他认定归结各方面的"指责"为"中国这个社会很奇怪！"他另一篇谈话报道标题是《有求必应：另一个正在集结的慈善旋风》告诉我们，依托于行政的"有求必应"平台正在"奔

跑着前进，"而这将"更有利于慈善风暴向各地席卷！"我不知道这个"有求必应"的"应"字，该是"回应"还是"应允"；也不知道将来这些"必应"是否都能兑现；只是知道在中国这样的大国，贫困和灾难是长期都不可能消除的社会现象和现实，应该严肃认真对待，而不是说空话大话"有求必应"！

从社会对此的反映看，一些媒体如《公益时报》《中国老年报》《鹤童网报》的记者、编辑对这种做法持有不同意的态度。他们自己提出以及刊载了一些人们对"风暴"的怀疑问题，还提出对"摊派""强制捐赠"，特别是层层下达的基层低薪员工的被迫捐款不满。一些网民认为，"利用政府的行政权力做慈善事业本身就是一种不慈善；更让人们对我国慈善事业产生一种厌恶或憎恨，起的是反作用"。他们说："把慈善强迫捐赠当作一种运动、当作一种政绩，实在是慈善事业的大悲哀！"

当然，也有企业家们欢迎这种做法，争抢捐赠大额"冠名基金"，他们乐于充当慈善组织副会长，这可与市委、市政府负责人有机会共聚一堂、共同出国访问；而且，由于应允的捐赠是"留本付息"。在常州，协议的利息是7%，即捐100万元，每年只付7万元（届时对账是个艰巨问题）。其他地方能否达到如此高息是个问题。如果"赖账"如何处理是问题，而"留"的"本"什么时候付更是问题。据称，在这场城市"风暴"之后，每个乡镇也要召开这样的动员会，动员乡镇企业募捐。据称，在浙江义乌，"市慈善总会在政府有关部门的强势支持下，又要开始向企业、干部、群众募捐了。"

由于捐赠资源被各级慈善会所垄断，其他社会与民间组织当然苦不堪言。即使是常州红十字会副会长，也抱怨对红十字会"关注不够"；其他由民间成立的组织将更难以生存发展。

此外，值得注意的是来自国外对这类问题的反映和意见。新华社（总社 RND 发稿中心）伦敦 2007 年 6 月 12 日电（据说准备《内参》用稿）中认为："公益事业的发展要有平台和载体，为此国内应加强培养非政府组织等社会团体。不过，以非政府组织为主的社会建设，不能以计划经济的指令方式进行，应该在政府立法的基础上，自下而上开展。应该用开放的、市场化的方式，通过优胜劣汰，确保市场的健康发展，为政府工作提供必不可少的补充，切不可将非政府组织纳入政府编制，更不可将非政府的认证当作'摇钱树'。"

电稿认为："面对国内外突发事件进行募捐，可以建议向慈善总会、红十字会等国内大的非政府组织募捐，引导公众的自发爱心行为，但不应限于这几个机构；否则不仅剥夺了其他合法登记慈善机构的权利，而且在短时间内使大量善款过度集中，不利于有效的良性管理。一旦做不好，还容易失去公信力，使公众的良好愿望受到挫折。"

从发稿时间看，我想，新华社驻外记者并不了解国内的"慈善风暴"，更不会知道"常州模式"以及其做法和影响，只不过是谈及开展慈善事业的一般原则。但他们切实告诉我们："不可将非政府的认证当作'摇钱树'"、"不能剥夺其他合法登记慈善机构的权利"、不能"在短时间内使大量善款过度集中"、不能"失去公信力，使公众的良好愿望受到挫折"。

慈善事业在今天的中国，正扮演着促进"和谐社会"成长和基石的作用。它不仅是救助弱势群体，支持进城务工农民及其家属和遭受各种危难和灾害的国内民众；还担负着维系和促进人与人的亲密关系和伦理道德水平的重大任务。我们不能只是为了一时募集到更多的捐赠而损害这一神圣事业更宏伟的使命。

以上个人的一些看法和观点，只是不成熟的思考，情况也只是参阅一些报刊获得的印象。由于年迈（82 岁），我本人也不可能外出调查考证。不够切实全面之处，请你原谅指正，意见仅供参考。

朱传一

2007 年 8 月 28 日

给杨团的信

——关于爱德基金会发展

杨团：

欣闻你将赴南京爱德那里。我已与仲辉谈过要好好安排你的南京之行。这有可能为爱德未来发展前景提供更大更好的机会。

在当前形势下，爱德是具备发展良机的。问题是如何以战略眼光看待这种机会，采取什么样的战略战术来运用自身的优势，以对待和发展这种机会。你是一位"战略思想家"，如果能认真帮助爱德，充分利用时机和发挥它的优势，爱德的奋斗目标前景——"爱以助人，德以树仁"是可望在未来有大发展和实现的。

我对仲辉多次提出，爱德有外在的"三大法宝"，但这些"法宝"在过去并未能得到充分利用和发挥。即其具备的：

（1）宗教背景——主要指的是文化和精神、思想方面的优势（请看附件，我致仲辉关于宗教问题的信）；

（2）国外关系以及在香港设有"爱德办事处"（有工作人员 4~5 人）；

（3）规模较大、设备精良的爱德印刷厂（印刷各种文字的圣经、圣诗、圣诞用品）。实际上，这个印刷厂就是 NGO 的"社会企业"。我曾建议在适当时机可扩大为出版社，把它办成中国模式真正的"社会企业"。

我认为，中国的社会改革和政治改革有自己的特点和模式，彼此向来有着不可分的关系，不可能完全抄袭国外和中国历史上已存在的模式。运用各种机会和手段，不仅是从上到下，而且同时是自下而上地不断酝酿，积蓄改革的力量，再把经济改革、社会改革、文化改革、教育改革密切结合起来，一起成为推动政治改革的力量。期望上天或者"英明的君主""君临天下，一朝令下"就能实现政治改革是不切实际的。因而，要重视一点一滴地积累。爱德，看似仅是一个有教会背景的小小基金会，但它又是具有"三大法宝"这样的基础，要努力使它逐步演变为 NPOSO 即"支持性组织"或"孵化性组织"。要在 NPO/NGO 中，学会运用"创业投资"的办法，不断扩大自己人力、物力的精神力量的积累。因而，我赞同它向苏南各地以及深圳和珠江三角洲地区（那里的基督教影响较大）发展。

当然，它最大的弱点是当前缺乏骨干力量，但骨干力量不会从天上掉下来，结合工作发展，骨干力量是会产生出来的。我相信这一点。

仲辉来电话告知你将去南京。我建议多留你几天，一起到苏南或深圳去到处看看、谈谈。我过去的经验告诉我，这样做对爱德和他们是会有不少收获的。

传一

2009 年 8 月 10 日

给陈迎炜、吕朝、章萍、商玉生等的信

——关于恩派（NPI）的成长

陈迎炜并转吕朝、章萍、商玉生诸位：

2010 年伊始，最高兴的是几乎同时收到你们和爱德送来的两棵"树"，这是我在 2010 年收到最珍贵的礼物。你们的"树"看来年青、充满活力，说明 NPI 是"社会创新引擎"而"不只是公益孵化器"；是"拥护群"支持下的民间公益组织，目标是"探索 NPO 支持性组织的发展道路"。爱德的"树"看来较为粗壮，成长年代较长远，画出 10 大根系和经过辛勤者（水壶）的浇灌和梳理（梳子）才可能逐渐成为粗壮的大"树"。两棵"树"各有特点，真实地反映当前在较有利条件下 NPO 成长的状况。

记得，约在 20 世纪 80 年代初，我在美国担任访问学者时选过一门"社会发展案例"的专业课程。一位哈佛大学教授在一堂课中讲的是"硕大而营养丰富的苹果是怎么来的？"我想，我们又不是小学生，谁不知道这么浅显的道理！上课时，他开门见山，简短地说，采摘或漂洋过海来的果种，首先需要种在富有阳光、水分的土壤里，施肥后经过发芽、生叶、枝干苗壮，再经过灭虫、剪枝、间苗，经过多年的辛勤劳动，才能开花结果。然后，就让参加听课的二十多位富有生活和工作经历的博士生、公司老板、技术工程师和我们这些国外来的访问学者讨论。我真未料到，在讨论中（老师经常插话）反映出如下一些深刻的道理，使我在今天仍然铭记在心。

（1）理解事物成长"过程"即阶段性的重要性及其不可逾越；但每个

阶段的经历，则有可能缩短或延长。

（2）经验教训的积累以及过程中分工合作的必要性。

（3）在不同阶段需要采取有针对性不同的措施和手段促进其成长。

（4）客观事物发展的规律与主观能动性的配合与衔接。

你们的"树"末尾的一句话："至此，NPI 旗下各业务单元已逐渐形成了以'理念一致，自我管理，资源共享，业务互补'为特征的联合舰队型整体格局"，在短期内形成这样格局，确实令人高兴。我期待看到这棵小"树"的成长和开花结果；也许，我这个老朽也能吃到个"大苹果"。

感谢你们春节前后两次送来的台湾画卷、各类食品等，我无以为报，这就算写的一封感谢信罢！

附上爱德送来的"树"，供你们参考。

朱传一

2010 年 3 月

给吕朝的信

——关于 NPI 的两条战线——发展增量与协同"明白人"

吕朝：

你发来的信思路清晰，NPO 中的"明白人"应该懂得并仔细体会；但不懂的人怕也不是没有。

你清楚地说明，NPI 正在从事两条"战线"的工作。一条是"发展增量"，这是主战线。对如何"发展增量"，我能补充的一点，就是贯彻实施"三靠"的精神。"向民生靠，向民间靠，向民主靠"的提出并非偶然。即使是 NPO，也有向民间靠的问题。这正是当前形势下，"顺其大势"出现的产物。

另一条就是你说的，要协同"明白人"实施共建。今天，"明白人"尽管不多，它在政府中存在，在企业、传媒、学者等各界都存在，在 NPO 中由于其所处地位也许更多些；另外，"糊涂人"或"半明白、半糊涂"的人也许并不少。我们要考虑的是如何促使"明白人"更多、更明白；而"糊涂人"也能以转化。

你电话中告诉我，本来不想写信致"诸位师友"。这封信写了，我想也对。有些事可以意会而难以言传。在大张旗鼓地论坛中表现得淋漓尽致，我看并非上策；少参与点也许有好处。我十分赞成你的主张："用行动来倡导，用案例来解释，用业绩来证明。"这应是第三部门人士的座右铭和上上策。"精英"们的作用不可忽视，今后还要依靠他们开拓各方面的工作；但

"精英时代"将随同历史发展而逐渐淡化和过去。

此致问候，注意健康和家庭幸福。

传一

2010 年 7 月 3 日

给吕朝的信

——关于倡导中国公益事业的案例研究

吕朝：

中国的"社会创业家"今天应如何创业？我十分同意你的主张："用行动来倡导，用案例来解释，用业绩来证明"。几年来，你在上海、北京等各地的工作，就贯彻了你的主张，获得不小的成绩。

你在我家谈到过，之后我在报刊上也看到一些上海社会创新孵化园成立过程的报道。可能，这就是"用行动来倡导"的业绩。马伊里在《中国社会报》上的答记者问，清楚地说明"国引民进"的积极作用，我非常欣赏。

我在美国时，曾学习过一点"哈佛案例"，受益匪浅。在回国后的一段时间里，我曾大力倡导中国公益事业的案例研究。受你们创立社会创新孵化园为中国残疾人做些事的启发，我粗粗写下了25年前提出的"残疾人就业与救助方案的回顾与思考"。这也是为纪念曾鼓励我研究残疾人问题的忘年交、北京市民政学会前秘书长。这个"案例"只是为提供你或马伊里、丁立等人参考。

我对你创始的《社会创业家》杂志怀有一定期望，对"用案例来解释"的社会影响也怀有期望。曾梦想在《社会创业家》这份刊物上也能刊载一些成熟或还不太成熟，甚至不成熟的中国案例，用以引发你"用业绩来证明"的雄心壮志。

传一

2018 年 8 月 3 日

案例：提出残疾人就业与救助方案的回顾与思考

20 世纪 80 年代初，我曾在北京市民政学会担任职务。其间，与北京市民政局友人交往较密。由于对中国残疾人事业怀有情感与期望，在当时频繁赴美国、日本等国家考察。在美国纽约州与新英格兰地区各州考察时，我曾多次参观访问当地的各类残疾人事业，包括残疾人在高技术产业、一般工业、服务业、手工业企业的工作和生活状况。回国后，我曾提出残疾人事业可划分为 4 大类进行建设的建议，其中心思想是将残疾人事业与动员全社会对他们的人道主义关怀密切联系。具体内容如下。

建议	培育就业对象	选拔与奖励办法
建立残障人才库	在某些领域（包括现代化企业与文化领域）中有实际表现的残疾人	对发现此类人才者以及有突出才能与工作成绩者给予物质奖励
实施特殊产品、产业的垄断经营（如厕所装饰品、劳动手套、手工艺品等）	具有一定文化与劳动能力的残疾人	国家颁布专业垄断经营办法及减免税优惠政策，给予特殊扶持和物质奖励。
社会福利企业建设	具有一定劳动能力的残疾人	除对企业减免税优惠外，政府给有关方面以特殊扶持与物质奖励
政府和社会各方面给予特殊救助关怀	无劳动能力的残疾人	

案例中须讨论与研究的有关问题：

（1）将中国残疾人事业的发展划分为 4 类实施，主要是个人在考察美国、日本后的的思考。在 20 世纪 80 年代初提出建议后，首先获得北京市民政学会时任秘书长的支持与鼓励；但也有批评意见，认为这是"抄袭的美国货""不符合中国实际"等。

（2）提出"特殊产品、产业由残疾人事业垄断经营"，在当时及之后经济发展条件下是否可行，存在较大争议。对建立"人才库"以及给发现残疾人才者、有突出才能与工作成绩突出的残疾人以丰厚物质奖励的建议，也有争论。在众说纷纭的情况下，未获政府支持。

（3）在 20 世纪 80 年代初期，将残疾人事业与"动员全社会对他们的

人道主义关怀密切联系"的提出并未真正成熟。

（4）残疾人事业的特点之一是一旦扶持他们就业，就需要考虑之后他们如果因病、年老等完全丧失劳动能力，如何保证他们的生活、医疗、照护等。因而，更需谨慎与有计划地逐步推进。

（5）社会福利企业建设在 20 世纪 80 年代曾兴盛一时；但是，在那之后，出现了成批因"经营不善"而倒闭、负责人贪污携款外逃的企业。至今，社会福利企业的规模仍在萎缩过程中，其深层原因是否与这类企业"向国靠"而非"向民靠"现象有关，值得探索研究。

给顾晓今、王冠丽的信

——关于中国现代慈善的成长与生命力

顾晓今、王冠丽：

"从慈善起步，不断推动社会改革"，是我个人对慈善未来前景的设想和期望。因而，开列出这张"中国现代慈善的成长与生命力"图表。目的是想反映约一个世纪以来"慈善"历经的道路。——其中，包括如民众自发的"慈善"、政府大一统的"慈善"、被封杀的"慈善"、有广大民众参与有组织的"慈善"。我想，从中也许可以理解，正在发展中的今天的"慈善"，有些问题是否可以从追溯历史来理解它们存在的原因。时代确实不同了，但遗迹或多或少地还会存在，当然，经过现代化的冲击、社会的进步、人们的觉悟，新时代的"慈善"也将取代旧时的遗迹。

看看我自己整理的这张表，一方面，感到"慈善"这条路，漫长而艰巨，需要一步步向前走，它们成长必须经历一个过程；另一方面，又感到当前其发展速度，是历史上从来没有过的，我们也还该满意。历史是一面镜子，但不会完全重复。目前，"慈善"暴露出一些问题，这是早晚必将出现的事，现在暴露得还不够，但不用着急，慢慢会冒出来。

从"慈善"目前的社会需求看，有急迫性。从 1998 年长江洪水灾难、2008 年汶川地震、2010 年玉树地震等经历看，都是如此。急风暴雨的客观需求，也许是使"慈善风暴""慈善革命""慈善、政府是第一推动力""慈善改变中国"等出现的客观原因，这完全可以理解。另外，

"慈善"的真谛又是人们发自内心真诚的爱和道德观念的表现，需要认真和长时期的培育。这种意义和并现，在当代社会中引发出一系列的矛盾和问题。

"中国现代慈善的成长与生命力"这张表就是我在以上认识中萌芽出现的。遗憾的是，由于涉及的"慈善"年代久远，我又老来思想和记忆力衰退，已经是词不达意。想再调查了解和深入一步，又已力不从心。

你们也许知道，我对"希望工程"和"非公募基金会"有很高评价和期望，因为它是"慈善"的带头羊，今天仍有无限生命力。我希望，已经"从慈善起步"的历程，将一步步推动社会改革，对今后中国的改革开放事业起更重要的作用。

知道你们工作很忙，多次来探视我，十分感谢！

朱传一

2011 年 9 月 8 日

附表：

中国现代慈善的成长与生命力
——我亲历和认知的慈善

2011 年初稿　　　　　朱传一

时代与标志性事件	慈善运作与变化	领导力量与影响	特征	民众参与状况	备注
20 世纪 30 年代"九一八"事变后，日军占领东北，大批难胞、大学生逃亡至华北平津一带	为援助大批难民与学生进入山海关、平津等地，民众开展慈善活动	民众自发开展慈善救助	小团体或个人分散进行救助与慈善活动（在天津租界区，有"李善人发慈善财"传闻）	部分华北中上层民众参与，活动有很大局限性	据记忆与访问了解

续表

时代与标志性事件	慈善运作与变化	领导力量与影响	特征	民众参与状况	备注
1937年"七七"事变后,战乱频仍。为阻挡日军进攻,国民党在黄河决堤河水泛滥(花园口事件)。大批灾民难民流离失所	对灾难民众,国民党政府虽有一些拨款、衣物救济;但杯水车薪难以为继	主要是官办救济,由政府官员实施救助分配工作。于1943年成立的联合国救济复兴总署(UNRRA)也曾予支援,灾难最严重的中国当时成为主要被援助国家	政府救济与官办"慈善"(听说曾发生贪腐行为)	在国民党统治区,少部分中上层民众参与工作。在国外,联合国,美国等国参与救助	1944年在重庆、1946~1948年在上海听有关成员讲述
1949年新中国成立前,连年战争与灾害,大批难民涌入城市贫民区,上海等城市市民开展救饥救寒运动	从分散零星的慈善救助到开始有组织的慈善救助。1947~1948在上海进步群众团体开始有一定规模的慈善救助活动	在上海由共产党领导的地下群众组织"学新会""上海基督教学生团体联合会",动员大批学生、青年进入棚户区、贫民窟,以募集的资金、衣物进行慈善救助	共产党地下组织动员学生、青年,以"救饥救寒"和"爱人"运动为号召,进行有组织的慈善动员活动	通过募集与发放钱物,提高部分学生与民众认识(参与慈善救助者曾遭政府迫害)	自身经历
经历新中国成立后"阶级斗争为纲"阶段以及"文化大革命"灾难。直至20世纪80年代,慈善组织与基金会机构开始兴起,对弱势群体进行救助	"慈善"与"人道主义"曾成为禁区。直至20世纪80年代初迎来"改革开放",基金会与慈善会的成立,"希望工程"与各类慈善项目出台,标志慈善事业的复苏	由政府运作的非政府组织(GONGO)与民间组织(NGO)成立,是改革开放政策实施的重要成果,促使慈善事业逐步健康发展	以GONGO和NGO各类社会组织为核心,以济贫救困为主要目标的慈善事业兴起,以后逐步扩展至医疗、教育、文化、环境、国际支援等各方面	社会志愿行动兴起,社会组织扩展,民众参与度不断扩大	在国内,各类支持性机构开始成立。同时,获得国外基金会、教会、国际组织的支持

续表

时代与标志性事件	慈善运作与变化	领导力量与影响	特征	民众参与状况	备注
进入21世纪前后,第三部门在社会中兴起。2004年非公募基金会在中国出现,开辟民间资源设立基金会新天地。中国慈善事业获得重大发展机遇	突破由政府与有关机构设置慈善组织与基金会。建立民间慈善与其支持机构,不断扩大民间兴办慈善事业的领域	是民众承担社会责任的新形式,慈善与公益领域朝向现代化发展	逐步引导个人和集体力量与财富流向社会和困难人群,具有促进民众觉醒与社会发展的积极作用	显示社会组织与民众参与,是现代慈善生命力主体	以慈善启蒙,唤起民众人本意识,社会参与意识、自治意识乃至公民意识——推动社会改革大潮

注：GONGO（Government Operated Non-government Organazation）意为政府运作的非政府组织。NGO（Non-government Organazation）意为非政府组织。

给王维娜的信

——关于 NGO/NPO 的案例研究

NPI 中心王维娜女士：

前两天，收到"孵化及培育工作历程记录"，我已粗粗翻阅。回忆起
1980 年即 32 前初到美国参加哈佛大学肯尼迪学院案例专修班学习的情景。
那一年，我在美国逗留了 10 个月，暑假期间，报名参加了"案例"班的学
习讨论，最后拿到毕业证书。当时，中国大陆在美国的学者还极少，理解
"案例"对研究社会发展的重要性的人更少。开课时，教授 Dr. Wolf（似乎
是这个名字，记不太清了）发下厚厚 100 个案例的讲义。每个案例只有约 2
张纸。当我翻开阅读后，惊喜地好像寻到了珍宝。至今仍记得几个案例的内
容。每堂课，重点讨论 1~2 个案例。由于参加者不少是世界各国来美访问
或学习的学者，有一定的生活和工作经验，每次讨论都十分热烈。当时，我
住在 Boston 郊区的 Weston，是富人区，没有公共交通，我又不会开车，只
能骑自行车去上课。每次到校都大汗淋漓，但从来不感到劳累。

约 20 年前，恩玖（NGO）成立会上，记得有（商）玉生、（徐）永光、
（顾）晓今、杨团等人在座。我发言时，着重介绍了"哈佛案例"对培育与
发展社会第三部门的重要性。当时，老商推举□□担任主任，我鼓励她要深
入基层社区，创始中国 NGO/NPO 发展的各种模式并不断探索其发展的经验
教训。□□当时就答允我说，她将在一年内写出 100 个中国 NGO/NPO 的案
例。我十分高兴，完全赞同她担任恩玖的主任。此后多年，我曾一再催促她

实现诺言，写出案例，可悲的是，自她上任多年至"失踪"，一个也未能写出来。

今年9月19日，是我第一次见到你。几天后，收到你寄来的18个案例，记录了北京NPI的"孵化及培育工作历程"。盼了这么多年，一直等到我现在86岁高龄，才终于看到这本案例，不能不让我十分兴奋。目前，我只是初步翻阅，未来得及仔细阅读。有兴趣的不只是成功的案例，而且包括那些尚未成功和不成功的案例。准备见吕朝时，将向他索取上海、成都、深圳等地"孵化及培育工作历程"的记录。请大家一起探索各类模式，不知是否合适（不知他是否已经做了这样的工作）？

此致节日问候。

朱传一

2012 年 9 月 24 日

附 件

朱传一年谱[*]

1925 年，生于天津英租界思治里，排行第五，父亲朱熙龄，母亲唐宛宜，长兄朱传榘（世界第一台电子计算机"埃尼阿克 ENIAC"创始人之一，曾获"电子计算机先驱奖"）。

1943 年，18 岁，高中毕业于天津耀华学校，赴上海圣约翰大学暑期班学习。

1944 年，19 岁，经步行、乘渔船、爬货车、抢登火车头上的煤车，绕经江苏、浙江、江西、广东、湖南、贵州、四川，到达重庆，入读重庆大学矿冶系。

1946 年，21 岁，返回上海圣约翰大学就读，加入进步学生组织的"团契"活动，积极参加"救饥救寒""反饥饿反内战""反美抗日"和各项反迫害学生和民主人士的运动。

1948 年，23 岁，被列入国民党军警追捕的"黑名单"，为躲避被捕入狱危险，逃至福建继续从事地下学生运动，直至上海解放。

1949 年，24 岁，上海解放，被查出肺结核。

1950 年，25 岁，调往北京疗养。

1952 年，27 岁，恢复工作，调入北京铁路工会全国委员会，任主席秘书。

---

* 根据资料整理，但由于有些年代比较久远，原始资料有限，故部分内容的记录可能不够准确，敬请读者知悉。

1956～1979 年，31～54 岁，被"审查""批判"和"控制使用"，其间曾被下放黑龙江肇东的农场和河南沈丘的农村。

1980 年，55 岁，"平反"，调入中国社会科学院，成为美国研究所筹建组一员。

1981 年，56 岁，作为波士顿大学访问学者赴美考察，研究美国社会发展趋势和生命力所在。同年 12 月，总标题为《美国人士注视中国的经济变革》的一组四篇文章刊登于《经济消息》第 48 期，时任国务院副总理薄一波看后，对文章做了十几处批语，说美国人的一些意见"对""中肯""说到了要害"，并认为中国的改革开放"不能只在小改、小革上下功夫"。

1984 年，59 岁，在波士顿大学做访问学者，重点关注社会保障体系。

1985 年，60 岁，关于美国社会保制度的考察报告被呈报给国务院，时任国务院领导在报告上两次批示："社会保障是个大问题，是改革中必然提出和必须予以配套改革的重要方面"，指示国务院"作为专题认真研究""提出方案"。

1986 年，61 岁，中国第七个五年计划中提出"首先建立起社会保障的雏形"；同年 5 月，发表文章《关于建立社会保障制度雏形问题》，提出：中国的社会保障应该从解决人民劳动、生活中的具体困难出发，逐步在社会保险（或劳动保险）、社会福利、社会救济和医疗保险之外，纳入社会服务、职业培训、居住等问题；从这一年开始，先后主持编译、出版《美国社会保障》《全球社会保障》《21 世纪的社会保障》《苏联与东欧各国的社会保障》等介绍国际社会保障的书籍。

1987 年，62 岁，作为美国南佛罗里达大学国际老年学交流中心访问学者，考察美国社会老龄化与社区社会服务发展，后结合中国实践提出家庭养老、机构养老和社区养老之外的"第四种养老模式"——老年人互助组合养老模式；同年，重点转入社区发展研究和试验，后加入"社会发展与社会指标课题组"①，至 1993 年，多次前往美国考察其社区发展运动，建立了

---

① 课题组名称因资料记录问题，可能有误。

不同规模的考察点。

1989年，64岁，参加民政部召开的"社区发展实验区"首次会议；会后，山东省莱芜市、湖南省益阳市、黑龙江省肇东市得到各省委正式批准成立社区发展实验区。

1991年，66岁，从中国社会科学院美国研究所离休；其后，主要从事慈善与公益性非营利事业研究与探索，曾任中华慈善总会、爱德基金会、中国青少年发展基金会、中国人口福利基金会等多家慈善机构理事或顾问。

1994年，69岁，参加中华基金会联合会筹备组，并主讲基金会知识的系列讲座，题目包括《美国基金会的发展及其对我们的启示》等，指出基金会具有一种改善社会心理结构、推动社会进步的作用；同年11月，第一次组织和带领中国基金会代表团前往美国考察。

1995年，70岁，担任中华慈善总会研究与交流委员会主任，代表中国参加在香港召开的首届东亚筹资研讨会，并发表英文演讲，介绍中国社会公益事业的筹资工作。

1996年，71岁，参加中华慈善总会联合《人民日报》国内政治部召开的"社会主义精神文明·道德·慈善"研讨会，针对"什么是慈善"的问题，提出现代慈善的概念；该会议是中国第一次以慈善为题的学术研讨会，把慈善提到了"是社会主义精神文明的重要组成部分"的新高度，在全国范围内起到了很好的宣传慈善理念的作用，从那以后，关于慈善的各种会议在国内日益多起来，基金会等慈善团体与各类民间公益性组织纷纷成立，在社会上发挥越来越重要的影响；会议的其他参会者还包括崔乃夫、季羡林、王蒙、丁旺、郑也夫、刘军宁、康晓光、杨团等。

1997年，72岁，在中华慈善总会研究与交流委员会组织的"中国慈善传统的继承问题"座谈会上，和崔乃夫、茅于轼、商玉生等人进行激烈讨论，提出四个问题：（1）中国的传统慈善行为是否具有由近及远、由利己到及人的特征？（2）在中国古代社会和慈善行为中，政府和民间关系有哪些方面可资借鉴？（3）从中国传统慈善行为的内容与项目中可得到些什么启示？（4）如何继承传统与借鉴国际经验促进中国慈善事业的现代化？

1998 年，73 岁，长江水灾期间，在中华慈善总会协助时任会长阎明复开展救灾等工作。

2000 年，75 岁，在 21 世纪管理国际研讨会（NPO 专场）上发表演讲，介绍世界管理大师彼得·德鲁克提出的"非营利组织经营之道"，赞同在非营利组织发展方面"不同国家的应变之道各异，应该从中国固有的传统下出发，去寻找应变的良策。"

2007 年，82 岁，就 2006 年后席卷全国的"慈善风暴"问题，致信崔乃夫表达忧心，认为慈善事业在中国"扮演着促进'和谐社会'成长和基石的作用。它不仅是救助弱势群体、支持进城务工农民及其家属和遭受各种危难、灾害的国内外民众，还担负着维持和促进人与人的亲密关系和伦理道德水平的重大任务。我们不能只是为一时募集到更多的捐赠而损害这一神圣事业更宏伟的使命"。

2008 年，83 岁，在汶川地震和北京奥运会后，关注"动态的稳定"议题的提出；年底摔伤，其后多数时间居家养伤，阅读材料，撰写有关慈善、非政府组织等方面的随感。

2011 年，86 岁，先后撰写《慈善与社会变革》《慈善拷问中国》《以慈善促进社会改革与进步历程》《中国慈善促进社会改革与进步历程》《慈善与"维稳"和"维权"》等随感，表达个人对慈善未来前景的设想和期望："从慈善起步，不断唤起民众人本意识、社会参与意识、自治意识乃至公民意识，不断推进社会改革大潮。"

2014 年，89 岁，撰文《在改革开放和社会治理中促进社会组织成长》，认为："社会组织壮大的基础在基层社区和社团即社群的建设。因而，应充分认识持续动员民众和志愿者，培育骨干力量，深入基层，创新各种形式的组织和建立社会企业等方面的重要性。"同年 12 月，住院。

2015 年，90 岁，3 月 9 日凌晨，与世长辞。

朱传一生平[*]

一 出身破落官僚家

我一直认为自己出身于破落官僚之家。祖父朱养田曾任清朝山东省高官（知府或道台之类），居济南市现历城区。父亲朱熙龄，原配肖氏无子，于是中年时买来只有 15 岁的我母亲唐宛宜为姜。她是广东中山县（现为中山市）农民之女，家庭非常贫困，在无以为生时卖掉长女即我母亲为全家五口求生。被卖来我家次年，母亲即生下我大哥朱传榘（后为世界上第一台电子计算机"埃尼阿克 ENIAC"的六位创始人之一，曾获得电子和电气工程师协会颁发的"电子计算机先驱奖"），此后，几乎每年一个儿女，连续生下我兄弟姐妹六人，我排行第五。

在我出生后的记忆中，从未见过祖父母。幼年时，只知道家道中落。捉迷藏时，见楼顶房内堆积许多箱柜，内有大量古书和家具，包括善本二十四史等珍贵书籍，还有衣物细软等。后来遭遇战乱，书籍几乎丢失殆尽，剩余的由我父亲运往上海，存姑姑家。新中国成立后，书籍全部捐赠上海市图书馆，现馆内仍存有朱熙龄老人捐赠书籍专柜。

清末或民国初年，父亲被送往日本留学，就读于日本早稻田大学，是中

---

* 原文刊载于《中国慈善家》杂志 2017 年 3/4/5 月刊，刊载时略有删减；整理者：徐会坛；全文经朱传一先生遗孀李鸣善女士审校。

国最早期的留学生之一，同学中不少人此后担任国民党政府要职。归国后，他曾担任民国时期刚建成的津浦铁路局（天津至南京浦口）局长。这是他一生中担任过的最荣光的职务。此后，由于华北地区军阀混战，铁路中断，大部分时间他只能赋闲天津家中。此后，据我所知，似曾在石油公司或开滦矿务局担任闲职。

由于家道中落，我有印象的是家中常靠变卖楼顶箱柜内祖父遗物、家什、细软为生。日军发动侵华战争后，举家迁往上海，只留下我一人继续就读于英租界的天津公学（后更名为耀华学校）。父亲一直认为，男孩必须在一个教学优良的学校读书，此后才能振兴家业。

太平洋战争爆发前，父亲决心自费送大哥赴美留学。我在天津时听说，父亲几乎倾全家积蓄供他赴美。由此，家庭生活再难维持。在敌伪统治下，他说自己不得已充任了戒烟局局长（戒烟，即戒鸦片烟毒瘾）。抗日战争胜利前，他辞去戒烟局职务，与母亲迁往青岛，听说做过麻袋、大米生意。

二 亲历苦难之中国

我读中学时代的天津市，是中国最典型的列强半殖民地，一直存在"八国联军"侵华后割让的各国租界。我读的中学，开始是英国租界当局办的，移交中国地方士绅后，由爱国人士赵天麟任校长。他的抗日爱国办校思想一直感染着全校师生。一声枪响，当他被日本特工打死在住宅胡同临街的伦敦道上，我和同学们赶去，还看到路边上的斑斑血迹。这就不能不迫使我们萌生投身抗日救国的想法。

1941年太平洋战争爆发后，租界和学校沦为日本军队统治，使我永不能忘怀的耻辱，是作为学生在每天入校前，必须对站岗的日本兵先脱帽致敬鞠躬才能入校，出校回家时也必须如此，稍有疏忽不敬，当即挨揍！耻辱埋在心中的我和同学们，一直在策划着离开沦陷区，奔往抗日的中国。

终于熬到1943年中学毕业。我从一直独自居住的天津先回上海的家探视，经短期入圣约翰大学暑期班学习后，即冒充小商贩闯过日军的"封锁线"进入国民党统治区，目标是赴经分配入学的昆明西南联大学习地质学。万想不到的是途中遇到日本侵略军发动"湘桂战争"，这段路竟然走了4个多月。

那是我一生首次看到兵荒马乱、饱受苦难和耻辱的中国——万分穷困的农村，饥饿和衣不蔽体的农民被用麻绳捆绑成串，被抓来的"壮丁"，被日军马队追逐溃不成军而四散奔逃的国民党军士兵，溃退燃烧着的长沙大火，几乎成为空城的桂林。我孤身一人历经尚未完工的黔桂铁路时，还经历日军飞机的轰炸，见到爬登客车顶上的难民被山洞顶横扫下车的惨剧。

经步行、乘渔船、爬货车、抢登火车头上的煤车，绕经江苏、浙江、江西、广东、湖南、贵州、四川，我终于到达重庆，却因疲劳过度发40℃高烧，又患十二指肠溃疡，最后只能停留在重庆大学。在"工业救国"想法的支配下，我选择了今后工作最艰苦的矿冶系入学。记得进入沙坪坝大学区的第一天，参观了主题为"朱门酒肉臭，路有冻死骨"的展览，它以鲜明的对比描述揭露了"蒋营区"在抗战期间的黑暗。那之后短短半年多的经历，成为我青年时代的永恒记忆，并始终激励自己成为一个"民族主义"和"理想主义"者的决定因素。

1946年我返回上海圣约翰大学读书，几乎立即参加了进步学生组织的"团契"活动，此后积极参加了地下党组织的"救饥救寒"、"反饥饿反内战"、"反美抗日"和各项反迫害学生和民主人士的运动，终于在1948年上了国民党军警追捕的百名"黑名单"之中。为躲避被捕入狱的危险，由党组织安排，被潜送至福建继续从事地下学生运动，直至迎来上海解放。

三　遭遇运动二十四载

1949年上海解放。1950年，因长期劳累、生活不稳定，我被查出患了肺结核，肺部已形成空洞。调往北京后不能工作，只能入医院长期疗养。1952年，我调入北京铁路工会全国委员会，任主席秘书。

此后，父母从青岛迁来北京。由于父亲在民国早期担任过津浦铁路局局

长与敌伪统治时的戒烟局局长，我认为应与他们"划清界限"，来往很少。但未听说政府对他们有过公开批判、定罪、判刑或"戴帽子"；相反，还听说让父亲担任过文史馆馆员。我曾估计，这是由于他担任的并非政要职务。

当时，我认为没有必要隐瞒什么家庭成员历史，包括大哥在美参与创始世界第一部电子计算机的经历。国家科学有关机构还一直找我密切联系，期望我能动员他返回祖国，为国效劳，我积极照办。当我想到曾听家人说父亲在青岛时写过一本自传，也向我工作单位报告，更找他交出供组织审阅。

万想不到的是，就是父亲这本回忆录竟祸延本人，成为此后我一再被审查、被批斗的重大罪状。在历次"运动"来临时，都把我当成"对象"，一而再、再而三地谴责我为什么不早向组织交代这本回忆录中的内容，我每次的回答都是："回忆录中大多记载的都是我未出生或孩提时代的事，与我本人又有什么关系呢？""我过去不清楚也未看过这本回忆录，我如何能交代呢？""据我所知，父亲未曾参加过什么匪特组织，母亲只是家庭妇女。我不了解他们和反动官僚之间究竟有过什么来往和关系。"专案组人员则厉声谴责说："你不交代，我们也能定案！"我则回答说："那你们就定罢。"

如此这般，自1956年"镇压反革命"开始直至1980年"文化大革命"终止，我前后经历了二十四年被"审查"、"批判"和"控制使用"的历史。时断时续，却让我以无穷无尽的时间和精力耗费在低头回忆、书写"检查"、被召"谈话"和再写"检查"之中。刚熬过了一次"运动"，喘过一口气，又不得不苦思冥想地"翻案"，常在"案"还没来得及"翻"过来前，却又面临下一个"运动"。

1969年，我随同机关下放，先到黑龙江肇东的农场，再到河南沈丘的农村。去农村，确实又是一场考验，劳动时分配的大部分活就是与粪便打交道，从清洁人的厕所到清除马和牛的粪便，再到猪圈内起粪便用于施肥。这里与我做伴的各种"对象"大都长着一条"尾巴"，与它们为伴也未尝不是一种快乐，因为这里没有歧视的眼光，你对它们好，它们也会对你亲密无间。我曾想到，将来在农村落户也未尝不是一种出路。因而，对养牲畜、学做木工和修理农具曾十分专注。

"文化大革命"终于真正结束时，我几乎不敢相信。1980年，这对我是值得大大怀念的一年，机关审查人员对我当面宣布"平反"，指着高高的调查、审案记录、报告、结论，告诉我将统统烧毁，我大大地长吁一口气，表示感谢。心里只遗留下一点疑问：烧毁所有档案，也即同时烧毁所有历史依据，包括那些领导人当时的意见和批示。对我这么多年的审查和结论，凭他们丰富的经历和政治水平，难道真的看不出一点问题？对当时出现那么多的虚假错案，他们是否主持过正义？又是否做到认真检查和良心上的谴责？

对于我自己，二十四年全都浪费过去了。"平反"以后，我下定决心，要以余生补偿自己丧失的这二十四年宝贵的青春年华。

四　参与筹建"美国所"

1980年，我已是55岁。起初，我因对美国并不熟悉，对去（中国社科院）美国研究所工作有所犹豫。但在改革开放政策的鼓励下，最后还是下定决心，作为筹建美国所的一员投入到工作中。

当时美国所筹备组组长李慎之与中国社会科学院有关领导商定，派我先期赴美国进行考察。原因是我曾长期从事国际问题研究，有兄长早期留学美国并获得重大科学研究成果，还有不少同学在中国驻美使领馆和联合国工作等方便条件。更重要的是，不需要美国所或院方提供任何经费资助；当时，美国所尚未成立时，没有经费预算，也还未有国际组织资助。

问题是我到美国后究竟应该研究什么课题？讨论中众说纷纭。主管社科院外事工作的宦乡副院长倾向于研究美国这个国家社会发展的趋势。当时他有个观点，认为美国这个国家的实际发展"腐而不朽、垂而不死，还有一定生命力"。这在当时是非常大胆的想法，在国内讨论时曾引起轩然大波，遭到不少批评和意见。但是，我衷心钦佩。

李慎之提出，要我研究美国中小企业的发展问题，以便和当时国内发展私营工商业的需求相适应。我自己则倾向于研究美国对亚洲的政策，这是因为我曾任东亚研究所学术秘书，容易驾轻就熟。

讨论中意见不一致，最后，筹备组对我到美国后的研究课题暂不做决定。这样，正适合当时最流行的思路，就是邓小平所说的"摸着石头过河"。

1981年3月4日，我作为波士顿大学的访问学者登机赴美国考察。初到美国，能想到的就是先得找块靠得住的"石头"。生活在美国的科研环境中，脑子中有问题，最方便的就是请教那里的同行，特别是那些早年定居在美国的华裔教授们，再有就是美籍犹太裔学者们。以色列这个国家，与中国有类似的古老历史背景，犹太人更有丰富的知识和智慧，容易与中国人相处。何况，我在国内曾经探访和研究过中国的犹太人。我在美国就这个题目举办的讲座获得美籍犹太裔学者们的极大欢迎，与他们相聚时，更有许多共同语言。我决定，就摸着他们这些新交和亲友的"石头"，尝试着"过河"。

这个尝试果然见效。到1981年年中，我向美国所筹备组写出了第一份报告：《与美国学术界人士谈研究美国问题》。这份报告综合了大约十次座谈的情况，参加者是来自波士顿大学、哈佛大学、马萨诸塞州立大学、布兰戴斯大学、黑勒社会福利大学、东北大学等院校的教授和学者们。此外，还邀请了波士顿市南端区社区和民间社团的负责人一起讨论。这些参加座谈的美国人热情、友好，富有社会经历，参加对美国社会与经济问题的讨论时，常有精辟的意见和建议。

每次座谈的主题都不同，美方参加的人物也不同。大家经常争论激烈，但气氛始终是热烈而融洽的。十次座谈最集中反映的建议都是要我们"在发展中看待美国"。他们要中国人"充分估计美国社会在历史发展中的变化"，看到其"多样性与复杂性"，从各种不同角度观察美国，听取各种不同意见和反映，以"区别现象和本质"，并在学习美国经验的同时不忘接受其教训。他们还提醒我们：在看到美国资本主义的高度发展时，也要看到社会主义思想与世界观在世界上的出现对美国所产生的巨大影响。在研究方法上，倡导"走出书斋，跳出学术界的狭隘圈子，到实际生活中接触各个阶层、各种不同人物，力求得出较完整的概念""要用比较的方法，区别不同的环境和背景，根据中国自己的特点，选择重点，进行研究与借鉴"。

使我想不到的是，国内的人们，包括政府的主要领导人，非常重视我反映的美国情况。1981 年 12 月，参考性刊物《经济消息》第 48 期刊登了我写的总标题为《美国人士注视中国的经济变革》的一组四篇文章，这些文章的内容是我根据在美国的座谈整理出来的。时任国务院副总理薄一波看到后，对我的文章做了十几处批语，说美国人的一些意见"对""中肯""说到了要害"，并认为中国的改革开放"不能只在小改、小革上下功夫"。

1981 年 12 月 19 日，我写了一封信给薄一波副总理。信中说，"为什么一些美国学者能透视中国经济发展中的问题，并能提出一些比较中肯的意见呢？我想答案可能是：社会与经济的变革，正如自然科学与技术发展一样，有它自身的客观发展规律。如果人们（不管是无产阶级还是资产阶级）的作为，合于自然规律发展，它就会获得成就；相反，逆于自然规律发展，它就会碰壁而失败。在资本主义高度发展的美国，它付出了高昂的代价，特别是牺牲劳动人民的利益，取得了科学技术和经济等方面一定的进展。至今，其细胞仍具有一定的生命力。这说明它的所作所为，包括社会与经济发展，有其符合客观规律的一方面。我们应该正视和承认这一点。美国人士能看到中国经济发展中的一些问题和能提出一些建议，我认为，并非是他们对中国经济问题有些什么真正透彻的研究，主要的只是，他们是一些'过来人'，是一些熟练的驾驶员，能从一辆汽车转弯的倾斜度，判断出这辆车能否顺利地行驶在大道上。"

我说明："在美国，加强了我这样的决心，这就是必须学习著名科学家牛顿，要学会站在前人的肩上高瞻远瞩（无论这个前人是些什么人）；否则，我们自己就是蠢人。我正是这样理解我们为什么要保持一个'开放社会'的。"

五　深入美国访贫问苦

在美国这个大国中周游、交往，我逐渐意识到，要适应其复杂、多样、不平衡与变化，只是在书斋中研究、讨论是远远不够的。要真正走入这个社

会，与广大各阶层人民接触，尽可能地了解他们的生活疾苦、思想状态，这好像才是研究美国的正道。这就好比我们在河中摸到和抱住"石头"并不是目的，还要向"大河"深处走去。从浅滩走向深水，从静静溪水走向激流漩涡，当然需要很多勇气和决心。

中国社会科学院美国研究所在 1981 年 5 月已经"开张"了。在李慎之这位首任所长的领导下，所内气氛比较轻松自由。在去美国所之前，我曾多年下放东北和河南农村劳动。下放期间使我印象深刻的是在基层访贫问苦，与老百姓同吃、同住、同劳动，这使得我接触到了中国的实际。到美国后，接触美国各方面的实际情况，也是我考察的重要内容。

我生活在美国名牌大学圈子里，周围的教授、学生大多居于美国中产阶级。周末受邀到他们家里，经常聚会攀谈，似乎不难了解他们。至于对美国上层社会的接触，当时对我来说也不困难，常有机会被邀请参加狮子会、扶轮社的聚会，和企业家大亨一起观赏上层人士和富豪们组织的活动，如高尔夫比赛、网球比赛、在乡村俱乐部遨游聚餐等，常常能听到他们对于国际和国内形势的议论和争辩。

美国大学中的应用社会系、社会工作系、社会管理系或者社会福利系是最令我感兴趣的部门。那里的教授、学生很愿意带我一起访问各地的贫民窟和少数族裔聚居区。对那些地方，我起初也顾虑会遇到斗殴、枪战、吸毒、盗窃、妓女拉客等不测和风险，但后来逐渐了解到，只要有当地的社会工作者、教会牧师、团伙领袖们带领引导，当地人了解你的来路背景，他们不仅不会伤害你或者干预你的访问，而且会时刻帮助和保护你。这样，我访问贫民窟的胆子越来越大。曾经遍访波士顿、费城、纽约、底特律、华盛顿、洛杉矶六大城市的贫民窟，与当地的黑人领袖、贩毒团伙、妇女组织、社区福利与慈善救助机构，乃至吸毒者、妓女和江湖好汉都有过一些接触。我还曾经在基层社区中遇到美国共产党领导人霍尔（Gus Hall）的前秘书、美国劳联—产联（AFL-CIO）负责人和美国煤矿工会的前主席。我在考察美国落后农村地区时，还访问过美共举办的山区培训班、亚拉巴马州贫困农村的黑人聚居区和密西西比河流域修建水电工程后形成的穷苦的移民区。

在美国访贫问苦期间，我无数次听过贫苦民众对当地政府不顾环境保护和农民生活稳定的怨言、批评甚至谩骂。在许多时候，我当夜就留宿在他们鸡笼似的狭小的家里，与他们攀谈苦难的经历直至深夜。谈话中，我经常被感动得和他们一起流泪。给我印象最深的是，这些美国底层贫民所具有的强悍维权意识。他们迫切要求维护自己的生存权、就业权、居住权、环境保护权、儿童抚养权、养老权、妇女权益、残疾人工作和福利权益等等。各地似乎都不缺乏"水泊梁山"式的"好汉"，但总的来说，一方面是怨言如潮，另一方面却看不出至少是在短期内会发生社会大动乱的迹象。

时间长了，我的脑子里慢慢产生一个问题：在美国这样高度发展的国家里，虽然贫富悬殊，政治和经济上存在许多难以解决的问题，但为什么其社会相对来说还是较为稳定呢？大家认为，科学技术的进步，是美国经济不断发展的原因。经济有发展，当然会导致社会相对稳定，但这似乎还不能完全解释其中的原因。还有什么原因呢？

在考察的过程中，我慢慢意识到，适应社会变化，建立并不断改进和创新自己国家的社会保障体系，满足各阶层人民生活当中的各类迫切需求，有可能就是美国保持社会稳定和国家相对长治久安的一种稳定器。就在这个时候，我哥哥朱传榘和陈郁立（Robert Chin，波士顿大学社会心理学教授、费孝通先生的好友）、沈瑗瑞（马萨诸塞州州立大学社会学教授、雷洁琼先生的好友）在一次聚会中也共同指出"要了解美国社会，就要研究美国的社会保障政策及其变化"。

这样，我对了解和研究美国社会保障制度开始有了兴趣。

六 开拓社会保障体系

美国的社会保障制度，给我印象最深的首先是其内容的庞杂和多样性。粗略统计一下，各种保障项目的规定有300多项，仅美国联邦政府制定帮助穷人这一类就有100多项，而其中主要的大约有60来项。

1983年，我在美国黑勒社会福利学院制作了一张《美国社会保障网主

要项目一览表》。根据这份表，我总结出 20 世纪 80 年代美国社会保障制度的五大特征：

第一个特征，是社会保障项目的多元化，对人们生活的各个方面几乎无所不包。美国学者曾把他们的社会保障制度概括为"从摇篮到坟墓"，就是说包括从生到死、从物质到精神、从正常生活到遭受变故的一切方面。（第二次世界大战）战后，西方社会有一个时期很流行"福利国家"的说法，有它的一套理论。但是，千万不要以为提出"福利国家"的概念，它就已经实现了。拿"福利国家"这个词来说，（20 世纪）80 年代就不怎时髦了，这是因为包括美国在内的西方各国政府用于社会保障的财政支出越来越大，已不能胜其负担。

第二个特征，是社会保障项目财源的多渠道，除了联邦、州和地方政府，企业以及各类非营利组织，如工会、慈善机构、基金会、宗教组织、居民团体等，也常负责一些大小规模不等、性质不同、时期长短各异的社会保障项目和社会服务项目。由于政府对社会保障项目的财政负担日益沉重，从20 世纪 80 年代开始，美国就出现了从国家支付大部分费用逐步向开辟私人财源转移的趋势。

第三个特征，是社会保障管理的多层次。美国社会保障项目长期由政府机构和社会各组织团体分别管理，形成了庞大的社会福利官僚机构，据称其规模一度高达 300 万人，成为美国重要的服务性行业之一。后来，美国社会保障管理制度的一个趋向是，尽可能把其管理权限下放到地方和基层机构；另外，越来越倾向于把一些社会保障项目委托某些私营企业或群众组织办理，或给他们提供资助和方便条件，如果他们能办好，也可以获得利润。

第四个特征，是社会保障制度具有不平衡性。由于美国各州、各地区的经济发展程度和产业结构的不同，税收数额的不同，除了某些全国性项目外，各地社会保障待遇的差别很大。以 20 世纪 80 年代为例，经济发达的马萨诸塞州保障待遇较高，如盲人每月可得政府补贴 232 美元，而经济不甚发达的艾奥瓦州，他们只能得到 58 美元，相差三倍之多。除地区性的不平衡外，在不同企业也有很大差别，一些现代化高技术企业和大企业的社会保障制度相当齐全优厚，而一些小厂福利待遇就差。美国社会保障制度的这种不平衡性粗看起来五花八门，甚至莫名其妙；但仔细研究起来，又有它一定的道理。

第五个特征，是有些社会保障制度与城镇建设计划的密切结合。在20世纪30年代经济危机发生后，美国总统罗斯福曾搞过大规模的公共工程计划，让大批失业者和穷人去修公路、搞建筑，实际是"以工代赈"。这种复兴计划的特征就是与某些社会保障制度的密切结合，而并非只是简单地"以工代赈"。美国专家认为，把社会保障事业和本地区的"复兴计划"计划结合起来，是发展这项事业最重要的措施。

1984年冬，我应邀去费城考察，住在宾夕法尼亚大学的招待所里。同屋的是上海交通大学副校长张寿。我们一见如故。相处期间，我将自己对美国社会保障制度的观察告诉了他。后来，我还就美国社会保障制度给他写了长信，进一步分享自己的思考和见解。

令我做梦也没有想到的是，1985年初返京后还未来得及与家人好好团聚，我便接到国务院通知，要我去参加一系列的"社会保障研讨会"。据说，就是那位新上任不久的国家计划委员会副主任张寿把我写给他的长信以及我们谈话的内容报告给时任国家计委主任后，这些材料又被呈报给了时任国务院领导。时任国务院领导在我的报告上两次批示："社会保障是个大问题，是改革中必然提出和必须予以配套改革的重要方面。"他要求"首先要在认识上弄清楚"，指示国务院"作为专题认真研究""提出方案"。

在同年9月发表的中央关于"七五"计划建议中，更将建立新的社会保障制度视为"保证我国经济体制改革顺利进行和取得成功的重要条件，是实现社会安定和国家长治久安的根本大计"。其第六十二条提出"研究和建立新的社会保障制度"，第六十四条提出"随着经济的发展逐步完善"，这体现了我国建立社会保障制度的指导思想，即既要大胆改革，步骤又要非常稳妥。因为社会保障的规定关系到千家万户的生计，新制度一旦建立，常就只能前进而难以后退，这是社会保障制度的一个特征。

1986年，为适应当时经济体制改革的新形势，我国提出在第七个五年

计划中"首先建立起社会保障的雏形"这一涉及国计民生的重大问题。这真的使我感到改革开放政策带来的巨大动力和影响。

同年 5 月，我以中国社会科学院美国研究所研究员的身份在民政部主办的《社会保障报》上发表题为《关于建立社会保障制度雏形问题》的文章，提出：中国的社会保障应该从解决人民劳动、生活中的具体困难出发，逐步在社会保险（或劳动保险）、社会福利、社会救济和医疗保险之外，纳入社会服务、职业培训、居住等问题，譬如可考虑采取有偿服务和加强群众组织（如工、青、妇组织和居民委员会、村民委员会）来举办各种形式的社会服务工作。

在职期间，我还曾与美国研究所各研究室的同事们一起编写了《美国社会保障》一书，期望引起更多人士特别是所内青年研究人员对这个问题的兴趣。其后，经我与美国联邦政府社会保障署副署长协商，取得编译权，编译了《全球社会保障》的中文版（60 万字）。后来，我又组织翻译了《21 世纪的社会保障》，并组织有关人员编写了《苏联与东欧各国的社会保障》。

可惜的是，由当时国务院召集的一系列社会保障研讨会，演变成为有关部门马拉松式的向上汇报成绩的会议，缺乏探讨、争论和认真研究的精神。我越听越觉得言不及义，此后便请假去中国各地、各单位进行比较有意义的实地调查去了。

七　探索老龄化社会对策

从推动建立中国的社会保障制度出发，我又具体参与到考察美国老年社会问题及其解决经验，和研究与探索中国人口老龄化对策的事业中去。

美国是世界上开展老年学研究较早的国家之一。美国学术界人士开始注意老年人问题的年代，可以追溯到 19 世纪末 20 世纪初，当时一部分人士开始感到老龄问题是对社会的一种新的挑战。但是，认识到需要把老龄问题作为系统的一门科学，并且从自然科学到社会科学两方面进行综合研究，也只是在 20 世纪 30 年代以后才开始的。

当时，美国发生"经济大萧条"，老年人的贫困、失业、健康恶化、要求社会救济等问题引起社会的广泛关注，加剧了当时社会的不安定。1935年，美国议会通过了"社会安全法"，号召对老年人提供社会保险性质的援助。1938 年，美国老年学里程碑式的专著《老龄问题》出版。1941 年，美国建立了第一个老年学的研究中心。1944 年至 1945 年，美国老年学会和美国老年医学会建立。1950 年，美国召开了第一次关于老龄问题的全国性学术会议，此后，从上至下建立了州和地方的老年学学术组织。1961 年，在美国总统府白宫召开了老年人大会，诞生"美国老人权利法案"。1965 年，美国"老年人法"正式签署生效。

经过将近半个世纪的发展，到了 20 世纪 80 年代，老年学已经成为美国社会科学的一个组成部分，受到社会越来越多的人的重视与支持。

那个时候，我国人口老龄化的趋势也日益明显，老年人的一些社会与经济问题逐渐突出，如何更好地及早对老龄化带来的社会、经济问题提出对策，成为当时一些学校、机关单位、社会组织的有关人员以及一部分退休干部很关心的议题，一些有志青年还自发而有组织地进行了老年学的调查研究。他们在课堂、会议、培训班等场合中，发言强调研究中国老龄问题的迫切性，并提出积极的建议。

1984 年 5 月 28 日，我与庄静女士在《老龄问题研究资料》第 14 期上联合发表题为《中国老年社会学需要研究些什么课题？》的文章，借鉴美国密歇根大学当时的老年学课题系统，尝试列举了我国老年社会学需要了解和研究的六大类课题，包括：老年学史与国外老年社会学主要成就；老年人与中国社会；"老有所为"问题，即老年人就业与培训等问题；"老有所养"问题，即如何提升老年人生活质量等问题；"老有所学"及其他，即老年教育与老年人社会活动等问题；第六大类课题，是如何发展老年社会服务事业的相关问题。

1987 年上半年，我与夫人李鸣善有机会应美国国际老年学交流中心的邀请，到佛罗里达州特别是那些老年人居住比较集中的地区参观访问，了解

他们的生活、工作和思想状况。我们发现，美国老年人生活因贫富悬殊而差异很大。在佛罗里达州中部有专供老年人居住的"太阳城"，它的房屋和设备都专门为老年人设计，有专门的管理人员、心理学家、老年学家、医护人员等。在那里，还设有适合各种不同年龄、不同体质老人的公共运动场所，包括游泳池、网球、台球、高尔夫球等场地和设备。

此外，为了让老人们发挥自己各方面的才能，太阳城内设有绘画、刺绣、编织、手工艺品加工、木工等十几类活动室。参观时，我们看到，在绘画室，七八名老人，年纪最大的80多岁，年纪最小的60多岁，他们都在聚精会神作画，有的围着围裙正在涂油彩，有的相互之间轻声讨论；在编织室，十来位老太太用钩针、棒针或编织机在编织各种花样的毛衣、围巾、挂毯等。当我们欣赏和赞扬他们的作品时，老人们露出得意的微笑。老人们可以在这些活动中发挥自己的才能、发掘自己的潜能，还能一起交朋友，增加社交乐趣。他们的劳动产品出售后，他们乐于把收入捐赠出去。从老人心理上来说，这种活动异常重要，使他们感到自己对社会有所贡献。

在太阳城内的老年人生活应该说比较安逸、舒适。然而，我们也观察到，在佛罗里达州，还存在大量生活水平较差和比较贫苦的老年人，他们的生活状况恐怕许多人很难想象。我曾到佛罗里达中部的帕斯克乐访问，这里简直是一个"拖车王国"。所谓"拖车"就是靠汽车可以拖着走的简易住房，有的汽车本身就可以住人。在美国，买不起也租不起住房、到处流浪的家庭就常以这种拖车为家。一个拖车园有时可以容纳多达几百辆车的住户，住户中老年人居多，一半以上是生活有困难的退休老人。住在拖车里面的老人最害怕的是遇到意外变故，如生病、火灾、抢劫、失去老伴儿、"拖车园"主回收土地等，有的老人会因此不得不沦落到乞讨。在佛罗里达的一些城市，有很大的贫民区，房子十分破旧，很多老人独坐在门口椅子上，有的以呆滞的目光凝视前方，有的在打盹儿，大概都是在消磨贫困而无聊的晚年时光。

我们参观访问佛罗里达州，了解西方老年人问题的最大收获，就是启发我们考虑，怎样在将来现代化的中国土地上能创造出一个较好的老年人的生存环境，使中国的老年人在辛勤劳动数十年后，能度过较为幸福的晚年。

在那次考察回国后，我先后撰写了《美国人养老与中国人养老》《美国的老年学研究与老龄问题》《在"老年人之乡"》《美国老年社会服务事业的发展及其前景》等多篇文章，发表在《中国民政》《社会保障研究资料》《美国研究参考资料》等上。

我希望，中国在现代化与经济发展过程中，能够吸取美国等国家的经验教训，在人口老龄化问题解决上做得更好，尤其是在中国老龄人口特别是高龄老年人口快速增长的情况下，根据我国经济、社会与文化的特点，能够把居家护理服务工作放在优先地位。过去，我曾一再建议中华慈善总会支持这一事业的建立和发展，可惜后来无太大进展。

与此同时，我发现民间兴起了一些养老模式的创新尝试。1995 年，我和当时在中华慈善总会担任常务副秘书长的杨团去天津考察鹤童，结识了方嘉珂和韩淑燕两位，了解到他们创办鹤童的初衷，以及鹤童的运营。我很兴奋，在那之后一直关注鹤童的创新和发展，并多方推荐它所探索的民办社会养老服务模式，包括向崔乃夫、阎明复等人。2006 年 12 月 23 日，我还曾写信给爱德基金会，建议他们寻求机会访问鹤童。我认为，鹤童不仅是一个非营利组织，而且可以称为"孵化器"组织，它不仅在孵化非营利组织，而且孵化社会企业以及推动如"公益创投"等新概念的实验。

此外，天津等城市出现的具有自发性质的老年人互助组合养老模式，也引起了我的关注。在那些互助养老的社区中，部分老人具有知识和技术专长以及奉献精神。在得到当地居委会支持的情况下，他们带头组织起"老年人互助组""老年人互助小分队""老年人家庭组合公寓"等各种互助性组织，尽管方式各具特色，服务项目有所不同，但其共同特征是具有很强的自治性。他们运用"老年人自己的力量和才智"，以"自己管理自己、自己服务自己、自己教育自己"的精神，解决自身各种困难问题，如由少老人、健康老人、有才智的老人帮助老老人、病老人、贫困和有各类困难问题的老人。他们还制定出一些服务项目的收费办法，或统一雇用服务人员、或聘请医生护士照顾有病和需要帮助的老人；或汇集老人的要求，反映给政府和服

务机构争取予以解决。他们利用"定人服务与定时服务结合、重点服务与
普遍服务结合、集中服务与分散服务结合、义务服务与低偿服务结合"的
办法，为有困难的老人做饭送饭、拆洗被褥、打扫卫生、护理病人、代买用
品、调解纠纷、心理咨询、代理法律诉讼等，获得老人衷心的欢迎。

这引发我的思考：能否把这种具有鲜明自治性质，发扬互助互爱精神的
组合养老办法称为家庭养老、机构养老和社区养老之外的"第四种养老模
式"？这还值得研究与探讨，但它确有不同于传统的三种养老模式的特征，
也可以说是组合了前三种模式的优势，即不离开原来的住家和老人们熟悉的
环境与友邻，不耗费昂贵的机构养老费用，依靠社区集体力量解决老年人面
临的各种问题。而且，这种模式增添了老年人自治和相互服务的因素，丰富
了老人相互间的友情和精神世界，老人们在服务过程中学习到护理他人也包
括护理自己的知识，同时增强了老人自身的独立生活意识。

希望能有后来人继续探索这种养老模式，积极研究并创造条件使之能够
惠及更多的中国老年人。在中国，研究与协调政府、企业、社区与家庭四根
支柱如何共同应对社会老龄化问题，是我们面临的重大任务。

八 推动社区发展实验

1987 年以后，我重点转入了社区发展研究和实验。20 世纪 80 年代末到
90 年代初，我加入了"社会发展与社会指标课题组"。

"社会发展与社会指标"课题由中国社会科学院社会学研究所、美国问
题研究所、国家统计局、北京财贸学院等联合承担，被列为"七五"国家
社会科学基金重点课题之一。我们当时研究的重点有三个。

第一个是研究社会发展理论，并建立一套适合中国的、科学的综合指标
体系。有了这一套指标体系，就有可能促进经济与社会协调发展。过去有一
种论调，认为经济发展了，社会自然而然就发展了；或者认为，可以先发展
经济，经济大发展之后，再发展社会，分两步走。事实证明，这种论调是错
误的。当时，中国在发展中遇到大量的社会矛盾和社会问题，解决不好，经

济发展也难以为继。

第二个重点是研究"警报指标"或称为"风险指标"，以及它对社会发展的作用。从课题开始到 1989 年年中，我们曾在内部发出数次有关警报指标的文章。社会矛盾出现和不断发展不足为怪，但矛盾一旦激化成为社会冲突就有可能导致灾难。它们的激化有一定规律，除表面原因外，要找出存在于社会内部深刻的根本原因，研究经济和社会发展的关系和规律。

第三个重点是建立"社区发展实验区"。社区发展实验，在国外也叫作城市复兴运动、社区建设运动、社区发展等，主要目标是解决经济发展和社会发展之间相互协调的问题。这种实验是由社区理论工作者、实际工作者、企业家、教育工作者和心理学家共同进行的。因为社会发展是一项综合性的工作，需要各方面的力量相互配合起来综合治理。

谈到中国当时的社区发展，不能不首先谈到民政部和时任民政部部长崔乃夫倡导的 20 世纪 80 年代社区服务热潮。社区发展，应该说是当时展开的社区服务热潮的继续。一般认为，1987 年①召开的武汉会议是社区服务工作开始的标志。其实，这个工作早在 80 年代初期就已经在武汉开始试点，武汉会议实际上是武汉社区服务成就的一次全国推广。

武汉会议后不久，就开始进入了下一阶段，即社区发展研究。这项研究，也得到了民政部和崔乃夫部长的大力支持。但是，武汉会议后不久，产生了一种说法："社区服务是个筐，什么都向里面装。"这使得当时的社区服务内容远远超过民政工作的范畴。崔乃夫部长当时对我说，民政部不能把手伸得太长，也不宜于把社区服务的范围扩得太大、太长，这会引起各部门权责范畴的矛盾。当时，他很明确社区发展的未来应属于基层政权建设，嘱我和司里商议，但工作先不要宣传。

这项工作该叫什么？是叫社区发展、社区建设、社区再造，还是社区重建？后两者很快被否定了，我主张用社区发展，因为"发展"两字符合科学性，与国际也接轨。早在 20 世纪 60 年代，国际上就兴起了社区发展的潮

---

① 此处年份可能有误。

流，联合国为此也召开过专门的会议讨论。但是，崔乃夫部长考虑，还是用建设两字好，因为中国人常说国家建设为"社会主义建设"，与"基层政权建设"也相吻合。我认为实际工作开展是主，就同意了他的提法。

在这项事业的开始初期，除一些学者的努力外，在民政系统中，当时的湖南省民政厅厅长赵悌功不可没，他不仅热情支持这一创举，还组织了12位青年社会工作者认真进行调查研究，在1988年写出《城市基层社区再造：管理与服务》一文，把管理与服务并列，强调了社区居民参与的重要性，这具有重大意义。今天再来看看当年这篇文章，仍具有很大价值，其中提出的问题仍然值得重视和认真考虑。

经过积极筹备，建立社区发展实验区的构想和条件在1989年臻于成熟。同年11月，在民政部西院召开了"社区发展实验区"的首次会议，参加的有我们课题组的学者、民政部负责人、时任中国社科院社会学所所长、时任国家统计局社会司司长、人民日报记者等。山东省莱芜市、湖南省益阳市、黑龙江省肇东市、天津市红桥区、江苏省张家港市都有代表参加；他们之中不仅有市长、市委书记、省民政厅长，还有各地大专院校教授。在会议中，崔乃夫部长两次讲话，今天我仍记得的是他反复讲到时任全国人大常委会委员长彭真的讲话，内容就是要强调实现人民民主，要在基层社区举行选举，产生民选领导班子以管好社区发展及社区工作的重要性。

会后，莱芜市、益阳市、肇东市得到省委正式批准成立社区发展实验区，并得到省委、省政府的研究部门即各"智囊团"的具体帮助。天津市和江苏省领导也支持开展这项工作。同时，一些地区也开始建立社区的社会发展指标体系研究，以运用科学手段衡量其不断发展的成就和问题。

在实践中，我们认识到必须借鉴国外的经验。由于具备亲往美国考察的条件，我于1987~1993年多次前往考察他们的社区发展运动，建立了不同规模的考察点。我看到的一些美国社区发展实验可分为四类：

第一类是以社会福利为核心的社区发展计划。这些福利包括社区服务、社区救济、社区住宅建设等计划和项目。以波士顿的南道切斯特区为例，那是波士顿地区的贫民窟。我和当地社区医疗中心的主治医生交了朋友，曾多次到该地访问。那里的社区服务以医院为核心，社区服务中心设在医院，从解决医疗问题开始，同时进行救济、福利服务。主治医生虽是贵族出身，却很有献身精神，得到当地人的一致好评。那个地区遭抢劫的人很多，可我去过六七次从未遇上。为什么？就是因为和他在一起。他和当地贫民打成一片，抢劫者从不抢劫他和他的朋友。

第二类是以经济复兴为中心目标的社区发展计划。这一般可叫作城市复兴计划或乡村复兴计划。以波士顿的一个城区中心计划为例，这个计划也叫社区再造计划，重点是把原本环境恶劣的老社区改造成一个比较适合于居住、工作和生活的现代化社区。那里的老社区原来比较贫困，居民受教育水平低，没有娱乐设施，犯罪率很高，房屋很破旧。经过工程人员、社会科学工作者、教育工作者、医疗工作者、教会人员的联合改造行动，那里开设了很多商店、图书馆、医院、公园和各类社会服务设施。读者要借书，图书馆可以送书上门；对于小孩入托和老人吃饭等问题，服务机构都可以帮忙安排解决。

第三类是以解决青年问题，特别是以解决青年犯罪问题为中心的社会指标运动。美国佛罗里达州有个潘达勒斯县，那里临近加勒比海，本来犯罪就很严重，再加上毒品进入美国首先经过佛罗里达州，所以那里也毒品泛滥。在当地，青年犯罪占总犯罪的80%。针对这个问题，那里的政府设立了青年社会福利部，专门围绕青年犯罪问题进行了大量的社会指标统计，还对所谓"流失生"（辍学、逃学者）做了大量研究。我去访问时，他们告诉我，通过社会指标体系的比较研究和运用，动员全社会关心青少年问题，犯罪率在两年间下降了10%。

第四类是以成人教育为中心的社区教育服务计划。我看过亚特兰大的提高社区群众教育水平的一个计划，他们举办大量教育知识培训班，引导人们求知，通过培训提高就业率，减少犯罪，使社区再度繁荣。

国外的考察帮助我们掌握了做社区发展实验的基本原则和方法。为进一步交流经验，我们还邀请了一些相关领域的国外学者、专家到国内的多个社

区发展实验区访问和讲课，包括当时加州大学的中国研究中心主任、宾夕法尼亚大学社工学院的教授等。

许多年后，再来评价当时进行的社区发展实验区，应该说有一定成果，但并未达到预期的结果，总结其深层原因，我以为当时虽然有民政部和各地方领导的大力支持，也具备经费、人力、学术界支持等条件，但是社区居民群众未被真正动员，社区民间组织未能组织起来发挥作用，社区自治体未能真正建立，民主改革未跟上。事实上，是社区的政治、经济与社会未能协调发展，因而形成了昙花一现、热闹一阵，发表点文章，或出本书了事的结果。

1998 年后，中国社区发展进入新阶段，其标志是：（1）政府提出的"小政府、大社会"未来社会发展的构想逐渐形成共识，政府职能的转移以及发挥中介组织的作用问题获得越来越多的社会支持。（2）由于人口老龄化、国有企业职工下岗、农民进城等问题的日趋严重，社区的作用以及社区服务、社区建设逐渐被普遍接受，民政部成立了基层政权和社区建设司，基层"社区服务中心"在一些城市已较普遍成立，社区建设的基础条件与过去有所不同。（3）社区组织的不断成立与发展，在一些城市中，社区管理委员会、社区研究会、社区发展协调委员会、社区基金会等相继建立，而且他们之中涌现出一些有志于社区发展并具备一定知识和能力的领导者。

1999 年 7 月 6 日，在北京市社科院、民政部基层政权和社区建设司召集的社区发展理论研讨会上，我曾提出，中国的社区建设工作应朝着以下方向努力。（1）人们普遍认识到解决生活问题在社区，项目内容趋向多元化，因而具有较全面发展的条件，出现"单位人"到"社区人"的变化。（2）产业化提出，从市场概念出发，以服务养服务，推动社区产业发展，从以政府经营为主，到以社区产业经营为主。（3）在社区，将三大部门，即政府、营利部门与非营利部门联合起来，各尽所长、所能，形成以"伙伴关系"推动社区发展的趋势。（4）文明社区的提出，从强调"硬件"到强调"软件"，认识到人的因素是社区发展的关键。（5）提倡运用现代科学的成果，如可持续发展观念，建立社会发展指标体系以促进社区发展。
（6）进一步提出社会化、民间化、自治化，从政府主导、政府倡导到政府
引导，强调居民的参与以及促进非营利组织发展，直至在城市社区举行民
主选举。

九　探路现代慈善本土化

1991年，我从中国社会科学院美国研究所离休。20世纪90年代中后期
开始，我主要从事慈善与公益性非营利事业的研究与探索，并认识到单凭政
府已难于解决发展带来的众多而错综复杂的社会问题。我曾担任中华慈善总
会、爱德基金会、中国青少年发展基金会、中国人口福利基金会等多家公益
慈善组织的理事或顾问。

在1949年之后以阶级斗争为纲的时代，"慈善"是一个被批判的贬义
词。慈善和宗教一起被批判为剥削阶级欺骗人民的"鸦片"，是帝国主义进
行侵略的工具。长期以阶级斗争为纲，导致社会人际关系高度紧张，使慈善
成为不可能。从1978年开始拨乱反正后，曾经就人道主义、人性论进行过
讨论，但人们对慈善的认识还是明显滞后。

1994年2月，"中华慈善总会"在北京成立。当时，《人民日报》发表
了一篇题为《为慈善正名》的社论。从那以后，被污名化了几十年的慈善
才再次重返政治舞台和公众视野。也正是从那时起，我开始结合自己过去对
美国社会的考察，通过各种渠道向国内人士介绍美国现代慈善事业的历史沿
革和发展。

1994年9月12日，应当时中华基金会联合会筹备组的邀请，我在文采
阁做了第一场基金会知识系列讲座，题目是《美国基金会的发展及其对我
们的启示》，来自22家全国性基金会的50多名代表来听。在讲座的最后，
我指出，基金会具有一种改善社会心理结构、推动社会进步的作用；研究美
国的社区、社团基金会可能是我国学习借鉴美国基金会经验的捷径；基金会
主要不是靠政府推动，而是由从事这个事业的非政府组织推动，我们不能一

谈到基金会，就眼睛向上，伸手向政府要支持，要更多地考虑如何发挥非政府组织的作用，而这是一个世界性的新课题。

同年 11 月，我还第一次组织和带领中国基金会代表团前往美国考察。从那以后，中国正式开始了与世界其他国家的公益慈善方面的交流。1995年 5 月 21 日，作为中华慈善总会研究与交流委员会主席，我代表中国参加了在香港召开的首届东亚筹资研讨会，并发表英文演讲，介绍中国社会公益事业的筹资工作。

然而，经过了几年的发展，虽然以广东、上海为代表的全国各地都开展了不少慈善活动，但是社会上仍然有许多人一直对慈善这两个字眼心存疑虑，一些媒体就连在报道由慈善团体组织的活动时也不提慈善二字。所以，我和时任中华慈善总会会长崔乃夫等人一致认为，有必要从文化上、思想上和理论上对慈善做进一步探讨，使慈善和社会主义衔接起来。

1996 年，在党的十四届六中全会上通过的《中共中央关于加强社会主义精神文明建设若干重要问题的决议》，使我们看到了机会。同年 10 月 19日至 20 日，中华慈善总会联合《人民日报》国内政治部，以学习和贯彻六中全会文件精神为由，在北京召开了"社会主义精神文明·道德·慈善"研讨会，并邀请季羡林、王蒙、许启贤、郑也夫、康晓光、杨团等 20 多位专家学者和上海、天津、广东中山等多地慈善工作者参加。

在研讨会上，针对"什么是慈善"的问题，我提出了现代慈善的概念。我说，现代慈善的标志是有组织的社会行为，产生了现代管理的含义。对比起传统慈善，现代慈善的内容也扩大了。我列举了十个方面，包括扶贫济困、就业、教育和培训、医疗卫生、社会服务、文化艺术、民族问题、科研、国际间的相互支持等。

那是中国第一次以慈善为题举行的学术研讨会。那次会议取得了预期的效果，把慈善提到了"是社会主义精神文明的重要组成部分"的新高度，在全国范围内起到了很好的宣传慈善理念的作用。从那以后，关于慈善的各种会议在国内日益多起来，基金会等慈善团体与各类民间公益性组织纷纷成立，在社会上发挥越来越重要的影响。

随着现代慈善在中国崛起，"中国慈善传统的继承问题"被提了出来。1997年4月15日，中华慈善总会研究与交流委员会专门就此组织了一次座谈会。我和崔乃夫会长、时任天则经济研究所所长茅于轼、时任中国科学基金研究会秘书长商玉生等人进行了激烈讨论。

在那次会上，我提出了四个问题：（1）中国的传统慈善行为是否具有由近及远、由利己到利人的特征？（2）在中国古代社会和慈善行为中，政府和民间关系有哪些方面可资借鉴？（3）从中国传统慈善行为的内容与项目中可得到些什么启示？（4）如何继承传统与借鉴国际经验促进中国慈善事业的现代化？

我提出，西方慈善事业的发展与宗教密不可分，而中国慈善事业发展则与宗族、宗亲的关系密不可分。如果能紧紧抓住这一具有中国特色的"慈善资源"，就有可能使中国的慈善工作深入中心。

我还从中国的"仓储"和"开仓放粮"制度的历史演变，说明济贫事业从"官"到"民"是一种社会进步。1999年，在爱德基金会董事会的发言中，我重申了这个观点，并指出观察中国民间基金会的发展前景，不能不联系中国公益事业发展的历史轨迹。

中国历史上的公益事业，从来是官办为主，民办大都只限于个人的慈善行为，谈不到建立整体慈善事业。但仔细观察研究中国古代的公益事业，如仓储，我们也可以看到民间的参与在逐步加深。汉朝时的"常平仓"是完全彻底的政府行为，至隋朝的"义仓"就有变化，它是官办的，由官府负责管理和监督，以官粮为主，但也鼓励民间富户捐粮；到了宋朝成了"社仓"，为什么叫社仓呢？因为是人民捐集米谷，自行组织管理，政府只负责监督和帮助。从汉至宋，从官办到官办民助，再到民办官助，虽然经历了将近1500年之久，但无疑是一种社会进步。

东方社会的历史社会与文化背景与西方有很大不同，因而产生民间公益慈善事业的基础与条件各异。我很高兴得知，不是完全以西方的标准来看待中国非营利组织的外国朋友不断在增加着。一些国外专家发明过一个英文词条叫作GONGO，这个字的关键字母是第一个"O"字。前些年，他们把这个

"O"解释为 Government Owned NGO，后来解释为 Government Operated NGO，为什么会有这个变化呢？这是因为他们越来越多地了解到中国 NGO 的变化。再后来，我又听说这个 GONGO 变成了 GANGO，即 Government Associated NGO。

的确，中国 NGO 与政府存在密切关系；这点与西方有很大不同，但这是不是也是一个与政府结成伙伴关系（Partnership）而能促进中国 NGO 发展的机会呢？中国政府早已提出转移政府职能和"小政府、大社会"的构想，民间非营利组织将担负越来越重要的角色，这是不以人的意志为转移的社会发展大趋势。

我承认，在社会转型过程中，中国非营利部门还有很长一段路要走，但无论如何都要能继承资深的文化传统和道德风尚，也能与现代公益慈善事业和精神相衔接。因而，我们既有必要从先贤论述中、从历代慈善行为中、从其实践内容中获取教益，又要借鉴于西方特别是他们在经营管理方面的历史经验和教训。

我总记得世界管理大师彼得·德鲁克在《非营利组织经营之道》一书中文版前言中所说的一句话，即"不同国家的应变之道各异，应该从中国固有的传统下出发，去寻找应变的良策"。2000 年，21 世纪管理国际研讨会上，彼得·德鲁克和德鲁克基金会的四位专家的现场论述，使我对它有了更深的认识。

后来，我写过一篇叫作《殷切的期待：从官方报道看政府对 NPO 政策的前景》的随笔。在它的结语中，我写道：促使 NPO 健康成长，使之成为推动一个国家或地区经济、文化与道德持续进步的"润滑剂"，是现代社会发展的必由之路。在中国，由于历史传统的影响，NPO，特别是在其初期的成长，离不开政府的培育与支持，即使是 NPO 的支持性组织（NPOSO），也离不开政府的信赖和援助。这点与西方 NPO 及 NPOSO 的成长历程很不相同，不能把西方对此的观念完全套用于东方。

不容置疑，对于初生的中国 NPO，争取政府的培育和支持是其最重要的任务之一；但同时，也需要理解政府人员观念转变的艰难过程。如果我们回顾 20 世纪 80 年代他们对第二部门中私营企业出现时认识的变化，就较容易理解今天的状况。当前，政府对 NPO 的政策和措施正朝向积极方向变化，是值得 NPO 欢迎的行动；双方出现某些暂时的不协调，当然也是自然和可以理解的事。中国 NPO 不可错过这样的好时机。要理解，这种时机的不断推进和扩大，既依靠政府，也依靠 NPO 的配合和积极主动争取。

曾经在亚洲一些地区发生的经验和教训告诉我们，政府和 NPO 之间存在着"既依靠又自主，既合作又竞争"的复杂关系，双方相互合作以推动社会发展的前提，是承认三大部门存在的现实，在具体行动和采取措施方面，大家要多协商、多主动，以多种适合于中国具体情况和形式的方法结成"合作伙伴关系"。

两者间合作当前最值得注意的是运用已出现的"公办民营"各种形式，将所有权与经营权逐渐分离，通过市场竞争提高效率，避免僵化。它之所以能获得双方的支持与发展，是由于这种"混合模式"既能使政府获得汇集民间人力、财力、智力的效果以弥补其不足；而从民间看，则可借助政府在起动方面的实力和影响，增加资源并扩展业务范围，激发社会参与，使大众关切的社会福利与社会发展项目能更有效地实施。

"从慈善起步，不断唤起民众人本意识、社会参与意识、自治意识、乃至公民意识，不断推进社会改革大潮"，是我个人对慈善未来前景的设想和期望。

然而，我并不认可"慈善革命"的提法或认为"慈善革命"本身就是"重大历史变革"从而能以"改变中国"。要承认慈善具有动员民众参与和推进社会改革的作用，但不能过高估计。正如过去提出"慈善风暴"不妥，急于将慈善求成求大，有可能适得其反。

十　当代青年需要什么

很多事情都过去了，从我自己走过的人生历史看，很多事情有时候是进一步，又退一步，有的时候甚至退两步。但是，这个社会还是在进步。

我也并不羡慕出名、得利，只是安于自己的生活，安于这个社会能够不

断地向前走。其他都是身外之物，人活得那么长，再多也活不到一百岁以后，还怎么样呢？经历过我们这一代，才能体会到什么是人生的最大愉快，就是促使社会向前哪怕一小小步。

你们处在一个很好的时代，不像我们，很多青春全都浪费过去了。今日的中国，不是国难当头的抗战时期，不比战乱频仍的内战时代，也度过了导致全国人民大灾难的如"文化大革命"那样的年头。

今天中国的有志青年需要有什么样的志趣？当然，我们不赞成享乐主义，不赞成损人利己，不赞成只是埋头读书谋求个人出路，更不喜欢专心致志为个人前途钻营，以致不惜手段当官谋权和发财致富。

思想界的一些朋友认为，还是应当回到"五四运动"，当代中国青年仍需要"科学"与"民主"。这样的看法当然有道理；但是，当代已进入21世纪，世界已进入全球化时期，中国已不可能只谋求孤立的发展。如果我们只是套用100年前中国先进人士的号召，对中国的有志青年来说，显然已不能完全符合和满足他们的志趣。

培养全球一体化的眼光、胸怀和知识；总结历史经验，推动社会进步；争取个人的全面发展；树立科学的世界观和人生观；培养生活情趣，提高生活质量。这五项可否成为当代中国有志青年不断奋斗并争取实现的目标？

人类文化总是从积累而来，任何民族都有它本身发展的历史，任何学科的知识也有它发展的历史，每个时代都是在反思过去成功与失败的教训中找到继续前进的道路的。当代中国青年不能只是满足于官方教科书所强调的生产力的历史、政治的历史，也需要比较着去看西方史学，广泛了解科学、文学、哲学、教育、逻辑等方面的思想发展的历史，并不断进行新的思考。

从展望世界出发，以"现代化"为标准观察中国正在和将要往哪里去，就会看到中国和世界先进水平间的差距，对"中国的崛起"就会有更加理性的判断。从科学、社会与人文研究出发，就会看到中国未能充分重视人文（文学、历史、哲学）领域的发展。而比较世界先进国家走向现代化的历程，就会意识到中国需要突破如民族主义、国家主义、地域主义、意识形态至上、文化服从政策等思想障碍。

爱德传一基金简介

1. 缘起

中国慈善事业自 1978 年以来快速复兴，《慈善法》出台更是树立起了中国慈善史上的一座新里程碑。但是，"革命尚未成功，同志仍需努力"。要探究、揭示、彰显、传播和共享慈善思想文化价值，并使其成为业界的专业共识和行动指南，就要建构一个能够形成全行业思想文化高地的机制。

在此背景下，陈越光、顾晓今、黄浩明、吕朝、丘仲辉、商玉生、徐永光、杨团等八人共同倡议发起"传一慈善文化基金"，旨在筑造中国公益思想文化的建设、传承和推广平台，引领慈善公益事业发展，促进社会创新，推动社会建设。

在其家属的同意与支持下，传一慈善文化基金以已故中国社会科学院美国研究所研究员朱传一先生的名字命名。朱传一先生生前以促进社会进步为己任，是倡导在中国建立社会保障的第一人，也是中国公益慈善事业的重要推动者和见证者。他深谙现代慈善的生命力所在，不但著书立说积极传播慈善文化和弘扬公益精神，同时身兼数家慈善组织的董事、理事和顾问等职务，身体力行，殚精竭虑，影响和激励了中国几代公益人，是当之无愧的公益思想家和领路人。先生之风，山高水长，将旨在探索和推广中华慈善之大道的慈善文化基金定名为"传一慈善文化基金"，亦有纪念先贤、薪火传续之意。

2016 年 11 月 27 日，八位倡议发起人与爱德基金会、恩派公益基金会、

南都公益基金会、华民慈善基金会、深圳壹基金公益基金会、无锡灵山慈善基金会、吴作人国际美术基金会、中国扶贫基金会、中国妇女发展基金会、中华少年儿童慈善救助基金会等十家基金会代表，在北京正式召开联合发起委员会会议，决定以专项基金的形式将传一慈善文化基金设立于爱德基金会。由此，该基金正式命名为"爱德基金会传一慈善文化基金"，简称"爱德传一基金"。

爱德传一基金立志打造成为一个百年慈善文化基金，不汲汲于过眼辉煌，不戚戚于一时黯淡，所恒久追求者唯有使命：共建慈善文化平台，共享慈善文化价值。

2. 愿景：

建设一个知行合一的公益社会。

3. 使命：

共建慈善文化平台　共享慈善文化价值

4. 宗旨：

筑造中国公益慈善思想文化的建设、传承和推广平台，引领慈善公益事业发展，促进社会创新，推动社会建设。

5. 基金目标：

（1）挖掘和梳理中国慈善公益行业思想文化资源。

（2）鼓励和推动中国慈善公益行业理论探索和创新。

（3）介绍和推广国际先进的现代慈善文化、理念及经验。

（4）构建和发展中国公益思想文化体系。

（5）传承和弘扬中华慈善公益思想文化。

图书在版编目（CIP）数据

朱传一文集／爱德基金会传一慈善文化基金编. --
北京：社会科学文献出版社，2019.5
ISBN 978 - 7 - 5201 - 4567 - 1

Ⅰ.①朱…　Ⅱ.①爱…　Ⅲ.①慈善事业 - 中国 - 文集
Ⅳ.①D632.1 - 53

中国版本图书馆 CIP 数据核字（2019）第 054693 号

朱传一文集

编　　者／爱德基金会传一慈善文化基金

出 版 人／谢寿光
责任编辑／薛铭洁

出　　版／社会科学文献出版社·皮书出版分社（010）59367127
　　　　　地址：北京市北三环中路甲 29 号院华龙大厦　邮编：100029
　　　　　网址：www.ssap.com.cn
发　　行／市场营销中心（010）59367081　59367083
印　　装／三河市龙林印务有限公司

规　　格／开　本：787mm × 1092mm　1/16
　　　　　印　张：22.5　插页：0.75　字数：327 千字
版　　次／2019 年 5 月第 1 版　2019 年 5 月第 1 次印刷
书　　号／ISBN 978 - 7 - 5201 - 4567 - 1
定　　价／128.00 元